U0639813

数字化背景下的文创产品设计创新研究

张小燕 ◎ 著

内蒙古文化出版社

图书在版编目（CIP）数据

数字化背景下的文创产品设计创新研究 ／ 张小燕著
. -- 呼伦贝尔：内蒙古文化出版社，2024.2
ISBN 978-7-5521-2411-8

I. ①数… Ⅱ. ①张… Ⅲ. ①文化产品－产品设计
Ⅳ. ①G114

中国国家版本馆 CIP 数据核字（2024）第055184号

数字化背景下的文创产品设计创新研究
张小燕　著

责任编辑	黑　虎
装帧设计	北京万瑞铭图文化传媒有限公司
出版发行	内蒙古文化出版社
地　　址	呼伦贝尔市海拉尔区河东新春街 4 付 3 号
直销热线	0470-8241422　　　邮编　021008
印刷装订	天津旭丰源印刷有限公司
开　　本	787mm×1092mm　1/16
印　　张	13
字　　数	200千
版　　次	2024 年 10 月第 1 版
印　　次	2024 年 10 月第 1 次印刷
标准书号	978-7-5521-2411-8
定　　价	78.00 元

前言

　　数字化文创产品设计是基于传统的文创产品资源，加入数字技术符号的新的传播与设计方式。这样的文创产品不仅更具时代性，也利于更为广泛地传播。数字化文创产品设计，更能够体现当下数字科技时代与艺术相结合的商业规律，是数字科技与实际设计应用的融合。

　　随着经济的不断发展，人民生活水平的不断提高，文创产品在整个社会生活中已经成为精神文化的重要组成部分。文创产品自身所具有的创新性文化价值、保留价值以及信息传递性价值成为文创产品的核心部分。数字时代的来临使数字化技术符号的载体—文创产品兴起，具有技术符号与数字艺术融合的双重特性。技术符号的数字文创产品，不仅能够增加文创产品本身的内容与形式，也符合文创产品设计在发展中的规律。

　　文化蕴含了大量的历史、艺术等知识。通过对工艺流程、文化背景、功能使用、造型装饰等知识的学习和解析，能够深入了解其背后的故事、内涵及意义，可以激发设计师的创作灵感，增加产品设计的文化内涵。本书从文化创意产品与文化创意产业的相关知识入手，分析了数字化文创产品设计以及互联网经济下的文创产品运营新方向。其次阐述了文创产品设计的方法、原则、流程以及文创产品设计过程中的创新性，探讨了博物馆、图书馆以及非遗文化创意产品的设计开发模式策略。最后阐述了数字化背景下文化创意与旅游产业、农业、影视产业的融合发展，对文创产品的发展、文化创意产业的发展进行了展望。本书可作为高校师生和对文创产品有兴趣的人的研究之书。

　　在撰写过程中，作者借鉴了许多相关的研究成果，参阅了大量的文献资料，引用了一些同仁前辈的研究成果，因篇幅有限，不能一一列举，在此并表示最诚挚的感谢。由于作者水平有限，书中难免会出现不足之处，希望各位读者和专家能够提出宝贵意见，以待进一步修改，使之更加完善。

目录

第一章 数字化背景下文创产品设计

第一节 文化创意产品与文化创意产业

一、关于文化创意的基本概念

（一）文化创意

1. 创意与文化创意

创意其实就是一种创造性和创新性的思维实践，是人类意识能动性的具体体现，是一切创新活动得以展开的前提和基础。它既是文化发展的产物，也是一种文化发展过程，更是文化发展的根本推动力。

文化创意是指在文化领域的推陈出新。它有两层含义，一是"原创"，即指前无古人的全新。二是"创新"，把已知的元素，做进一步的改造和重组，形成未知的新元素。

2. 文化创意产品

文化创意产品，简称文创产品，它在消费品中注入更多的文化创意属性，让产品既可以满足消费者的物质需求，同时也能满足消费者日益增长的精神和情感需求。随着人们生活水平的提高和物质条件的充裕，消费者已经开始不满足甚至厌倦那些"形式服从功能"的消费品，在能满足产品使用功能的前提下，他们更愿意为产品承载的文化符号和内涵买单。

随着经济的发展，消费的升级，一件商品的价值不再仅仅通过物料制造成本去衡量，"创意"、"品位"、"个性"，这些消费品的文化标签都会赋予商品很高的附加值。

（二）文化创意的内涵

对文化创意内涵的解读，既要充分考虑创意这一核心术语的含义，又要合理定位分析的角度。作为名词的文化创意，是指文化发展中创造性思维的成果或现象。作为成果，它可能是观念形态的主意和想法，也可能是具象形态的其他文化呈现；作为现象，它表示的是一种行为系统。作为动词的文化创意，是指文化生产中创造性和创新性的思维实践这一行为过程。作为新理论的文化创意，是指具有新思想和新产业内容的文化创意产业理论。由此来看，有关文化创意的定义都有其明显的倾向和独特的视角。

（三）文化创意的特征

1. 人本性

文化创意是人类发挥自身无限创造力的实践活动，是人的智能资源的发挥与利用。作为一种精神活动，文化创意的逻辑起点和最终结果都是人们精神文化娱乐需求和情感需求的挖掘与满足，与人类的全面发展及自我实现有着直接的关系，体现着人类认识自我、完善自我和创造未来能力的发展程度。因此，创意是人的智慧、精神和灵感的结合，也是人的思维碰撞出的火花。

2. 自在性

文化创意是文化生产的重要内容，也是文化生产的基本属性之一。文化生产是人们依据一定的社会形式进行的文化创造活动，是整个人类生产活动的一个重要组成部分。由于人类的智能资源始终存在并处于不断发展的过程中，文化生产一直没有停止过。而作为文化生产内核的文化创意自然也没有停止过，且呈现一种自在状态。在不同的时代和不同的环境，其发挥作用的程度、方式及受重视的程度也有所不同。

3. 创造性

没有创造性和创新性，就不存在文化创意。前瞻性、新颖性、深刻性、原创性是文化创意与生俱来的最本质的特征。

4. 价值性

文化创意的成果对于人类发展具有"催化"作用，甚至还有裂变的功能，可以创造价值及附加值，具有文化增值的作用。

5. 融合性

从文化创意的发生角度看，其生成过程往往伴随着跨越、颠覆、聚合、裂变等一系列行为，其结果来源于对上述行为步骤的结合与整合。同时，文化创意行为及文化创意的成果都可以跟社会发展中的很多领域相互结合，渗透到其他活动及领域中发挥其独特的作用，具有强烈的渗透性和兼容性。

6. 产权性

作为创新性活动和创新性成果，文化创意一旦真正进入生产性领域，就必然具有鲜明的知识产权性，需要法律的界定来保证自身的权益。

二、文化创意产业相关概念解析

（一）文化创意产业的概念

文化创意产业是一个内涵和外延都比较丰富的产业业态，虽然已有半个多世纪的历史，但仍是目前尚未形成统一的概念，且存在创意产业、创意经济、创造性产业、创意工业等诸多不同的称谓。然而，在理解文化创意产业概念之前，应该首先了解什么是产业。

产业是伴随着生产力的发展逐步形成的，并在人类的各项活动中不断演化。在重农主义时期，产业主要就是指农业。而当资本主义时期到来之后，产业主要是指工业。在现代产业体系中，产业主要是指生产同类或有密切替代关系的产品或服务的企业的集合。一般来讲，按照人类生产活动的发展阶段，将产业划分为三阶段，第一阶段是以农业和畜牧业为主，与此相对应的便是第一产业；第二阶段是依靠工业生产获得快速发展，与此相对应的便是第二产业；第三阶段是资本和劳动向服务领域大规模转移，与此相对应的便是第三产业。根据三段产业的划分标准，文化创意产业属于第三产业。

与文化产业和创意产业相比，无论是从概念的内涵来看，还是从概念的外延来看，文化创意产业的概念与创意产业更为接近，但二者之间又有区别。文化产业强调的是以基础性文化资源来生产和提供精神产品，由公共政策的功能和资金来源来界定，包括博物馆和画廊、视觉艺术与手工艺品、艺术教育、广播电影、音乐、表演艺术、文学、图书馆；创意产业虽然也涉及文化产业的方面，但更加强调以"个人创意"这个劳动力输入的特性为特征，诸如广告、建筑、设计、互动软件、影视、音乐、出版、表演艺术等深层次和广范围渗透体现创造性服务的内容。而文化创意产业则更加注重强调文化和创意两者的融合，更加突出创意在文化产业发展中的重要作用，如动漫、影视、视觉艺术等方面。简单来说，创意产业主要是指创意要素起主导作用的产业，而文化产业主要是指文化内容要素起主导作用的产业，文化创意产业更加注重二者的融合与渗透。可见，文化产业、创意产业和文化创意产业三者之间既有区别，又有联系，文化创意产业是更加突出创意和文化相融合的新兴产业。

（二）文化创意产业兴起的原因及作用

1. 文化创意产业兴起的原因

根据我国文化创意产业的发展规律，可以从以下的四个发展阶段来分析。

（1）社会主义市场经济时期的改革开放

20世纪80年代以来，国家工作重心转向经济建设，中国社会步入以市场为导向的社会发展和经济发展新时期。这一重大改革广泛影响了各个领域，包括经济领域、政治、文艺事业及人们的生活、思想观念和审美趣味等。在此基础上催生而出的文化艺术市场和文化消费不断发展，日益呈现多元化和多样化的趋势。

市场经济有其自身独有的运行特点。市场在资源配置中起着基础性作用，一切经济活动必须遵循价值规律的要求，不断适应供求关系的变化。通过其价格杠杆和竞争机制的功能，把资源配置到效益较好的环节中去，实现优胜劣汰与生产和需求及时协调。这一经济规律同样也适用于文化领域。市场经济条件下的文化艺术产品不可避免地具有商品属性，需要通过市场交换来实现其自身价值。文化艺术作为我国社会精神生活的一部分，除了社会效益之外，同样也应该考虑经济效益，承认文化艺术的商品属性，文化艺术活动应该积极主动地顺应和适应市场经济发展要求。同时，文化发展自身也有其特点，要寻求文化发展规律与市场经济运行规律的契合点，坚持以市场的眼光来看待文化资源，以市场机制开发文化资源。把文化艺术纳入产业化发展，"是一种常态，也是一种历史性的选择"。

（2）文化转型时期的文化体制改革

中国文化体制改革是随着经济体制改革进行的。国家调整文化艺术发展政策，鼓励文化艺术活动发展，将文化艺术活动推向市场，是为了使其适应市场经济发展要求，让文化艺术市场逐渐开放。

文化体制改革带来了观念的创新、认识的转变和文化的再认识，其深度和广度都是空前的，不仅为文化单位注入了活力，也极大地丰富了文化市场，满足了群众的文化需求。

（3）精神需求与经济文化的相互融合

中国改革开放以来，人们的生活水平日益提高，开始追求更高层次的消费——精神文化消费，这是文化创意产业迅猛发展的内在驱动力。随着物质需求层次的满足，人们开始更关注精神和文化的需求，同时，人们的消费心理、消费取向和消费方式也在发生转变，其对生产生活用品不仅仅局限于耐用性和功能性方面的要求，更趋向于审美的、品牌的、文化的当代特征，因此符号象征型的消费逐渐形成。另外，人们的闲暇时间逐渐增多，这使得其对精神文化层面的文化产品需求日益增加，书籍、影视、文化艺术欣赏等精神文化消费在人们日常生活中的比重越来越大，且呈不断上升的趋势。

当代科技的发展、大众传媒的出现和不断变革，丰富了人们的生活，开阔了人们的视野，扩大了相互间的影响，加强了彼此间的联系，同时也造成人们对变化和新奇的渴望，促进了对轰动的追求，导致了文化的融合。

当今世界发展呈现出"经济文化化"和"文化经济化"的特征，文化与经济的相互渗透，形成双向互动的循环局面。在现代信息革命的推动下，创意产业、创意经济中的所有产品和服务的"文化价值"和"创意价值"越来越重要，所有经济和产业的"文化属性"和"创意属性"也越来越强。文化经济化将文化推向市场，进行产业化生产，传统的历史、文化、民俗与现代技术、产业相结合，增加文化的经济附加值，使文化具有经济力。经济文化将经济延伸到文化领域，发挥某种精神的、政治的和意识形态的功能，以增加产业的文化附加值。受其影响，文化开始以其自身的力量推动人类社会的发展，不仅在当今世界发展中的作用越来越大，更成为一种"文化生产力"，代表了未来经济发展的方向。

（4）知识经济时代的产业结构重组

当今世界是知识经济时代，知识经济在本质上是一种文化经济，它不仅是一种科技方面的单维发展，而且是富含人类文化创造力的新的人类生存方式。精神生产逐渐成为当代经济社会发展的推动力和社会财富增长的主要方式，文化知识和智力资源成为拉动经济增长的重要因素之一。整个社会的生产力发展呈现一种以知识为核心资本，创造经济利益的经济增长模式。从世界范围来看，各国产业结构发展发生了变化，第二产业取代第一产业，而当前第三产业的比重也呈大幅上升的趋势。文化创意产业在一些发达国家中已经成为重要的新的经济增长点，在第三产业中所占据的地位迅速提高，甚至已经成为这些国家国民经济的支柱产业之一。随着文化产业的发展，衍生的产业链带动整个经济的发展，同时第三产业的辐射作用越来越大。商品经济机制不仅促进文化生产的发展，而且还促使文化被大规模地引入生产领域，转化为直接生产要素，成为重要的经济资源，使文化生产成为促进经济发展和财富增长的新杠杆。文化积极参与生产是商品经济条件下的新现象，商品经济与市场具有很强的渗透性，它在物质生产领域站稳阵地后，就向服务业的广大领域扩张，此后进一步向文化生产领域渗透扩展，一浪又一浪地把文化活动卷入市场交换中，从而使文化产品成为商品，使作为精神活动的文化生产转化为财富生产，使文化产业成为实力强大的支柱产业之一。

在信息技术全球化浪潮下，高新技术革命以一种无可比拟的作用影响着当代文化的发展，为文化创意产业的发展提供技术支持，产生了全新的文化创意产业形态和种类，促使传统艺术形态的更新和传统文化产业的产业升级。随着大众传播媒介从纸质媒介到电媒介的转变，文化传播发生了深刻而广泛的变革，从广播、电影、电视、音像，到今天的多媒体网络等电媒介相继出现，诞生出相应的艺术形式，进而向产业化发展，形成了相关的产业。

2. 文化创意产业的作用

（1）有利于推动产业结构优化，促进经济可持续发展

文化创意产业推动传统产业的转型升级，服务化、信息化和知识化使传统产业不断"脱胎换骨"，传统的一、二、三次产业的界限日趋模糊，产业融合成为产业发展的新趋势。

创新是产业结构优化的动力，首先表现在推动产业结构的高级化，即推动一、二、三次产业内部结构的循序递进，由低向高升级。通过对一、二、三产业注入文化、科技的含量，使第一产业不断实现农业现代化、文化化和创意化，延伸至农业种植、养殖、生产加工和旅游、休闲、创意的全产业链条；使第二产业不断柔化，增加制造业的附加值，提升第二产业自主创新能力和产品文化内容含量，从中国制造转向中国创造；使第三产业不断裂变出新的产业集群，大大提高第三产业的增加值。其次，表现在推动产业结构的合理化，即从"一、二、三"产业结构逐步向"二、三、一"产业结构过渡，最终实现"三、二、一"的产业结构，从而完成工业化中期向工业化后期乃

至后工业时代的转变。

文化创意产业推动经济发展方式的转变，提高经济运行质量。文化创意产业与转变经济增长方式的内涵是一致的，都是强调质量与结构的改善，从高投入、高消耗、高污染向高效益、高附加值和高人力资本含量的转变；从注重物质形式和财富积累向注重精神需求和公共福利的转变；从单纯强调经济增长指数向经济、社会和环境综合指数的转变；从强调技术、资金、土地等生产要素向强调制度、知识和结构方向的转变；从短期粗放发展向长期集约发展方向的转变。可见，文化创意产业是绿色低碳产业，具有低能耗、无污染和高附加值的特点。因此，发展文化创意产业是加快转变经济增长方式和实现经济可持续发展的重要途径之一。

（2）有利于加快文化建设步伐，实现文化与经济、社会和谐发展

文化创意产业有助于促进个人自由而全面的发展。随着社会的进步与发展，人类已经从"对物的被动依赖"转向"以物的依赖为基础的个人独立性"，并开始追求"人的个性全面而自由的发展"，主要表现为"三大意识觉醒"：一是人的能动意识觉醒。人的自觉性、自愿性和自主性不断增强，开始追求人的个体性、独立性、自由性和全面性的发展。二是权利意识觉醒。追求生存权、发展权和政治权，特别是"文化权"，公民参与文化生活和文化活动的权利、分享文化发展成果的权利等，开始上升到政府的责任和百姓生活的精神追求等重要层面。三是创造意识觉醒。随着制度环境的变化和传播手段的革命，消费需求日益多样化，产品的生产与提供方式发生了巨大变化，人的创造力和公共表达的冲动被日益激发。

文化建设与经济建设和谐发展是文化创意产业的目标之一。文化与社会经济和谐发展是文化创意产业的本质。文化创意产业的最高境界是对整个社会的更新改造，它反过来也更加激发个体和组织的创造激情，进而形成一种良性循环。文化创意商品的最大价值在于它的社会效应，它表现为物质产品但传递着精神价值，代表着人的智慧及兴趣、爱好和人的创造力，标志着个人与社会发展和进步的程度；它蕴含着健康向上、乐观正向、积极进取的生活态度和价值取向，在潜移默化中起着教化人、陶冶人和提升人的精神境界的作用。

（3）有利于推动城市结构优化，提升城市品牌形象

文化创意产业推动城市功能和空间结构向多功能、多组团转型。随着后工业化时代的到来，产业结构不断"软化"，信息产业成为主导产业，信息、科技、文化、艺术、知识等非实物形态成为城市间交流的主要内容，城市的生产和生活功能逐渐转向以服务功能为主导的信息服务、管理决策、服务中心，实现了由制造业城市向服务业城市的转型，由传统城市向信息城市的转型，由单一功能城市向多元功能城市的转型。目前，世界著名的城市都已经成为综合功能主导的文化创意中心。在空间结构上，文化创意产业加速城市实现逆城市化的多组团和多核聚集模式，由静态空间结构向多维空间结构的转型；创意产业在城市发展中多以群落形式出现，通过发展经济、文化、艺术、科技等各种形式形成文化创意集群、文化创意产业园区、文化创意产业社区等群落，产生创意阶层、创意组织和空间的集聚效应，从而使城市形成一个个特色鲜明的单元。同时，这种集聚效应在逐步扩散，由国家城市向跨国区域城市乃至全球城市的转型，由"城市"的城市向"区域"的城市的转型，使得城市的空间结构出现"城市是区域的城市、区域是城市的区域"等大都市经济圈的发展趋势。

文化创意产业有助于推动城市的更新、复兴与升级。废弃的建筑、破败的工厂无意中被画家、艺术家重新雕琢，使纽约成为世界创意之都；钢铁、纺织和航运曾经使曼彻斯特辉煌一时又转瞬濒临颓败，通过文化和艺术再造使其成为世界文化创意中心。一个博物馆、一个旧社区、一座旧城区……通过发展文化创意产业，不仅保护了城市的文化生态，而且传承和延续了城市的文化历史风貌，使老工业城市焕发新的青春活力，成为一个世界卓越的创意和文化中心、开放多元的国际文化都会。文化创意产业有助于打造城市品牌，提高城市核心竞争力。文化创意产业是发展城市经济和打造城市名片的重要途径之一。

（4）有利于增强国家软实力，推动国家竞争力和影响力不断提高

文化软实力在国家发展战略中有着重要地位。在经济全球化和政治多元化背景下，仅凭借经济、军事和政治力量的强大是难以在竞争中赢得主动的，而通过文化和价值观、社会制度、伦理道德、生活方式和意识形态等体现出来的软实力，形成一个国家参与国际竞争的整体形象。发展文化创意产

业，不断发掘和创新我国传统历史文化和民族文化资源，以中华民族的社会主义核心价值体系为精神载体，以文化创意商品为物质载体，以社会规范和政策法律规章为制度载体，以鲜明的地域和民族特色的生活方式和风俗习惯为行为载体，是提高我国文化软实力的一种重要途径。

文化创意产业有助于我国在国际竞争中塑造全新形象。国家形象是客观存在和特定利益格局下的抽象认知，在变化和复杂的世界环境背景下，大力发展文化创意产业，有助于唤醒中国人的文化自觉与文化自信，重视文化地位，掌握文化规律，承担文化责任，探索文化精神，促进文化进步；有助于将传统文化与现代文化、外来文化与本土文化有机结合在一起，运用多种创新的方式和方法，在遵守国际道义准则的基础上，以海纳百川的心胸寻找中国特色文化与国际文化价值的契合点，逐步构建强有力的国际话语权，让中国文化走出去。

文化创意产业有助于促进世界文明的对话与交流，扩大我国的对外影响力。文化交流具有思想的相互交换性和意识形态的隐蔽交融性，文化差异所形成的文化多元性使相互间的交流需要相互理解、相互尊重、相互包容和相互学习。大力发展文化创意产业，通过文化商品所附加的价值取向和文化观念，柔化"文化冲突"的矛盾，弱化国际竞争过程中产生的贸易冲突和经济摩擦，能够使中国文化和精神在实现文化交融、多元并存、文明对话、平等共赢的世界文化格局中扩大国际影响力。

三、文化创意产业相关理论

（一）文化创意产业的经济学理论基础

1. 资源配置理论

经济学分为"微观经济学"和"宏观经济学"。微观经济学是研究家庭、厂商和市场合理配置经济资源的科学，以单个经济单位的经济行为作为对象，以完全竞争市场、完全理性及信息对称作为基本假设，以价格理论作为中心理论，用个量分析的方法解决资源的配置问题，以实现个体效益的最大化。宏观经济学是研究国民经济的整体运行中充分利用经济资源的科学，以国民经济整体的运作作为对象，以市场失灵和政府有效作为基本假定，以收入理论作为中心理论，用总量分析的方法解决资源的利用问题，以实现社会福利的最大化。

在文化创意产业领域中，同样面临如何充分利用有限的人力资源、历史文化资源、技术资源、市场资源等问题。资源的配置要以市场为导向，选择协调的比例，遵循均衡化原则，如此才能生产出更多和更好的文化产品，丰富人们的精神生活，为社会创造更大的财富。

2. 公共物品与政府作用

产品可分为"私人物品"和"公共物品"。私人物品是指那些具有竞争性和排他性特点的、能通过市场交易实现资源优化配置的产品。公共物品则是指具有非竞争性和非排他性特点的、不能够通过市场机制实现有效配置的产品。

公共物品的非竞争性是指在任意一个给定的产出水平上，如果增加一个人消费该产品，并不需要增加该产品的产量，因而不会引起该产品成本的增加。公共物品的非排他性是指只要经济体中存在着公共物品，就无法排斥任何人消费这种物品，即无法阻止任何人不支付价格也能消费该种物品。同时具备这两个特点的就是纯公共物品，只具备其一的是一般意义上的公共物品。

对于公共物品来说，由于它失去了竞争性和排他性，市场机制对公共物品的调节作用会很有限，甚至是无效的。因此单靠市场机制来调节公共物品的生产和供给，其产出可能为零。这时必须发挥政府的作用，利用政府的力量，才能提高公共物品和生产资源的配置效率。

在文化创意产业领域中，广播、电视、博物馆、图书馆、公园等提供的服务具有公共物品的特性，属于一般意义上的公共物品。文化产品从市场的角度上说是商品，但不能否认它在提高人们精神生活层次、传承文化、娱乐大众和宣传社会精神文明等方面的作用。而这些作用若仅靠商家来完成，显然是不够的，还需要政府部门发挥作用，对公共物品的生产进行调节和参与，以便较好地满足社会需要，实现物质文明与精神文明的双丰收。

3. 产业结构转换和经济增长相关性的理论

随着一个国家的经济发展和技术进步速率的不断加快，资源配置状况会发生变化，新产业不断涌现，产业结构也会发生相应的转换。

（1）从生产要素的密集度上看

存在着由劳动密集型向资金密集型，向资金技术密集型，再向知识技术密集型顺序的演变。

（2）从采纳新技术革命成果的能力上看

存在着由传统产业向新兴产业，向新兴与传统相结合产业顺序的转换。

（3）从三次产业变动看

存在着由低附加值向高附加值，再向更高附加值顺序的演变。一个国家产业结构的转换，既是一定经济发展阶段的客观要求，又是一定时期内经济增长的任务。

（二）"文化产业"理论

20世纪中期以后，经济学家和文化学家进行了跨学科的研究，对于文化产业理论的研究更为深入和系统化。一方面，文化学家从理论的层面对文化产品中所包含的内容，进行意识形态层面的侧重研究文化产业的符号生产机制及符号生产的原则；经济学家从经济学角度对文化产业进行理论阐释。另一方面，一些学者从各国文化产业实践和文化产业政策进行理论总结，从文化产业的生产、流通和传播全过程进行文化产业应用理论研究。美国丹尼尔·贝尔在《后工业社会的来临》一文中，从正面肯定的角度提出"文化产业"概念，并预言未来经济将是文化产业的天下。他指出"后工业社会"是文化产业的现实背景，为文化产业的形成提供了必要性和可能性。随着人们闲暇时间的增多，对于消费性、娱乐性和审美性的文化产品的需求越来越大，促使社会生产方向发生转向，由产品生产经济转向消费、闲暇和服务性经济，催生出以工业生产方式制造文化产品的行业——文化产业。同时，科技的日益进步为满足日益增长的文化需求提供了技术保障。

（三）产业发展关联理论

该理论认为现代经济各部门间都存在前后联系，并由这种联系形成一连串不均衡的连锁过程。在任何一个时期，各行业部门都存在相互作用的关系。经济发展是一个部门伴随另一个部门一系列不均衡发展的结果。基于这一理论，可以发现创意产业是文化产业结构关联的核心行业和"引擎行业"。创意产业作为文化产业的核心产业，联结并促进了文化产业及其相关产业各个部门的发展，充分体现了产业关联效应，这为发展文化创意产业提供了理论依据，同时产业关联理论还为文化创意产业的产业链的形成以及完善提供了理论依据。

（四）产业集群理论

产业集群是指在特定区域中具有竞争与合作关系，且在地理上集中，有交互关联性的企业、专业化供应商、服务供应商、金融机构、相关产业的厂商及其他相关机构等组成的群体。产业集群的核心是在一定空间范围内产业的高集中度，这有利于降低成本，提高规模经济效益和范围经济效益，提高产业的市场竞争力。

从产业集群的微观层次分析，即从单个企业或产业组织的角度分析，企业通过纵向一体化，可以用费用较低的企业内交易替代费用较高的市场交易，达到降低交易成本的目的、可以增强生产和销售的稳定性、可以在生产成本、原材料供应、产品销售渠道和价格等方面形成一定的竞争优势、可以提高对市场信息的灵敏度、可以使相关产业进入高新技术产业、高利润产业等。产业集群理论为文化创意产业园区的构建以及产业链的形成提供了理论依据。

第二节 数字化文创产品设计

一、数字化文创产品的创新设计

在数字时代高速发展的今天，具有数字技术符号的产品设计已经不能被设计行业所回避。数字时代已经囊括了网络、新媒体虚拟仿真等一系列的信息技术，其主要技术符号的应用方式已经从多个角度带来了创新设计的可能性。在未来的文创产品设计当中，数字技术的融入不仅是一种创新设计，更有可能成为数字时代下文创产品设计的一种主流形式和新的传播媒介。这样的文创产品更加满足于市场用户的需求，也有利于文创产品本身设计性的突破。

（一）数字文创产品的设计模式的基本架构

随着数字时代技术符号的不断发展和新的数字技术的不断出现，具有数字技术符号的文创产品不仅具有了自身独特的表现形式，还与传统实物化的产品同文创设计相结合，促使了更多新的数字化文创产品的诞生。在设计具有数字技术符号的文创产品的过程中，必须详细的考虑到技术符号的应用，需要考虑多方面的技术符号，以及其在不同的文创产品设计中根据其自身的设计基础，使其设计方案发挥其不同的作用。目前，具有高精度艺术可视化、交互化、娱乐体验化的数字时代下的文创产品，成为了数字化文创产品设计的主要设计方向。结合数字技术，文创产品、文化定位、创新相关联的构成，已然成为数字化文创产品创新设计的重要元素。在数字化文创产品设计的实践过程中，由于设计本身加入技术元素，既不能够改变文创产品原本的设计方式与构架，又要增加文创产品设计过程中的技术元素。因此，构建数字化时代下的文创产品，设计方法是主要的核心，不仅要满足产品设计本身的要求，又要将技术符号进行有机的结合，形成数字时代下文创产品创新设计的新构架。

（二）数字化文创产品设计内容组成研究

数字化时代下的文创产品不仅要满足传统文创产品的设计价值与受众人群的需求，更要顺应具有数字化时代下的文创产品的发展规律。在数字化文创产品设计的内容当中加入数字符号，在保留原有文创产品设计本身价值的基础之上，加入更为丰富的内容组成部分，是数字化文创产品研究的重要部分。

1. 艺术可视化

数字化文创产品在艺术形式上，通常传承了传统文创产品在内容上的可被观赏性、形式多样性。在产品设计中融入基本的审美元素，最终达到吸引用户的基本目的。要求在通过结合虚拟现实技术后的设计产品中，更加注重产品可视化的要求，在用户与文创产品之间建立起与传统文创产品所不同的可视化体验，并且通过数字技术的介入，将原本文创产品所不能达到的传统设计不能被可视化的部分体现出来，例如数字三维的表现。这样的数字化产品设计具有更多不同的表现形式，综合了数字技术的优势。与传统产品设计的结合，使产品设计的可视化表现更加全面、形式更加多样化，不仅丰富了传统文创产品在艺术可视化方面的表现形式，也为新的可视化艺术在文创产品设计当中的应用提供了新的思路与技术方法。而在整个设计过程中，艺术设计工作者的可视化表现从一开始就介入了，学科交叉的计算机技术人员、美术技术人员在整个产品设计的可视化环节过程中，将艺术的美感融入产品设计之中，不仅要满足本身的美学元素，又要适应技术时代下提供的新的工具与方法。设计传统的明信片将传统的形式与之搭配结合，形成简单的平面可视化，一旦介入了增强现实技术以后，不仅丰富了明信片设计元素，并且能将单一的、单角度的、信息量较少的明信片变成了跃然纸上的、丰富的、具有较高可观赏性的新形式的文创产品。

2. 交互动态化

在数字化文创产品的设计过程当中，交互式体验已成为重要的组成部分。传统静止的文创产品设计，已经不能满足于用户对文创产品在数字时代下的需求。因此，介入交互动态化的技术元素融入文创产品设计成为文创产品设计未来发展的趋势，也是作为产品创新设计研究重要方向。

3. 娱乐体验化

在整个产品设计过程中，产品不仅具有文创产品本身的文化元素，其吸引用户的技术方式也是重要的因素。以当下最热门的游戏为例，如果将数字化游戏融入文创产品设计过程，不仅可以吸引更多的用户来"用"我们的文创产品，在一定意义上这样的文化产品还肩负着一定的文化传播的价值与意义。让更多的人通过"游戏"的方式。通过体验娱乐化的方式，更加了解文创产品自身所携带的文化价值与意义。

（三）数字化文创产品的传播研究

作为文创产品的特性，在市场中流通与传播的方式必定成为文创产品主要研究方向之一。在市场传播过程中，随着人们消费意识的不断变化，文创产品价值与意义的不断丰富，产品设计本身的文化元素与文创产品自身的用户体验成为主要的影响因素。因此，以下将从文化传播环境与用户体验两个角度来对文创产品的传播进行归类研究。

1. 文化传播环境

当前，人们获得文创产品的途径，在线下一般是通过旅游、观展活动等方式获取。在这样的传播环境当中，要搭建一个文创产品的文化背景与设计前文本平台，不仅需要现场环境提供所要表达的内容，而且文创产品还肩负着展示交流信息、传播信息等多个综合功能。这样不仅可以有效促进文创产品与数字化结合的信息交流、展示，并且可以创造数字时代下文创产品在一定环境中所特有的文化价值与现场意义，将媒介终端、互联网技术，与传统文创产品相结合，让用户不仅有现场参与感，还可以通过这样的环境将文化价值带回到旅游后、观展后环境的新中。数字文创产品不再是作为普通的销售产品，只满足观众静态的直观审美感受，还能够将文创产品作为文化传播的载体，引入到更广泛的传播环境当中。在整个过程中，美术馆、博物馆、科技馆等活动现场，将成为文化传播环境的主要媒介。这样，文创产品随着空间的转移和时间的推移，不仅没有丧失其在自身传播过程当中的价值意义，还能将传统文创产品很难在不同时空中展示出来的价值体现出来。

2. 用户体验为核心目标

随着技术符号的不断发展，数字时代和网络时代来临，在整个文化产品传播过程中，用户体验成为最为主要的研究部分。而用户的体验感、沉浸感、参与感，是产品作为用户体验反馈的主要组成部分。在整个文创产品设计过程中，即使加入了数字化技术符号，用户的意见反馈以及在研发过程当中以人为核心的设计理念始终不能偏移。要将文创产品与数字化技术相结合以达到最好的效果，也始终不能偏移受众群体的需求，才能达到最好的传播效果。无论从视觉感官技术引入，还是从整体设计方案引入，都要将用户体验的心理接受、感官需求作为重要的设计目标，以达到整个数字化文创产品在传播过程中最好的传播效果。

二、文创产品的形态

（一）文创产品的物质化形态

传统的文创产品大多以物质化的形态呈现，大多是工业化批量生产加工的消费品，也有少部分手工制品，其大致可分为以下几种类型。

1. 办公和生活用品类

如书签、明信片、日历、笔记本、服饰、茶具、餐具等。这一类文创产品具有基本的使用价值，并在此基础上附加了文化创意属性。

2. 装饰纪念品类

例如玩偶手办、玩具摆件、工艺品、书画等，这一类的文创产品没有太大的使用价值，更多是作为具有艺术性、象征意义的装饰品，纯粹用来满足消费者的精神、情感和审美需求。但恰恰是此类文创产品摆脱了低层次的使用功能需求，它不像文创日用品那样可以以物料成本作为定价依据，它作为纯粹的审美艺术品，具有很大的溢价空间。

3. 联名类

通过跨界合作，实现品牌、IP 的转移，通过限量发售提升溢价和利润空间，增加产品的曝光度和传播度，实现双赢。此类产品的销售主体不是文创版权方，而是通过有偿的方式被授权使用的品牌方。

（二）文创产品的数字化形态

数字化文创产品和传统物质化文创产品的区别在于它不依赖于真实存在的实物去体现文化创意，而是通过计算机和网络技术，将文字、图像和声音等文化符号转换为 0 和 1 的数字编码进行信息传递，再通过带有电子屏幕的智能终端设备进行转译和输出。传统物质化的文创产品都是通过各种物质材料如纸张、塑料、金属等，经过工业生产加工而制成的，而数字化的文创产品是虚拟的数据，通过电脑、手机、平板电脑和电视来呈现。

不以实物为承载介质的数字化的文创产品，通常呈现为以下几种类型。

1. 图文类

主流的是微博和微信公众号。在移动互联网发展初期，图文方式是较为主流的媒体内容形式。数字化的新媒体在传播速度和广度上远远超越报纸、杂志和书籍这些传统印刷媒介，它没有中间的印刷、运输和销售环节，内容从发布端到用户端几乎同步，且几乎没有物料成本。

2. 视频类

"视频"是集动态影像与听觉于一体的优秀表现形式，相较于图文形式，具有更强的感染力和传播力。随着移动网络带宽和速度的提升，抖音、快手、哔哩哔哩等流媒体平台迅速崛起，占据了当下移动互联网媒体的大部分流量。想要通过视频获得广泛的传播效益，关键是要能够持续不断地输出高质量的原创内容。

3. 影视类

包括动漫剧、纪录片、影视剧等。和视频类相比，它是更专业的艺术表现形式，有很高的上限。影视剧的制作难度、开发周期和成本，与视频制作不可同日而语。一部优秀的影视剧能在长时间内产生持续广泛的影响力。

4. 虚拟现实类

"虚拟现实技术"简称 VR，其运用集视觉、听觉和触觉于一体的智能终端，营造逼真的三维虚拟空间，用户可以在虚拟场景中与之交互，产生身临其境的感觉。当下的虚拟现实设备硬件性能还有不足，用户体验不够完美且价格偏高，在普通用户群中远远没有像游戏主机一样普及，但是未来它可能会像今天的智能手机一样改变人们的生活方式。

5. 程序类

包括 H5、小程序和 App 等。程序类的数字化文创产品相较于图文视频类的最大差别就是其具备交互属性和更好的交互体验，并且有完善的功能布局和更详细的数据资料，用户可以根据自己的需要选择相关内容。

6. 游戏类

电子游戏以其综合性特征几乎包容了一切艺术内容，同时还具备极强的交互性、娱乐性和参与感，对于有游戏天性的人类具有很强的吸引力。

7.NFT 类

传统的艺术作品如绘画等，都是手工完成且具有唯一性的作品，然而在数字时代，很多艺术创作完全用电脑完成，最终的作品在本质上就是由一堆 0 和 1 组成的数据包，可以无限复制成一模一样的副本，因此以前的数字产品不存在具有唯一性的原作。随着区块链技术的发展，运用非同质化代币（NFT），可以给任何数字资产生成有唯一哈希值的加密货币令牌，让这件数字产品可以作为唯一的原作进行买卖。

8. 表情皮肤类

相较于视频、交互程序、游戏类等复杂的数字文创产品，诸如动态表情图片、手机输入法皮肤、安卓手机主题这一类小而美的数字产品类型也是文创产品优秀的实现形式之一。小小的表情包，每天在各种社交媒体上被无数次转发，这其中蕴含着文化传播的巨大价值。互联网给文化创意产业带来了新的突破口，使其形成了很多细分行业。

通讯公司 LINE 就是一家靠付费表情包起家的科技公司，衍生出动漫、游戏、聊天软件和线下潮流手办实体店等产业。手机输入法乃至像淘宝、哔哩哔哩、QQ 以及即将开放自定义皮肤功能的微信，这些手机应用都允许用户对皮肤进行个性化设置和以开发者的身份上传皮肤作品。不同品牌的安卓手机都有自己的 UI，这些 UI 界面风格也是用户选择手机的一个重要考量因素。为了更好地满足不同用户群体的审美需求，各大厂商在手机里都内置了含有海量主题的"手机主题商店"，以便用户更换出厂默认的 UI 主题，选择个性化的主题。手机厂商推出了主题开放平台吸引更多的开发者加入，这不仅能大大扩充手机主题数量，还能通过付费主题的方式和开发者分成获取利润，安卓手机主题开发已发展成为一个产业。

数字化的文创产品利用手机、平板电脑、电脑等智能终端作为输出设备，无需传统物质产品的物料成本，也不受生产加工工艺的影响。文创产品开发者在自己的制作平台上就能直接预览产品最终效果，没有中间环节，所见即所得，使文化的传播速度大大加快。智能手机作为用户几乎随时随地携带的设备，文创产品的数字化顺应互联网大趋势，更加贴近用户的日常生活习惯。

文创产品摆脱了各种物质化载体，以电子屏幕作为输出介质，排除了文化创意产品外在形态的差异，开发者需要凭借更优秀的文化内容吸引用户。文化创意产品和产业聚焦于更加核心的内容属性，这有利于我国文化产业的深入健康发展。

三、基于 VR 技术的数字化文创产品开发技术探讨

数字化文创产品不断涌现，不仅可以提高消费者体验物质化产品的新颖性和有趣性，还可以保证消费者更好地感受产品背后的文化知识和价值观念，从而为更好地满足消费者的文化精神生活的追求。体现出非常重要的应用价值。

（一）VR 技术与数字化文创产品的基本概述

1.VR 技术概述

VR 技术（中文全称为"虚拟现实技术"）主要是指通过采用高科技信息手段为用户构造形象逼真的虚拟化环境，这一环境将视觉、听觉和触觉有机结合形成一体化的感官效果，用户通过利用相关设备，就可以采用人机交互的方式与虚拟环境中的各种对象进行互动，并体会到一种身临其境的真实感觉，从而达到了一种视觉传达的效果。所以通过利用 VR 技术，可以为用户构造逼真的虚拟化环境，使用户的体验感变得更加真实。

2. 数字化文创产品的概述

在我国文化创意行业的不断发展下，人们对精神文化生活有了更高的追求。在这样的情况下，数字化文创产品种类越来越多。同时，我国传统文化源远流长，不同的地区和民族在气候、风俗、信仰和文化。方面表现出很大的差异性。而大力开发和发展数字化文创产品，除了突出产品的创意性、交互性和全面性，提高产品的商业化价值外，还要突出地域文化特色，为人们带来良好的精神文化体验。

（二）VR技术在数字化文创产品开发中的应用

1.VR虚拟体验展厅

VR虚拟体验展厅的开发是VR技术在数字化文创产品设计中的典型应用。该体验展厅的使用原理为：在VR技术的应用背景下，将用户体验与展示设计进行充分的融合，确保消费者通过利用该产品，体验到虚拟世界的新奇性、有趣性。因此，相关设计人员在对VR虚拟体验展厅进行设计的过程中，充分利用和把握空间设计的原理，在应用VR技术的基础上，将色彩原理、光照原理和人体学原理等元素进行深度融合，并在数字化文创产品开发中加以充分利用，同时还以人的体验和感受为主，采用符合相关设计主题的方式，将产品背后的文化内涵充分表达出来，以起到展览和宣传的作用。

2.VR数字体验馆

文化博物馆在文化创意产业发展中占据着举足轻重的地位，通过将VR技术应用到文化博物馆中，可以为人们带来新颖、有趣的旅游体验。目前，我国大量的文化博物馆已经通过利用VR技术实现了对VR数字体验馆的构建和应用，采用现代化、数字化的方式对博物馆相关的展品进行展览，从而确保VR数字体验馆的互动性、共享性和多功能性。游客通过利用VR数字体验馆，可以在虚拟化的环境中，形象、逼真地感受和了解各种精美文物历史背景、时代特点和历史人物的风采。此外，在对VR数字体验馆进行开发和设计的过程中，相关软件开发人员通过利用遗存高清扫描技术实现对三维模型的建立和数字规范化制作，为人们带来3D立体空间体验，使游客利用VR数字体验馆点击并进到动态沙盘、数字壁画、互动展览等各个区域中，以参观不同的展品内容。总之，通过将VR技术应用到VR数字体验馆的开发中，可以实现对三维交互功能的进一步修正、优化完善，为游客带来不同场景、不同层次的展品体验，以满足游客的文化精神追求。此外，VR数字体验馆的开发和应用还能为游客带来各种人机互动体验，游客可以利用手机程序采用的二维码扫描的方式，就可以获得博物馆文物相关讲解视频，同时游客通过使用电子展示相关功能，可以进入到文物当下的历史环境中，形象、逼真地感受当下历史时代的特点，以达到娱乐与文化的深入融合和有机统一。

数字化文创产品取得良好的发展，给消费者带来了灵活和多元的三维立体视觉效果，增强了消费者产品体验的真实感。为了促使VR技术与数字化文创产品协调、融合发展，技术人员要培养自身的创新意识，通过利用VR 技术开发出更多有趣、新颖的数字化文创产品，让消费者体验到身临其境的感觉，从而激发消费者的购买欲，为更好地提高 VR 技术的应用价值和应用前景，确保数字化文创产品为人们带来智慧生活提供有力的支持。

第三节 互联网经济下的文创产品运营新方向

一、文化和文化产品

（一）文化的概念

普遍意义上的文化指的是人类在精神层面创造的所有产品，是一切社会意识的总和。它是人类在不断认识自我、改造自然的过程中获得的共识，以文字、图像和声音等符号记录，其表现为文学、纯艺术、设计、音乐、舞蹈、电影、动画、游戏等各种形式。

（二）文化产品的概念

文化产品就是由文化人士或者文化部门创造的，以文化或者艺术为内容，能够满足大众精神文化需求，反映社会意识形态状况的文化载体。文化产品具有象征性、创新性、意识形态性、价值永恒性的基本属性和无形性、公共属性、娱乐属性、超前性、垄断性等特殊属性。

二、创意产品

（一）创意产品的概念

创意产品包含于文化产品，是文化产品的一个分支，是文化产品中富有创意性、时尚性、原创性和个性化的产品，是具有文化属性和审美属性以及使用价值的创新型产品。也就是说，创意产品比起文化产品更加具象，更加具有特指性。需要注意的是，创意产品的概念不同于"产品创意"，后者是指新产品开发过程中的一个特定阶段。

（二）创意产品的特性

1. 文化、技术和经济的融合特性

创意过程实际上就是用新的技术或工艺将文化因素融入产品，带给消费者新的体验，从而实现产品经济价值的过程。创意产品主要是指具有文化和审美属性及具有使用价值的创新型产品。消费者的体验过程是实现创意产品科技与文化融合的重要途径。创意产品具有新颖性、适宜性、有效性、可分辨性等特点，同时也具有风格化、符号价值和审美属性。

2.功能价值与观念价值并存

创意产品的价值由"功能价值"和"观念价值"两个部分组成。功能价值由科技创造而成，是商品的物质基础；观念价值因创意渗透而生，是附加的文化观念。

3.消费的体验性和"可传染性"

文化创意产品的定价和消费很大程度上取决于消费者对文化产品的感知度。创意产品的消费具有偏好的"可传染性"。对世界范围内工艺品、视听、设计、音乐、新媒体、出版和视觉艺术七种文化创意产品的比较优势和产业内贸易状况的研究表明，增强创意产品的文化感知性和精神体验性是发展中国家利用文化比较优势发展创意文化产业，推动本土经济可持续发展的重要途径。

三、数字内容产品

数字内容产品属于文化产品中被信息化、数字化了的虚拟产品或无形服务数字内容产品与文化产品之间是一种"包含于"的关系，以下将对相关研究进行综述。

（一）数字内容产品的概念

数字内容产品就是一切数字化了的、并且可以通过数字化网络传输的产品。事实上，任何产品都可以有精神内容和物质载体两种形式。数字内容产品就是以创意为核心的、以数字信息技术为载体的精神性产品，数字内容产品目前涉及的领域主要包括数字出版、数字广告、数字创作、数字化教育、动漫、游戏、影视、内容软件等，随着信息技术、互联网技术和相关服务产业的发展，数字内容产品的边界将越来越大。

数字内容产品内在包含技术、商业、文化、艺术等要素之间的交融与互动。文化资本是推动产品开发的重要基础，文化资本在数字内容产品的开发和运营过程中起到了重要的基础性作用。

数字内容产品的价值创造过程也具有自身的特点。如动漫产品的价值创造过程集中体现为"价值网"的形成和发展。就视频游戏而言，价值链的构成涉及生产者、消费者、硬件平台和销售渠道四个方面，与传统的电影、音乐等娱乐产品相比，硬件平台对价值创造具有更大的影响。由于视频游戏具有很强的互动娱乐特征，平台服务商和消费者在价值创造过程中发挥着更为重要的作用。

（二）数字内容产品的特性

数字内容产品内在包含文化、技术和经济性生产要素的交融与互动是文化创意产品中技术密集性很强的产品形态，具有自身独特的特点。

1.社会网络性质

数字内容产品具有明显的社会网络性质。如动画也已经形成了一个全球性的生产网络。该网络在市场结构、劳动力分工、需求结构、生产技能的扩散等方面和传统文化产品的生产相比具有显著差异。

此外，游戏开发者之间的连通性对游戏企业具有重要影响，在社会网络的视角下，开发商之间的知识溢出效应对企业发展具有明显的推动作用。同时，消费者是影响互联网创意产品生产的重要因素，在视频游戏市场中，消费者网络是游戏企业的重要战略资产。在视频游戏开发、测试和扩散过程中，游戏开发公司与游戏用户社区之间的互动关系对产品的成功具有重要意义。

2.参与者之间的互动性

由于数字内容产品大都通过互联网进行传输和连接，处在不同节点上的消费者很容易在虚拟空间相互作用，使得数字内容产品具有很强的互动性，参与者之间的互动交流可以是同时发生的，也可以是先后发生的。数字内容产品的互动性改变了传统媒介信息从发送者到接受者单向流动的模式，使所有的信息都双向互动起来。这种互动作用可以发生在持有互联网终端的人与人之间，也可以发生在人与机器之间。判断数字内容产品互动性强弱的标准包括：数字内容媒体或终端的可选择性、可替代性、可修改性、线性或者非线性、产品对人的感官的激发程度等。数字内容产品的互动性使得交错互动的网络空间得以形成，消费者在这一网络空间可以尽情舒展自己的个性，拓展了参与者的社交圈，大大扩大并提高了参与者的社交范围和社交频率，极大地降低了人与人之间的孤独感和疏离感。

3.消费的体验性和参与性

在传统商品的开发和生产过程中，消费者对产品开发过程的参与度很低，即使有参与，在大多数情况下，也只是产品开发过程的被动参与者。数字内容产品以二进制编码的数字化格式为基础，以比特流的方式通过互联网进行产品的传播，具有非常强的可复制性、可传达性、可分割性、可破坏性、可改变性，因而消费者可以在数字内容产品开发和运营的多数阶段进行参与，如创意、开发、生产、消费等环节，实现生产与消费的深度互动和价值。共创数字内容产品是精神产品的一种，消费过程就是参与者的体验过程，而体验的评价是主观的。因此，消费者的主观评估是产品开发和改进的先决条件。消费者对数字内容产品体验后的评论、口传等信息是影响后续消费者选择的重要广告信息，而消费者的体验评论本身主观性很强，受消费者个人世界观、价值观、文化素养、认知能力等因素的影响。在进行数字内容产品的开发和运营过程中，应对消费者评论信息进行有效的引导和管理。

4.特殊的定价策略和营销模式

数字内容产品是运用现代数字技术，将知识信息碎片化，重新聚合成多种内容、多种形式、多种平台、多种载体，在多边市场上运营的新型产品的这一产品特性彻底打破了传统商品一对多的定价模式。因而对数字内容产品的定价应该考虑其特殊的成本结构和网络外部效应。影响数字内容产品定价的主要因素有两个：一是特殊成本结构，二是网络外部效应。与此相对应，数字内容产品的定价策略包括：以内容需求为基础的价格策略、以平台成熟度为基础的价格策略、以用户偏好为基础的价格歧视策略。此外，数字内容产品的定价和销售策略还受到相关交易各方的市场控制能力和互动关系的影响。

在营销模式方面，数字内容产品与传统产品的区别主要体现在顾客群体不同，网上顾客行为变化性大，产品的发行受到宽带覆盖、服务器容量、终端设备等配套设施等方面的影响。因此，数字内容产品的营销模式与传统产品相比有很大差别，根据不同产品特质，可以采用组合模式、捆绑模式及混合模式等模式。

对互联网经济的相关研究主要从宏观和微观两个层面展开。宏观层面主要涉及互联网经济的内涵和特性问题。其中关于其双边市场特性的研究较为系统和深入。微观层面主要涉及网络消费者行为的特性和影响因素问题，其中对网络消费者行为倾向的研究表明，网络消费者行为倾向主要受交易成本、风险、易用性、可用性等因素的影响。

　　文化产品、创意产品和数字内容产品与"互联网创意产品"的概念在内涵和外延上较为接近。相关研究也主要涉及这三个概念的内涵和特性问题。总体来看，文化产品的概念既包含创意产品，也包含数字内容产品。而创意产品和数字内容产品之间有很大的概念交集。创意产品所具有的重要特性包括功能价值与观念价值并存、消费的体验性和可传染性等。数字内容产品所具有的重要特性包括社会网络性、平台经济性、技术依赖性等。两者最突出的共有特性就是文化、技术、经济要素的内在交融性质，而数字内容产品的技术性更为突出。这些特性导致了两者在具体运营模式上的特殊性。

第二章 文创产品设计方法与流程

第一节 文创产品设计方法和原则

一、文创产品设计方法

（一）以功能为主的设计

一般来说，一件产品的功能不是单一的，它可能同时具备多种实用功能和一定的审美功能，在产品设计过程中，合理安排产品的功能以及各功能之间的关系是其中的关键一环。所谓实用性设计，是指以实用功能为主的设计。

产品的实用功能主要是以作为人们为达到某一目的的工具的方式表现的，比如汽车是人的代步工具，手机则是远程沟通的工具等。一般来说，除了一部分以工业化手段批量生产的、纯粹为满足审美的工艺品外，所有工业化批量生产的产品都在一定程度上具备实用功能，是产品的一项基本属性。

关于文创产品设计载体的选择，一般来说设计师为了吸引消费者的消费，会选择一些人们日常生活中常用的物品，设计成具有文化内涵的文创产品。设计师采用仿生、提取文物的表面肌理、质感、色彩和造型等方式，将提取的文化元素进行具象转化，结合产品的实用功能设计出日常生活中的"日用品"。

（二）突出趣味性的设计

美感、乐趣和愉悦的共同作用能给人带来正面的情绪，产生快乐的感觉。这种感觉可以帮助人们解压，激发人们的求知欲和学习能力。目前，市场上以娱乐为目的性的体验产品也数不胜数，有时促使消费者产生购买行为的是追逐产品的"有趣""好玩"，这也体现了人们在快节奏生活状态下追求心灵释放。文创产品中的趣味设计，更多时候是互相包容的，力求带给人们的是全方位的感受。从造型到功能再到人机的互动和文化层面层层递进，将趣味设计推进到一个全新的层面。由于人群年龄、性别、知识文化层次、社会经历等情况不同，对趣味的理解方式也不同。有的更加注重功能方面的趣味，有的更喜爱视觉感官带给自己最直接、最直观的趣味感受，有的则更加注重产品本身内在的品质带给人们的真实情感体验。在人们不同诉求点的驱使下，各种层面的趣味性又得以发展强化，带给人们截然不同的趣味感受。在进行趣味性设计时，应着重考虑影响趣味性的因素和掌握趣味性的设计方法。

1.趣味设计因素

根据不同人群需求，趣味设计可着重考虑以下层面。

（1）年龄

从年龄层面出发，不同的年龄阶段对于趣味的要求诉求点不一样。儿童青少年对于趣味性更注重在外形颜色，而对于中老年人更加注重产品本身所带来的趣味感受。

（2）性别

从性别层面来说，女性更多喜欢温和的，而男性更加喜欢简单、便捷、明快的。

（3）消费能力

从消费者自身消费能力层面来说，日常生活用品趣味性的设计最终是从简单的产品功能设计回归对于人们情感层面的关怀，并不一定高价位的产品趣味性就更加丰富。日常生活用品的趣味设计要从以人为本的设计思想入手，充分关注人们的情感，不仅要从趣味的表层含义去发现产品的趣味性，同时要不断地拓展产品趣味设计的深度广度。趣味设计赋予产品情感和活力，使具有趣味的产品更加具有亲和力，所以我们要将相关的设计要素和设计思想融入产品的形态、功能以及人机互动和文化内涵之中，创造出更多令人感动的产品。

2.趣味设计方法

从日常生活用品造型材质色彩等趣味到功能的趣味，从人机互动的趣味到产品的综合趣味四个角度，其产品趣味体现出完整的设计方法。

日常生活用品趣味性设计方法应从以下几个方面着手：①从造型层面趣味设计出发。②从功能层面趣味设计出发。③从人机互动层面趣味设计出发。④从综合多层面趣味设计出发。

坚持以人为本是一切设计的核心，其建立在广泛的体验设计、情感设计等丰富理论基础之上的。总体而言，日常生活用品趣味设计遵循从产品的造型到产品功能再到情感上的趣味体验，从基础外形到附加的内涵设计法则。以人为本是产品趣味设计的核心所在，这种理念建立在体验设计人性化设计等丰富的理论上，要求人们更加关注物以外深层次的情感心理层面的需求。

（三）融入情境性的设计

相对于实用性设计方法，情境性设计方法在实用性的基础上，侧重点放在对产品的"精神意境"的塑造上。这类产品在不使用时可被当作工艺品，从观赏性的角度感受产品营造的氛围，在使用时，产品的意义通过操作方式从行为到心境再到精神逐渐向使用者渗透。这类产品中，最具有代表性的是表现茶道、香道和花道的产品。

在产品设计中，场景是指用户与产品交互时由环境、产品和用户组成的集成系统。场景研究是指通过情景、环境、产品以及人与三者之间的关系来研究未来产品的使用。产品设计中，场景研究的目的是在场景的三个因素之间找到平衡点，设计出真正满足用户需求的产品，增强用户体验。

1. 从现场观察中理解用户

用户行为有特殊性，其背后的因素是非常复杂的。仅通过问卷调查，很难获得其真正的动机、目的和情感。当我们想要理解用户行为的目的时，只有亲身体验用户的使用过程，观察、自我理解用户的情绪变化，才能真正理解用户，把握用户的痛点。因此在新产品开发过程中，使用跟踪和调查目标用户、信息收集、场景记录、场景仿真等研究方法。

2. 从场景中挖掘需求

长期以来，设计者往往认为产品与用户的关系只存在于产品的使用过程中。这种观点是不完整的，一旦用户开始接触到这个产品，甚至还未开始使用，就已经开始了建立信任和情感共鸣这一过程。用户的潜在需求，往往隐藏在用户的习惯和态度中。产品有时会为用户创建行为、习惯和需求，所以设置场景来描述用户的日常细节可以帮助设计者理解用户的情绪变化、与用户交流时应该采取的态度、用户的目标和进行用户交流的目标。所要求的功能和信息使设计者能够发现产品与用户之间可能的交互点，从而合理地定义产品与用户的关系，将产品融入用户的生活。同时，这种方法可以避免设计者在设计新产品时，由于缺乏现有的设计经验，而可能导致设计不完整，并且在考虑不充分的情况下给用户带来其他潜在问题。

3. 提炼核心需求定义产品

当完成以上步骤之后，既有必要对收集到的不同用户意图和需求进行总结和提炼。用户很容易根据自己的喜好需求确定产品某种特定的属性，但设计者从来没有这样做，大众消费品必须满足大多数需求，更具体的需求只能满足小众群体。所以设计师需要提炼和升华直观的细节，找出背后的深层原因。通过一种或多种表达方式来实现多样化的需求，并选择最佳的解决方案来满足用户的核心需求，完成产品的设计定义。

4. 在场景中对产品进行测试与验证

在完成产品定义之后，设计人员需要验证定义，然后使用关键路径场景的方法。关键路径脚本是一个虚构的场景，通过设计场景，目标用户可以体验到产品设计的重要功能，然后脚本通过猜测用户行为来验证设计假设的合理性。这种方法的优点是，在设计假设开始时，可以以较低的成本消除一些不可能的需求，从而可以提高设计者的效率。不仅如此，设计者可以在脚本中设想更多的可能性，以充分考虑以提高设计完成度。

（四）演绎故事性的设计

文创产品设计师不是贴图设计师，故事性设计常用"讲故事"的方法来体现文创产品的文化内涵特征，让消费者达到心灵的共鸣，是文创产品设计中较为常用的设计方法之一。要讲好产品设计中的故事，需要发现产品中的笑点、萌点、科技点等内核，通过一定的"梗"和受众进行沟通。

故事性设计，需要充分挖掘产品的文化背景，可以是特殊的产地、非遗文化、历史溯源、优良工艺、严格的制造过程等，也可以是非遗手工艺者或设计师的独特情怀。同时诉说关于产品的故事，并且告诉受众这些产品有趣、重要的一面。讲故事的文案架构必须合乎逻辑，有着开头、中间和结尾。描述一项商品及其效益，根据文化的重要性来安排文案中故事的先后，要把最重要的文化特征放在标题，在阅读文案的过程中，带领读者从最重要的文化特色逐步走到比较次要的文化特色。

二、文创产品设计原则

（一）以市场为导向的原则

市场导向原则强调以市场需求为出发点，不是有什么想法就开发什么产品，而是与市场结合开发市场所需要的产品。当然，在设计文创产品时，应该辩证看待市场导向和文化内涵，设计出兼具文化内涵和符合市场需求的文创产品。

在市场经济机制的调节下，文创产品需求和文创产品供给是通过市场这一体系联系起来的。文创产品需求和文创产品供给共处于市场这一体系之中，它们之间的矛盾是推动文创活动发展的动力，即需求和供给是经济活动的基本矛盾，它们之间的经济联系及其变化、发展，组成了经济活动的主要内容。只有通过市场运作，才能使供求矛盾得以缓和、协调或解决，实现供求结构的平衡。供求平衡也是产品结构的平衡，只有文创产品结构处于平衡的良好状态，文创产业的发展才能运作在健康有序的轨道上。

文创市场瞬息万变，消费者的需求在变，竞争对手的战略在变，文创相关法律法规也在不断完善，影响文创企业的内外环境也日新月异。一个文创企业能否适应文创市场的发展变化，适应到什么程度，是文创企业能否在竞争中求得生存和发展的关键。因此，文创企业必须以市场为导向，适时进行资源合理配置，扬长避短，有针对性地开展市场营销活动，确保企业经营目标得以实现，这就需要制定自己相应的市场营销战略。市场营销战略关系到今后相当长一段时间内文创企业的发展目标，是文创企业市场营销计划的重要依据。因此，市场营销战略正确与否对文创企业的兴衰成败举足轻重，有着重要的影响。若一个文创企业的市场营销战略错误，即使文创的具体行动方案多么细致，多么全面，销售队伍多么强大，也会在激烈的市场竞争中迷失方向，对企业的生存和发展构成威胁，甚至被竞争对手击败。

（二）突出差异的创新原则

差异化设计实际上是一种设计创新，要让自己的作品具备差异化特征，就必须从多个角度展开分析、加强判断、深入思考。运用目标市场定位策略针对客观存在的不同消费者群体，根据不同产品和消费者的特点，采取不同的设计创新方式。

1. 地域创新

地域文化扎根于特定的地域生活环境之中，有着深厚的和积累精神基础，根据不同地域环境的变化情况，结合设计方法将地域特色的文化融入产品设计，使产品具有本地性特征。文创产品设计凝练各地的地域文化，在传播和商品设计中保持地域文化特色，是实现文创产品差异创新的方法之一。

2. 产品品类创新

是指设计多种不同规格、质量、特色和风格的同类产品，以适应各类顾客不同的需要和价值诉求，避免产品"同质化"。在实现文创产品类创新时，应注重以产品的系列化、品牌化为导向，统一规范整体形象，更加明确集中设计的主题和个性。

3. 消费群体差异化创新

是指根据不同的消费群体的消费需求和消费心理，走差异化路线，确定消费群体差异化进行设计。对消费群体进行细分，有利于对于产品开发品类的细分，从而实现产品的多样化和个性化。

4. 消费手段差异化创新

是指通过营销方式差异化，不断进行更新营销手段，将新意与亮点展现给消费者，从而激起消费者购买欲望。这种手段是促使消费者在市场消费行为中差异化的购买，向顾客提供有独特利益，取得竞争优势产品的策略。

（三）兼顾美观与实用的原则

美观的设计看起来更容易使用，而且有着更高的被使用的可能性，不管事实上它们是否真的更容易使用，更实用但缺乏美感的设计可能遭到冷落而引发实用性争论的问题。这些观念在随后的时间里产生影响又很难改变美学在一项设计的使用方式上扮演着重要的角色，美观的设计比缺乏美感的设计更能有效地培养积极的态度，使人们更能容忍设计上存在的问题。

美的产品不仅要满足消费者审美的需求，同时还应使消费者感觉到"美观的产品更好用"。因此在文创设计过程中，应该从用户的感受出发，细心观察用户的情感与喜好特征，总结其美学要求，在和文化结合的同时，设计出符合用户需求的美学性产品，从而创造一个温柔的、乐观的、愉悦的、享受的美丽心情。而现实的大多数文创产品设计往往仅仅只表现了"好看"，而忽略了"实用"，粗制滥造给人一种"中看不中用"的印象，这就需要设计师严格把关产品品质，设计出符合"消费者需求的好看"的产品，例如可通过与知名品牌联名设计，提升消费者对产品品质的信赖感。

（四）坚持绿色环保的原则

1. 资源最佳利用原则

资源最佳利用原则包括两个方面的内容：一是在选用资源时，应从可持续发展的观念出发，考虑资源的再生能力和跨时段配置问题，不能由于资源的不合理使用而加剧枯竭危机，尽可能使用可再生资源；二是在设计时，尽可能保证所选用的资源在产品的整个生命周期中得到最大限度的利用。

2. 能量消耗最少原则

能量消耗最少原则也包括两个方面的内容：一是在选用能源类型时，应尽可能选用太阳能、风能等清洁、可再生能源，而不是汽油等不可再生能源，有效缓解能源危机；二是设计师力求产品在整个生命周期循环中能源消耗最少，减少能源的浪费，避免这些浪费的能源可能转化为振动、噪声、热辐射以及电磁波等的污染。

3. "零污染"原则

绿色设计应彻底抛弃传统的"先污染，后处理"的末端治理环境的方式，而应实施"预防为主，治理为辅"的环境保护策略。因此，设计时就必须充分考虑如何消除污染源的问题，从根本上防止污染。

4. "零损害"原则

绿色设计应该确保产品在生命周期内对劳动者（生产者和使用者）具有良好的保护功能，在设计上不仅要从产品制造、使用环境以及产品的质量和可靠性等方面考虑如何确保生产者和使用者的安全，而且要使产品符合人机工程学和美学等相关原理，以免对人们的身心健康造成危害。

5. 技术先进原则

绿色设计要使设计出的产品为"绿色"的，要求采用先进的技术，且要求设计具有创造性，使产品具有极佳的市场竞争力。

6. 生态经济效益最佳原则

绿色设计不仅要考虑产品所创造的经济效益，而且要从可持续发展的观点出发，考虑产品在生命周期内的行为对生态环境和社会所造成的影响而带来的环境生态效益和社会效益的损失，也就是说要使绿色产品生产者不仅能取得好的环境效益，而且能取得好的经济效益，即取得最佳的生态经济效益。

三、文创产品设计中的文化体现

（一）地域文化与文创产品设计

地域文化是指中华大地上不同区域物质财富和精神财富的总和，是艺术设计绵延不绝的源泉。

1.地域文化的形成原因及审美特征

（1）地域文化的形成原因

中华大地因其得天独厚的地貌和人文风情，缔造了辉煌而灿烂的历史文化。如今的中国文化是中国历史发展以来的多个地域文化的精华之和，它们之间既保留了共性又有一定的个性，既存在一定的冲突又有深度的融合。我国地域文化主要是受自然地理环境、移民、区划、民族等的影响，在特定区域孕育而形成。地域文化是历史遗存、文化形态、审美取向、社会习俗和生产生活方式等在一定的地域范围内长期融合形成的，它具有地域性的特征，不同地区在审美取向和偏好上的差异，形成了中华民族丰富多彩的文化形态，如巴蜀文化、关中文化、吴越文化、荆楚文化、岭南文化等。

（2）地域文化的审美特征

首先，地域文化的形成过程具有长期性和相对稳定性。中华民族在不断的适应和创新中成长，经历了几千年的历史变迁，各地的文化形态也在几千年的历史中演化出各自不同的特点。

其次，地域文化之间具有相互渗透性和相互包容性。我国古代大多数时期政权是统一的，各地域人们的相互流动带来文化习俗的互相影响，特别是在几个交会的文化区域，形成了兼具几种地域文化特点的文化。

最后，地域文化的表现形式具有独特性、广泛性。

2.地域文化对文创产品的影响和启示

（1）地域文化是文创产品设计的灵感和基因

缺乏地域文化的挖掘，就会导致同质化现象，即设计没有特色。

（2）文创产品设计可以保护和传承地域文化

文化认知是地域性思维活动形成的易于被自觉接受的文化行为，对文化的理解与认同则受到生存环境的影响和制约，具有特定的认知性和习惯性。地域文化决定了设计的文化特征。

（二）中国传统美学与文创产品设计

1. 中国传统美学设计原则启示

（1）人性化——以"仁"为基础的文创产品设计

在现代的设计美学观点中，艺术设计的价值观决定了设计的中心是人而不是物，设计对象更主要的是作为承载并享受设计成果的绝大多数受众。在中国传统美学中也强调"仁者爱人"等美学思想，体现了人对其他生命的友善和关爱，尊重人的自主性和独立性，体现人性化的设计理念。人性化设计强调设计伦理，注重人性需要的本质，全面尊重、关爱使用者的生理、心理及人格的需要。

（2）纯朴简练——注重自然本真的表达

在纯朴设计中，应注重材料本质的表达，表现出素颜、古朴之美。纯朴的设计受观者的心性开悟程度影响，设计作品一般呈现出岁月的沉淀，使观者能长久的欣赏并回味无穷，带来极佳的美学体验和精神上的满足。

（3）圆融内敛——追求象征寓意圆满

圆融内敛的含蓄设计强调设计作品的完整性，强调表现形式和表达内容的统一性，注重象征意义和寓意的表达。

（三）情感体验与文创产品设计

文创产品具有文化属性和创新性的双重要素，所以决定了其个性化、差异化的特点，每一件文创产品背后都有"一段故事"，消费者因为消费不同的"文化"得到不同的情感体验。

1. 文创产品设计中的本能层次

在本能层次，对产品的感知很大一部分是因产品的形态、色彩、表面纹理、气味及质感等的不同而不同，此层次是属于产品的物质层面，是看得见、摸得着的或者是可以直观感觉到的。

文创产品的本能层级表现，主要是注重文化的物质特色表达，可将传统文物的造型、装饰纹样等可以直接通过一定的工艺和技术表现在现代产品上，来适应现代的生活方式和审美。

2. 文创产品设计中的行为层次

行为层次是指超越本能层次的，所关注的是产品的形态、气味、色彩等，更多的是根据人的生活方式、使用产品的方式、仪式和中间过程等去设计，如产品的功能性、易用性和仪式感等。

3. 文创产品设计中的反思层次

情感反思层次因其所表现内容的具有一定的意义和内涵，此层面在高端文创产品的表现相对较多。反思层次又称为精神层、心理层，当人们在看到产品或者试用产品后会产生记忆回响，这种回响是消费者在情感层面的反思感受和价值衡量，和产品的意识形态层面是相对应的。对文创产品设计师来说，反思层是避免文创产品同质化的有效途径，产品背后的文化才是文创产品的内涵所在。在反思层面的文化内涵可包括产品的故事性、情感和文化等特性，应该注重产品的内部意涵和文化意义。

（四）文化符码与文创产品设计

设计的文化符码是提醒设计师，能够敏锐地注意到在设计作品创作时对文化差异的分析方法，并且能将这种"有用的分析"运用到设计作品创作上的一种设计方法。

设计文化符码有以下三层次。

第一层次：策略层，指设计创意定位。策略层包括了设计作品的说服层次与设计作品的说故事层次，设计构思中应思考怎样把握文化特色的作用、运用，怎样策划组合规则、策略元素，这个层次往往不易被察觉与分析。在文创产品中，策略层往往需要对人群和文化资源进行充分分析，从而去规划设计品类和设计内容，进行有逻辑、有目的性的设计表达。

第二层次：意义层，指设计传达的意义。在意义层包括了说故事层次与语义层次，不过这个层次如果设计师与受众处于同一个文化环境，作品会比较容易被察觉和分析。在意义层较多考虑运用怎样的器物参考、视觉元素进行组合，传达哪些内容，这包含传达内容主次、文字图形的组合等构思。

第三层次：技术层，指设计的表现形式及手法。技术层作品包括了设计作品的美感形式层次与设计作品的媒材层次。当需要传达的内容确定后，技术层需要考虑各种设计元素的传达方式，也就是表现手法、表现形式、媒介等方式。

第二节　文创产品设计的基本流程

一、文创项目管理与市场调查

（一）文创项目管理

文创产品设计活动大多数以项目的形式表现出来，当文创设计与具体项目的相关技术、管理学相融合，就产生了文创设计项目管理。所谓文创设计项目管理，就是应用项目管理理论和技术为完成一个预定的文创设计目标，充分考虑到时间、资源、成本、技术、材料和制造等方面的限制，对任务和资源进行合理计划、组织、协调、控制的科学管理活动。在文创企业经营与新产品、新服务方式开发的过程中，文创设计项目管理起着关键作用，决定着某项工作的成败。因此，成熟的文创设计组织必须具备成熟的项目管理能力，从而能在限定的条件下顺利有序地完成文创设计任务。文创产品设计师除了具备一般产品设计师所具有的能力外，还需具备较高的文化素养，需要有一定的文化认知和文化整合能力，才能设计出具有文化内涵的高质量产品。

1. 文创设计项目的管理准备

设计项目开始前的管理准备工作一般包括组建文创设计队伍、进行文创设计前期检查及编制文创设计规划书三个方面。

（1）组建文创设计队伍

企业必须根据文创设计项目的内容、性质及企业自身技术能力的情况来确定是否需要组建文创设计队伍或组建一个什么样的文创设计队伍。通常由于产品在市场中更新的频率很快，每年需要较多的新文创产品进入市场；而且因为文创设计项目的复杂程度不一，文创企业需要组建文创产品设计队伍。

（2）进行文创设计前期检查

文创设计前期检查的目的主要是帮助企业进一步明确文创项目的市场目标，这是设计成败的关键因素；其次是对文创企业内部设计资源的评估，这是避免设计风险、确保设计获得成功的一种基本措施。

文创设计前期检查的主要内容：检查以往文创设计项目成功与失败的原因；检查设计技术的薄弱环节；检查文创项目管理的能力水平。参与项目检查的负责人必须了解文创设计，熟悉文创设计的操作程序，有一定的文创管理经验，有强烈的责任心，能以较客观、公正的态度来进行这项工作。

（3）编制文创设计规划书

项目开始前，一项非常重要的工作就是编制文创设计规划书，一个确切而完整的设计规划书能使文创设计具有明确的方向和目标；能最大限度地降低文创项目风险；能帮助设计师提前熟悉设计内容，尽早进入角色；能使负责人积累设计与管理方面的经验。

从文创设计管理的角度看，一个较为完整的设计规划书应该包括设计目标、设计计划、设计要求三个方面的内容。因此，确立正确的设计目标、制订出切合实际的设计计划和明确设计要求是编制设计规划书的基本要求。文创设计规划书的编制通常要经过市场研究、产品研究、技术研究、交流与评估等的研究与活动步骤。

2. 文创设计规划管理

文创设计规划管理是设计管理者对具体的文创项目在执行过程中所做的全面管理工作。在文创设计项目管理准备完成之后，设计规划的管理就成了设计管理者的中心工作。它对达到和完成设计规划书中所规定的文创设计目标起着十分重要的作用。对文创设计规划的管理通常可以采取分阶段的管理、新产品设计与开发流程管理、设计规划的品质管理、设计品质与成本管理、设计品质与日程管理等的方式。

3. 文创设计评估

文创设计评估是在设计过程中，通过系统的设计检查来确保文创项目最终达到设计目标的一种有效方法。其主要功能是及时排除文创设计中存在的问题，确保文创设计质量和最大限度地降低产品的开发风险。英国的设计管理专家根据设计程序将设计评估分为需求评估、前期评估、中期评估和后期评估四个阶段。在这些阶段中，文创设计需求评估就是根据市场中的各种信息情报以及企业内外部的各种环境因素，对受众的需求因素做进一步的分析评估，以确保文创设计定位的准确性。文创设计前期评估就是针对设计需求要素明确以后的多种设计方案，通过评估选择一个最为合适的或具有发展前景的方案。文创设计中期评估是在设计的总体方案确定以后，在生产图纸形成以前进行的一次十分关键的评估。这一阶段的评估内容主要是对文创设计中的各个细节内容进行评估。文创设计后期评估是在工作样机制作和试生产结束后，在文创产品进行批量生产前，还必须进行设计的后期评估。

除了做好阶段评估之外，还要做好文创设计评估的管理，包括做好评估的前期准备，组织好设计评估的实施。

4. 文创设计团队管理

当今文创设计项目的复杂性和艰巨性决定了文创设计项目必须由多职能的文创团队成员共同的参与才能完成。许多事实也证明，一个获得授权的多职能团队执行文创设计项目更容易获得成功。但在文创团队成员之间，往往又不可避免地存在矛盾和冲突，为了能有效地解决由冲突带来的负面影响，高质量地完成文创设计项目，就必须对文创设计团队进行切实有效的管理。

（二）文创产品市场调查

1. 文创产品调查主题与调查项目的确定

在文创产品市场营销决策过程中，涉及的范围和内容非常广泛，需要进行调查的问题也很多，不可能通过一次市场调查就能解决所面临的全部问题。所以，在组织每次市场营销调研活动的时候，应当首先找出需要解决的最关键、最迫切的问题，选定文创产品调查的主题，明确这次调查活动要完成什么任务、实现什么目标。在确定调查主题时，应对主题进行限定，以避免调查主题不明确、不具体的现象。当然，调查主题的界定也不能太窄、太细微，如果调查主题选得太窄，就不能通过调查充分反映市场营销的情况，使调查起不到其应有的作用。

根据文创产品调查主题的性质和调查目的的不同，调查项目可以分为探索性调查、描述性调查和因果关系调查三种类型。

2. 文创产品调查计划的制订

文创产品调查主题与调查目的确定之后，市场营销调研人员就应当制定一份专门的调查计划。文创产品调查计划的内容包括资料来源、调查对象、调查方法等项目。

（1）确定文创调查资料来源

文创产品调查计划必须考虑资料的来源。调查资料按其来源分类，可分为第一手资料和第二手资料。

①第一手资料指为了调查目的采集的原始资料

大部分市场营销调研项目都需要采集第一手资料。采集第一手资料的费用一般比较高，但得到的资料通常与需要解决的问题关系更为密切，第一手资料常常来自实地考察和深度访谈等方式。

②第二手资料指为了调查目的而采集的已有资料

文创产品市场调查人员常常以查阅二手资料的方式开始调查工作。与收集第一手资料相比，收集第二手资料的费用通常要低得多。但文创产品市场调查通常以第一手资料为主，博物馆文创侧重对文物、典籍、历史等资料的梳理；旅游景区侧重对地域文化、景观特色、民俗文化等资料梳理。

（2）确定文创市场调查对象

根据文创产品市场调查对象的范围大小，市场营销调研可以分为普遍调查和抽样调查两大类。

普遍调查可以获得全面的统计数字，但实施起来费时费力，成本太高，通常只是由政府机构为了某些特定的目的才采用，如人口普查、经济普查等，在文创产品市场营销调研中则极少使用普遍调查。抽样调查是对调查对象总体中的若干个体进行调查，而文创产品市场营销调研通常采用抽样调查的方法。

3. 文创产品调查方法的确定

在文创产品市场调查中，对数据资料的采集可以借助以下三种较为常用的调查方法：深度访谈法、人员直接观察法、问卷法。

（1）深度访谈法

深度访谈法又称临床式无结构访问，即由训练有素、沟通技能较强的文创市场调查员直接与被调查者进行面对面的询问及讨论，以了解调查对象对某些问题的情感、动机、态度、观点等。深度访谈法是定性研究中经常采用的资料收集方法之一，主要是利用访谈者与受访者之间的口语交流达到意见的交换，但也要注意访谈技巧。

（2）人员直接观察法

观察法是一种单向调查法，主要是由市场调查人员通过直接观察人们的行为进行实地记录，从而获得所需资料。人员直接观察根据其具体操作方式，可分为单向观察、行动跟踪等形式，操作较为简便，但需要观察人员具有较强的洞察能力。

①单向观察

单向观察是调查人员通过单向镜了解特定场景下受众的言行和表情。其关键是必须始终使被调查对象处于不知觉的状态，以得到真实洞察的情况。

②行动跟踪

调查人员在旅游景区和博物馆等景区可通过游客的行动路线分析游客的兴趣点，重点关注游客停留时的接触点，进行针对性的文创设计。

（3）问卷法

问卷法是定量研究的常用方法之一，是一种调查者向调查对象了解情况或征询意见的调查方法。问卷包含一系列开放式和封闭式的问题，分别要求被调查者选择判断或写出相应的答案。

问卷的调查方法运用的技巧关键在于问卷的设计、调查对象的选择和环境控制三点。首先，问卷设计需要把握调查对象的心理特征，遵循一定的心理顺序，以防受访者感到不适。其次，了解调查对象对问卷语境的理解能力，调查对象选择是否准确、问卷的问题设置是否能够洞察调查对象动机，调查人员应此前做好事前预判。最后，为适应不同受众和环境，应设置好问卷的层级和逻辑，避免调查对象过于单一，从而得到不同层次人群的需求数据。

4.实施文创市场调查计划

实施文创市场调查计划包括两个步骤：文创市场数据资料的收集与文创数据资料加工处理和分析。

（1）数据资料的收集

文创团队的领导者要时刻注意经常检查，防止调查中出现偏差，以确保调查计划的实施。比如，在进行观察法调查时，要防止调查人员出现遗漏信息等差错；在进行询问法调查时，要防止调查人员有意或无意地诱导调查对象做带有倾向性的、不诚实的回答，要协助解决可能发生的调查对象拒绝合作等问题；在进行实验法调查时，要正确控制实验条件，以保证获得的实验结果的客观性和可靠性。

（2）数据资料的加工处理和分析

对收集到的数据资料必须经过科学的加工处理，才能做到去伪存真、去粗存精。数据资料的处理包括对调查资料的分类、综合与整理。数据资料加工处理中的关键是保证信息的准确性与完整性。

调查资料经过加工处理后，就可以对它进行分析，以获得调查结论。依资料分析的性质不同，可以有定性分析与定量分析；依资料分析的方式不同，可以有经验分析与数学分析。当前的趋势是越来越多的企业借助数学分析方法对调查资料进行定量分析。利用先进的统计学方法和决策数学模型，辅之以经验分析与判断，可以较好地确保调查分析的科学性和正确性。

5.提出文创市场调查报告

在对文创市场调查资料处理分析的基础上，调查人员必须得出调查结论，并以调查报告的形式总结汇报文创市场调查结果。通过调查报告可以初步了解文创市场发展现状，从而根据市场制定设计策略和解决方案，调查报告对于决策人员、文创设计师、营销人员等都具有重要的参考价值。

二、文创产品受众行为分析与用户画像

（一）文创产品受众行为分析

文创产品市场研究的重点是对受众行为进行分析与研究。营销的目标是提供文创产品使受众的需要得到满足。这就需要了解所面对的顾客的购买动机、需要和偏好，同时对顾客进行分析研究，从而为开发新产品、价格、渠道、促销及其组合提供线索。

1.文创产品受众行为分析的主要内容

从心理学角度分析人的动机、感觉、学习、态度和个性，进而帮助营销者了解购买者的购买心理活动及其对购买行为的影响。

第一，从社会角度研究分析社会阶层、家庭结构、相关群体等对于购买者行为的影响。

第二，从传播学角度研究分析购买者收集产品信息、收集信息的渠道以及他们对产品宣传的反应等。

第三，从经济学角度研究分析购买者经济状况如何影响购买者的产品选择、费用开支以及其如何作出购买决策以获得最大的满足。

第四，从文化人类学角度研究分析人类的传统文化、价值观念、信仰和风俗习惯等意识形态对购买者行为的影响。

2.文创产品市场及受众购买行为分析

文创产品市场也称文化受众最终市场。这个市场的顾客是广大关注文化的受众，购买的目的是满足个人或家庭的文化生活需要，没有营利性动机。文创产品受众的特点决定了受众市场的特征。

第一，市场广阔，购买人群常较为集中，如博物馆、旅游景点等。

第二，市场需求弹性较大。文创市场的产品种类繁多，常针对受众进行高、中、低档分层分析。

第三，专家购买。文创产品市场的购买者大多数具备一定的文化认知。

第四，购买时在乎情感和印象，因此他们的购买决定容易受文创宣传、文化情景空间和服务等的影响。

第五，除少数高档耐用文创产品外，一般不要求技术服务。

3.影响文创产品受众购买行为的因素

受众的购买行为取决于他们的需要和欲望，而人们的需要和欲望以及消费习惯和行为是在多种因素的影响下形成的。这些因素主要包括受众个人的内在因素，如受众个人特征和心理因素；也包括其外在因素，如文化因素、社会因素等。这些因素大多数是营销人员无法控制，但又必须要加以考虑的影响因素。

（1）文创产品受众个体特征

个体的某些特征会对购买行为产生影响，特别是购买者的年龄、经济能力、职业、生活方式和个性，这些特征值得企业加以重视。个体特征不同，购买方式、品类、动机也各不相同，如从年龄来看，儿童喜欢玩具、文具等商品，老人则注重养生；从职业来看，教师更关注具有文化内涵的产品，设计师喜欢具有设计感的商品；从经济能力来看，高收入群体消费能力强，喜欢艺术品位高、能够代表身份的产品，低收入群体则较关注实用性产品。文创产品设计师对受众个体进行分析，根据个体的行为特征，能够更准确地选择产品品类作为文创的产品的载体。

（2）文创产品受众的心理因素

心理学者曾提出一些不同的人类动机理论，对受众行为分析和市场营销的策略有一定的参考价值，其中最为流行的人本主义哲学家马斯洛的"需求层次"理论。马斯洛按需要的重要程度排列,把人类的需要分为五个层次:生理的需求、安全的需求、社会的需求、尊重的需求和自我实现的需求。值得注意的是,文创产品的情感溢价,往往能够满足受众更高层次的需求。

生理需求:包括饥饿、渴等衣、食、住、行方面的需求,是人最基本最重要的需求。

安全需求:主要是为保障人身安全和生活稳定,表现形式为医疗保健、卫生、保险等需求。

社会需求:包括感情、合群、爱和被爱等需求;希望被群体承认或接纳,能给别人爱和友谊等需求。

尊重需求:自尊和被别人尊重的需求,包括威望、成就、名誉、地位和权力等需求。

自我实现需求:这是最高层次的需求,它是指希望充分发挥个人的能力及获得成就的需求。

马斯洛的"需求层次"理论的核心是:人类具有不同层次需求和欲望,随时有待满足。

（3）影响受众的文化因素

文化是影响人们需求与购买行为的最重要因素。文化是相对于经济、政治而言的人类全部精神活动及其产品。人们的行为大部分是经后天学习而形成的,在一定的文化环境中成长,自然形成了一定的观念和习惯。文化主要包括亚文化和社会阶层两方面的内容。

①亚文化

任何文化都包含着一些较小的亚文化群体,它们以特定的认同感和社会影响力将各成员联系在一起,使这一群体持有特定的价值观念、生活格调与行为方式。亚文化群体主要包括民族群体、种族群体和地理区域群体。

②社会阶层

每一类型的社会中都有各种不同的社会阶层。这些社会阶层有其相对的同质性和持久性,它们按等级排列,每一阶层的成员都具有类似的兴趣、价值观和行为方式。个人能够改变自己的社会阶层,既可以晋升到更高的阶层,也可能下降到较低的阶层。

（4）社会因素

消费行为不但受广泛的文化因素的影响，同时也受社会因素的影响。社会因素是指受众周围的人对他（她）所产生的影响，其中受到相关群体、家庭、社会角色和地位的影响最为重要。

①相关群体

所谓相关群体，就是能直接或间接影响人们态度、行为和价值观的群体。即人们所属又相互影响的群体。对受到相关群体影响比较大的产品和品牌的生产企业来说，重要的工作便是如何找出该群体的"意见领袖"。

②家庭

购买者的家庭成员对购买者的行为影响很大。每个人都会受双亲直接教导或潜移默化中获得许多心智倾向和知识、价值观等。部分认知则是来自自己的配偶和子女。家庭组织是文创产品最重要的购买单位。

③角色和地位

角色是指一个人在不同场合中的身份。人在不同群体中的位置、可用角色和地位，这些都会影响其购买行为。

（5）文创产品受众购买行为的决策过程

文创产品受众购买行为的决策过程是程序过程和心理过程的统一。受众购买行为的程序过程是受众外在购买行为的表现。购买行为的心理过程是受众内在的行为推动，两者共同体现在购买行为的决策过程中。

（1）文创产品受众购买行为的程序过程

受众购买行为的程序过程是指在受众购买行为中言行举止发展的事务顺序。它包括问题认识阶段、信息调研阶段、选择评价阶段、购买决策阶段和购后评价阶段。值得注意的是，消费者对文化的考虑贯穿整个购买行为过程。

（2）文创产品受众购买行为的心理过程

文创产品受众购买行为的心理过程是指受众购买行为中心理活动的全部发展过程，是受众不同的心理现象对客观现实的动态反映。这一过程与上述购买行为的程序过程平行发展，一般分为六个阶段：即认识阶段、知识阶段、评定阶段、信任阶段、行动阶段和体验阶段。这六个变化阶段，可以概括为三种心理过程，即认识过程、情绪过程和意志过程。

（二）文创产品用户画像

用户画像又称为用户角色，它是建立在一系列真实数据之上的目标用户模型，能够完美诠释一个用户的信息全貌。

文创产品用户画像需要坚持三个原则，分别是以人口属性和信用信息为主、强相关信息为主、定性数据为主。对用户画像进行用户分析时，需要考虑强相关信息，不要考虑弱相关信息，这是用户画像的一个原则。用户画像从实用角度出发，可以将用户画像信息分成五类信息。分别是人口属性、信用属性、消费特征、兴趣爱好、社交属性。它们基本覆盖了业务需求所需要的强相关信息，结合外部场景数据将会产生巨大的商业价值。它是根据用户社会属性、生活习惯和消费行为等信息而抽象出的一个标签化用户模型。构建用户画像的核心工作是给用户贴"标签"，即通过对用户信息分析而来的高度精练的特征标识。利用用户画像不仅可以做到产品与服务的"对位销售"，而且可以针对目标用户进行产品开发和服务设计，做到按需量产、私人定制，构建企业发展的战略。

建立用户画像的方法主要是调研，包括定量和定性分析。在产品策划阶段，由于没有数据参考，可以先从定性角度入手收集数据，如可以通过用户访谈的样本来创建最初的用户画像（定性），后期再通过定量研究对所得到的用户画像进行验证。用户画像可以通过贴纸墙归类的方法和图示化来逐渐清晰化。首先，可以将收集到的各种关键信息做成卡片，请设计团队进行共同讨论和补充。其次，在墙上将类似或相关的卡片贴在一起，对每组卡片进行描述，并利用不同颜色的便利贴进行标记和归纳。再次，根据目标用户的特征、行为和观点的差异，将他们区分为不同的类型，每种类型中抽取出典型特征，再赋予名字、一张照片、一些人口统计学要素和场景等描述，最终就形成了一个用户画像。如针对旅游行业不同人群的特点，其用户画像就应该包括游客（团队或散客）、领队（导游）和利益相关方（旅游纪念品店、景区餐馆、旅店老板等）。用户画像需要具体细分到某一类人群才会更有价值，比如老师、学生、企业主等。

三、文创产品定位与头脑风暴

（一）文创产品定位

文创产品定位是指文创产品在未来潜在顾客心目中占有的位置。文创设计定位是在文创产品设计过程中，运用商业化思维分析市场需求，为新的设计设定一个比较合适的方向，让产品在未来市场上具有足够的竞争力。这也是需要设计师在正式开始设计之前提出问题和分析问题的一个过程。设计定位的正确与否直接关系到设计的最终成败，产品设计定位要在市场调研和分析的基础上进行，如没有明确的设计定位，设计师的思路任意发挥会失去产品设计的方向和目标，使设计师无法解决产品设计中的关键问题。

文创产品设计定位是进行文创造型设计的前提和基础，在整个文创产品开发设计议程中起着引领方向的作用，所以要先确定定位。但是设计定位是一个理论上的总要求，主要是原则性、方向性的，甚至是抽象性的。在设计师创作之初，创意总是发散性的、灵活的、不确定的。因此，设计的定位点也就呈现出多种类、多样化的特点。设计过程是一个思维跳跃和流动的动态过程，是一个反复的、螺旋上升的过程。所以设计目标设定的本身就是一个不断追求最佳点的过程，也是设定产品开发的战略方针。

所谓最佳设计点，是在设计师与受众之间寻求的一种平衡，指既能满足受众需求，又能兼顾设计师创意的结合点。追求设计目标的最佳点，应以多种条件和基本元素为基点，在这个基础上进行定性定量的分析，根据这些目标反推确立设计定位，这种过程是追求设计目标最佳定位的开发战略，设计定位的最终目的是确定一个合适的产品设计方向，也可以作为检验设计是否成功的标准。设计师在设计中常用的设计定位有如下四种。

1. 文创产品人群定位

在文创产品开发设计中，产品使用的目标人群是一个首要确定的问题。这个产品为谁而设计？性别、年龄、收入等问题必须清晰，找对目标消费群对于确定产品的使用功能来说至关重要。一切的销售行为都应针对目标消费群，一旦目标消费群出现错位，就会导致"事倍功半"的局面。

2. 文创产品价格定位

现在绝大部分受众对产品的消费都比较理智，他们希望能够买到"物有所值"的，甚至"物超所值"的商品，而文创产品因其情感溢价所带来的附加价值比较多，其价格定位也显得尤其重要。价格定位就是依据产品的价格特征，把产品价格确定在某一个区间，在顾客心目中建立一种价格类别的形象。因此产品的定位不能单纯地划分为低档、中档、高档，而要做好充分的调研工作，进行全盘考虑。

3. 文创产品功能定位

所谓功能定位就是指在目标市场选择和市场定位的基础上，根据潜在的目标受众需求的特征，结合产品的特点，对拟设计的产品应具备的基本功能和辅助功能做出具体规定的过程。要避免设计"同质化"。凭借文创产品所具备的独特功能，抢占受众大脑里的"功能"专区，明确地告诉受众该款产品能干什么、在生活中能起到什么作用或怎样改变了人们的生活方式。

文创产品使用功能定位并不是一个笼统的概念，而是要满足消费市场比较具体化的需要，具备实用价值的文创产品往往更受青睐。比如受众购买雨伞时对产品使用功能定位，要根据自身的需求情况，在诸如时尚、挡雨遮阳、轻便、牢固以及是否具有防止刮伤等安全功能上进行斟酌。不同受众对上述使用功能消费有着不同的侧重点，从而形成不同的消费利益群体。针对各种特殊的不同利益群体，最大限度地满足市场各类顾客利益的需要，从而赢得最大的市场销售份额。

4. 文创产品质量定位

文创产品质量定位也叫品质定位。这个定位方式是通过强调产品的良好品质对产品进行定位，也就是通过受众对商品品质的认知来激发他们的需求与购买欲望，并在其心目中确定了商品的位置。产品质量的定位在产品定位中占有十分重要的地位，因为受众在选购商品时，质量问题总是一个首要的问题。质量不好的产品给受众带来的不仅仅是金钱的损失，更多的是精神上的烦恼。在产品的质量上，有些追求产品"精良"，做工精细，适用于长期使用和收藏。而有些则主张"用后即弃"，一些不长期使用的产品，只需要在正常的使用过程中满足要求即可，没有必要在质量问题上过于纠结，一味追求过高的质量，可能会造成人力、物力资源的浪费，但也应注重其可持续性等情况。

（二）文创产品开发中的头脑风暴

头脑风暴法又称智力激励法，它是指以会议的方式，在一群人中围绕某一特定的主题，通过集体讨论发言的形式互相交流，让学习者的思维之间互相撞击、互相启发、弥补知识漏洞，建立发散思维，引起创造性设想的连锁反应，从而获得众多解决问题的方法。

此法易于突破常规思维，最初是用在广告的创造性设计活动中，取得了显著的成效，被称为创造力开发史上的重大里程碑。这一发明，引起全世界的有关学者的兴趣，并激起了开发创造力的热潮。目前，头脑风暴法作为一种创造性的思维方法，在预测、规划、社会问题处理、技术革新及决策等许多领域中得到了广泛的应用，渐趋普及。

1. 文创产品开发中头脑风暴的原则

运用头脑风暴的思维方法，可以在短时间内集众人智慧，获得比较多的新颖的点子，从而进一步得到解决问题的方法。头脑风暴法要取得成功，在探讨方式和心态上的转变，需要有非评价性的、无偏见的交流。具体而言，需要遵循以下四点原则。

（1）思维开放畅想原则

自由畅想原则提倡求新、求异、求奇。参加者不应该受任何条条框框和传统思维的限制，努力克服思维上的惯性，尽可能地放松思想，突破自己知识体系。在思考过程中要求从不同维度、不同层次、不同方位，大胆地展开想象，提出独到的见解和想法。有些想法看似天马行空，但有时候通过整合或转化改良，正是这些超乎预计的想象带来新的设计方向。

（2）延迟评判原则

任何想法都是有价值的想法，在进行头脑风暴时，必须坚持不对任何设想作出评价的原则，提出的设想不分好坏，需要一律记录下来。充分肯定设计者的每一个想法，不进行任何消极的评价，避免打断创造性的构思过程。评价和判断都要延迟到头脑风暴出点子阶段结束以后才能进行。这样做，一方面是可以防止约束和抑制参与者的积极思维，另一方面是可以集中精力先开发设想，产生更多的创意点，避免把应该在后阶段做的工作提前进行，阻碍创造性设想的大量产生。

（3）追求数量优先原则

头脑风暴的目标是在有限的时间里获得尽可能多的设想，设计师自己应提出更多的设想，同时鼓励结合他人的设想提出新设想。追求数量是头脑风暴的首要任务之一，这是因为只有一定的数量产生，才能保证一定的质量，据国外的调查统计结果表明，在同时间内能比别人多提出 2 倍设想的人，最后产生的有实用价值的设想可以比别人高出 10 倍。参加会议的每个人都要抓紧时间多思考，多提设想。至于设想的质量问题，自可留到会后的设想处理阶段去解决。在某种意义上，设想的质量和数量密切相关，产生的设想越多，其中的创造性设想就可能越多。

（4）相互综合完善原则

头脑风暴提出的设想应及时记录下来，不放过任何一个设想，以便后续设计阶段的提取和发散。头脑风暴集中提出设想的阶段结束后，大家进行一起协商并将所有人的想法进行资源整合。按如下程序系统化：①所有提出的设想编制名称；②用专业术语说明每一个设想；③找出重复和互为补充的设想并相互提出想法和完善；④分组编制相近或相同性质的设想；⑤将提出的设想整理分析，分别进行严格的审查和评议，从中筛选出有价值的设想。

2. 文创产品开发中头脑风暴实施程序

头脑风暴是一种发散性的思维方式，但在文创产品开发中具体实施时，需要遵循一个非常完整的程序。从准备阶段到想法的发现，都会有大量的点子产生，再到最后的综合完善，每一个阶段都非常重要。在实施头脑风暴程序时，应按照以下顺序进行。

（1）"热身"准备阶段

人的大脑不是一下子就可以发动起来并迅速投入高度紧张的工作的，它需要一个逐步"升温"的过程。在头脑风暴开始之前，人们的注意力往往比较散漫，需要经过一个准备阶段的调整。领导者可以将大家直接或间接地带入一些有助于热身和放松心身的小游戏，也可以通过讲幽默故事或适当提出一两个与会议主题关系不大的小问题的方式，将头脑风暴的环境调整到最佳状态。让大家心身得到放松非常关键，甚至直接影响到后续的思维激荡的发散效果，只有在非常惬意、自由的情况下，才能最大限度帮助设计师展开思路，促使设计师积极思考并畅所欲言，说出自己的意见。

（2）提出明确主题

确定欲解决的问题，若解决的问题涉及的面很广或包含的因素太多，就应该把问题分解为若干单一明确的子问题，一次头脑风暴最好只解决一个子问题。由领导者介绍问题，一起讨论问题的核心，可以在头脑风暴中进行有针对性的思维发散。领导者介绍问题应简明扼要，不给问题设限，留给设计师较为宽泛的思维空间，利于后期的广度和深度思维碰撞。在提出问题时，应从多维度、多侧面剖析，从多方面提出问题，注意表达问题的技巧，领导者的发言应注重问题的启发性。

（3）畅所欲言阶段

畅所欲言是思维发散阶段，设计师团队各成员之间最好能够形成思维互补、情绪激励，充分利用联想、想象和夸张等思维方式，达到创造思维的最佳状态。

在畅想阶段，各成员之间不能相互攀谈，应该独立思考，不受他人思维的限制和影响。在方案讨论阶段，各成员之间应该畅所欲言，提出自己在畅想阶段的大量设想，领导者也应适时组织和引导，但不加以限制。

（4）方案完善确定

在畅想阶段所得到的结果往往是没有经过深入思考的一些想法，也没有经过一些维度的限制和评价。在方案完善确定阶段，可根据已有的想法，相互提出之前可能没有想到的设想，进一步地增加更多的想法，然后再进行评价筛选。在筛选时可将设想进行分类，如将明显可行的好点子归为类，将明显不可行的、脱离了维度限制的归为一类，经过群体智慧的讨论再决定取舍。最后，按照综合要素评价选择最优的几个方案进行进一步讨论和完善，从而得到最佳方案。

头脑风暴可根据实际情况进行程序的调整，比如有时因为时间等因素需要维度限制，但最终目的是最大限度地获得更多的想法。有时一次头脑风暴并不能得到自己满意或数量足够的方案，可根据实际情况进行多次头脑风暴，但每次头脑风暴的时间间隔不应过于集中。

四、文创设计草图表现与效果图表现

（一）文创产品三维表现技巧

文创产品设计的表现图是产品造型、色彩、结构、比例、材质等元素的综合表现。人们把产品设计表现图分为设计草图、产品工程制图、建模效果图三大类。产品设计表现图是设计表现中最能深入、真实地表现设计方案的形式，一般以透视画法为基础，通过具体的表现技法和手段进行表现，效果图技能是设计师必备的职业素养之一。设计师需要围绕设计主题表达设计意图和交流设计信息，并在此基础上研究和分析设计思路，完成从最初的构想到产品落地现实的整个设计过程。在这个过程中，设计师经常采用多种媒介对自己的构想和意图进行沟通展示，以求得企业和用户的支持。

1. 文创产品设计草图

（1）草图分类

文创产品设计效果图在产品设计过程的各个不同阶段表现的方式是不一样的，根据在实际设计当中的草图表现，可分为概念草图、形态草图和结构草图三种形式。

①文创产品概念草图

文创产品概念草图是设计师对造型感觉的整体感知和最初思考方向，它是设计师表达概念想法的最简单的草图，是一种比较简化的图形表达方式。一般情况下，此类草图更在于概念形成过程中思维的完整体现，其内涵是通过草图形式展开创意思维，研究形态演变过程，进行产品形态的想象。此类草图只要自己能够理解就足够了，没有必要向他人传达。设计师在最初阶段思考多种造型设计的方向时，需要迅速捕捉头脑中潜意识的设计形态构思，因此无须过多考虑细部造型处理、色彩、结构、质感等细节。因此，在表现技法和材料的选择上没有特别要求，铅笔、圆珠笔、签字笔、马克笔均可。

②文创产品形态草图

所谓形态的草图描绘即是设计师用可视的绘画语言来粗略勾画，它是具体准确表达文创产品设计方案的草图。这种草图可以有局部的变化，以便选择理想的设计方案。形态草图可借助马克笔、水彩、色粉等工具表达。

③结构草图

其主要目的是为了找出结构与造型、结构与功能的内在联系，以更好的理解、分析产品结构。

（2）文创产品草图的表现技巧及方法

文创产品设计草图表现要求在较短的时间内表达一定的主题和内容，是对整体效果和感觉的记录，无须太多深入的细节刻画。草图表现是产品设计创意呈现的最重要的方式之一，最终的目的是要将创意构思转化为落地的产品，在进行产品草图绘制时需要考虑其特殊的要求，如工艺、材料、功能、人机关系等，力求清晰的表现自己的设计想法，是一种较为理性的表现方式。因此，在产品设计表现中，不需要像绘画那样追求所谓的错落有致，如飞笔、顿笔或颤笔等的表现符号。产品设计表现上，行笔要有光滑流畅感，展现出产品的形态、肌理、材质等效果。

（3）产品设计透视图

"透视"意为"看透""透而视之"，是指在平面或曲面上描绘物体的空间关系的方法或技术。产品设计中使用的透视法是一种把映入人们眼帘的三维世界在二维的平面上加以表现的方法。由于产品设计要求在有限的时间内，不断深化和完善创意构思，对透视精确度要求不高，因此在快速表现时，无须进行严格的透视作图，但是心中必须要有透视的概念，需要了解并熟悉透视作图的基本原理和基本方法。通过比较多的透视图练习，设计师一般能够较好地掌握透视变化规律，以选择表现产品的透视角度和透视方向。

①产品设计表现透视理论的一般规律

近大远小：产品存在等长的线条时，远处长，近处短。产品的大小、线的粗细、色彩明度、纯度等都会因视距的变化而变化。

近实远虚：是指因视觉透视形成的近处物象实，远处虚的现象。在产品手绘中表现为线的深浅、冷暖变化、明暗对比强弱等情况。

产品透视图视平线的高低：视平线是指与眼睛等高，呈现在眼前的一条水平横线。可根据产品的主要形态特征和主操作面的位置来确定，以三个观察面为佳。

②一点透视

一点透视又称平行透视，在其透视结构中只有一个透视消失点。正立面为比例绘制，没有透视变化，适合表现一些主特征面和功能面均设置在正立面的产品，如电视机、仪表等。

③两点透视

当物体的一个面和画面成角时，其物体在画面的透视为成角透视，也称为两点透视。透视线消失于视平线心点两侧的灭点，适合表现大多数产品。

④视角

视角一般分为两种，一种是物体的摆放角度，另一种是我们的观察角度。在这里主要是指观察产品时的角度，即视线与产品所在平面所成的角度。一般来说，视角的选取应满足以下两个方面。

必须能够最大限度地展现设计构思及产品的主要特征和细节。

必须有助于确定产品的比例尺度。产品的比例尺度由视线或地平线的位置以及平行线收敛速度所决定。对大的产品观察的视线会比较低，而对较小的产品一般都会从上面观察。这必须引起观者的兴趣，使产品的主特征面和功能面占据主要的画面。

此外，表现图的大小也要非常注意，一开始接触产品设计快速表现时，由于比较生疏，常习惯用手腕带动手来画图，往往会显得比较拘谨，画得比较小，应该要逐渐熟悉用整个前臂带动手来完成设计表现。对于构思草图，在一张 A4 纸面上有两至三个草图就可以了。

⑤构图

构图指的是运用设计原理，将艺术要素有序地布局在画面上，设计师在有限的空间和平面内，需要对自己所要表现的形象进行有序的组织，形成整个空间和平面的特定结构。众所周知，设计艺术作品必须具备形式美，从而满足人们的审美需求，而构图形式正是从最基本的方面直接关系到作品的形式美。在方案汇报或参加比赛时，完整的设计快速表现图可以提升作品的"气质"，参加正式的设计方案讨论和评审会也会更容易得到认可。为了使作品获得良好的展示效果，作品的构图和布局是需要认真考虑的。另外，恰当的图标和合理的指示箭头等元素的安排，都会使表现效果更饱满生动，例如潇洒的签名也能体现出设计师的自信。

2. 文创产品工程制图

在文创产品实际设计过程中，文创产品设计被分为迥然不同的两种程序。一种是设计师根据结构工程师设计的产品内部机芯的原理结构图及零部件，合理地安排产品各部件之间的关系，由产品内部出发进行设计；另外一种是由产品设计师首先完成产品的形态设计，然后再由结构工程师依据产品的外观造型来设计内部结构，这是一种由产品外部出发进行的设计这种程序多用于内部结构原理简单的产品。设计师必须了解基本的工程技术语言；了解制图的基本知识，掌握制图的基本技能；了解制图的国家标准和规范；并且能够准确识别和读取制图信息等。

在文创产品工程制图中，通常较为简单的产品设计制图是指产品的三面投影图，也叫三视图——主视图、俯视图、侧视图。

设计制图是产品设计师创意表达的最后阶段，它联系设计与生产，是把二维设计具体化的必要手段。它为工程结构设计、外观造型加工提供了数据支持，是设计表达不可逾越的阶段。另外，产品工程图也是产品设计表达视觉语言的主要构成，是产品设计师和结构工程师的交流语言。

3. 文创产品建模效果图

文创产品效果图应能清晰、准确地表达产品的造型、色彩、结构、材质甚至功能。在经过对诸多草图方案及方案变体的初步评价与筛选之后，提（选）出的几个可行性较强的方案需要在更为严格的限制条件下进行深化。这时候，设计师必须学会严谨、理性地综合考虑各种具体的制约因素，其中也包括比例尺度。在现今的产品设计中，借助于各种二维绘图软件及数位绘图板、计算机辅助设计建模工具是较为常见的形式之一，计算机辅助设计具有手绘代替不了的优势，它能够有效传达设计预想的真实效果，为下一步进行研讨与实体产品制作奠定基础。

（1）计算机建模

计算机建模是一个使平面化表达变成立体化表达的过程，这样使其能更加直观地表达设计师的创意。建模过程也是一个调整过程，在草图设计中，尺寸概念很模糊，难免会有一些出入，建模时可以根据参数进行调整，提高产品的合理性和完整性。

在建模的整个过程中，细节处理也相当重要。产品的细节表现得越丰富，越能够展现产品的真实性，比如边缘的一个小倒角、壳体之间的装饰缝、小图标等。

（2）文创产品的渲染

有一个说法是"三分设计，七分渲染"，当然这种说法有失全面、客观，但是在一定程度上说明了真实的渲染效果具有很强的说服力。产品的渲染可以使作品看起来更完整，更接近商业的水准。渲染出来的产品一定要像个真实的产品，目的是为了让客户能感觉到它的真实存在。

文创产品的渲染有三个要素：光影、材质、配色。在渲染的过程中，需要不厌其烦地调整和反复尝试，一定要掌握并领悟这三个要素，以得到最佳的渲染效果。

（3）文创产品的效果图处理

效果图处理这一步骤是为了弥补渲染效果的不足和补充。在渲染的过程中，产品的细节和渲染的三要素不可能做到尽善尽美，需要用平面软件进行完善，一般使用 PHOTOSHOP 进行一下处理，如增添标志、优化肌理效果等。

（二）平面作品表现技巧

1. 视觉元素的提取与转换

（1）概念与符号

所有的设计都是从概念开始的。从概念产生的第一刻起，直至作品的最后完成，设计师要做一系列决策，其中包括图形形状、大小、纹理、色彩、语言形式。第一步先立意，明确概念，再根据概念的特点和表达点去寻找、选择、加工、组织、创造适合的形式和形象，使之成为承载概念的形象载体。

（2）形的提取与衍变

"形"一般指事物所表现出来的物象外形与结构。在中国画论中，形似指再现自然形态的表象因素；神似则指形象精神因素的表现。取其"形"不是简单地照抄照搬，而是对符号的再创造。这种再创造是在理解的基础上，以现代的审美观念对原有造型中的一些元素加以改造、提炼和运用，使其富有时代特色；或者把已有素材符号的造型方法与表现形式运用到现代设计中来，用以表达设计理念，同时也体现其个性。

（3）意的沿用与延伸

不仅要能够对一个基本形进行提炼和创新，同时还要能够探求和挖掘蕴涵在它们背后的"意"。因为不论是古人还是今人，对美好的事物都一样心存向往，所以除了要把能够让人们达成共识的"意"体现出来，沿用到内涵之中，而且要延展出更新、更深层次的理念精神，使其更具有文化性与社会性，以此作为拓展设计的另外一种方法。在文创产品设计中运用意的衍生，能够更好地传承和传播产品中的文化内涵。

（4）势的体会与传承

"势"通常指图形所

蕴含的气韵及其所表现出来的态势和气氛。"势"能传达整个图形的精神。传统艺术在"势"这一点上，最有代表性的还是中国的书法。书法从观察自然界万物姿态而得到启示，精心结体而成，经过几千年的发展演变，形成了各种不同时代的个性与风格。可以看出大篆粗犷有力、写实豪放；小篆均圆柔婉、结构严谨；隶书端庄古雅；楷书工整秀丽；行书活泼欢畅、气脉相通；草书飞动流转、风驰电掣。书法不仅重结体，还更重笔势。结体仅仅是书法运笔的依据，而书法个性形态的形成还是靠其"笔不到而意到"的笔"势"。"势"的体会与传承是对"形"和"意"的沿用，可以说是对后者的发展和提升；而一种新形式的创造，是摆脱传统的物化表象，进入深层的精神领域去探寻。不同书法风格有不同的势。

2. 平面作品表现风格

（1）平面装饰风格

平面化的表现是图形设计的一大特征。它将现实中的物象，引入并限定在二维空间的范围之内，在二维空间内进行表现，追求饱满、平稳、生动的平面效果。它表现在两方面：其一为造型上的平面化，其二为构图上的平面化。汉代瓦当和画像石在构图中能打破自然和视觉上的局限性，用一种平视、立视的形式来表现，标志着我国传统艺术的成熟。中国传统的民间剪纸也是采用平面化的形式来进行创作的，题材大都以人物、动物为主，配以植物和风景等作衬托，画面所营造出的是浓郁的生活气息。剪纸的形式是用简练的外轮廓勾画出形象的基本特征，使人一目了然。在布局上有的采用对称的形式，有的采用均衡的手法来处理造型，其中线和面、实和虚的处理都十分自然，体现了一种朴素自然的美感。

平面装饰风格在构图上不受任何约束，不求视觉上的真实，不求再现自然，它突破了时空观念的限定和约束，是写实绘画所无法做到的。骨骼化的构图以线的形象出现，形成框架线和框架形。不同的框架线和框架形可以表达不同的情感，框架线和框架形有时呈显性，有明显的硬边效果；有时则呈隐性，把自身的形态隐蔽到具体图形之中，但两者都起到支撑画面的作用。

在文创产品的设计中元素提取时，平面化的风格是十分常见的。在遵守传统的基础上又进行创新，对所要设计的每个主题都进行深入探索，以发掘出非同寻常的内涵。简洁特别的图形加上开放的思维，是一个好的图形创意的要素。通过观察，应该对周围的事物有一个全新的认识，养成认真观察事物并归纳总结事物的习惯。

（2）插画风格

插画的范围非常广泛，可以囊括所有的插图，它既是文字的有力补充，同时也是用来传达作者意识，表现气氛、情感或意境的媒介。由于插画带有作者强烈的主观意识，因此它的形式多样，审美标准也具有多元化的特征。

文创产品中的插画，既可以是为特定文化内容和场景绘制的产物，也可以成为表达作者内心情感的载体。

（3）漫画卡通风格

卡通原本是动画电影中拟人化、漫画化的动物及人物形象，因其活泼可爱的外形而广泛用于商业设计中，成为专门的卡通图形。夸张、变形是漫画卡通的精髓，在进行创作时，要依据具体的形态、性格及其特征为出发点，可以手绘，也可以利用现代化的工具来进行创作。漫画卡通也有不同的风格，既可以创作有悖于常态、常理的内容，也可以构建现实生活中不存在的形象、情景和情节。

在文创产品设计中，将一个无生命体的某一部分换成一个有生命的物形，在形成异常组合的置换图形时，会造成出人意料的效果，并使置换图形从常规观念中蜕变出来。通过不同物形内在联系的显现，将外形之间的含义的一致性与外部形状的荒诞奇特相结合，构成了奇特的效果。这种超常、新颖的构成方式，可以显现出更为深刻的寓意，对观者的视觉和内心产生强烈的冲击。

（4）原创风格

原创是指设计师根据主题的要求，自己或请艺术家绘制的图形。不管是中国的写意画、书法，还是剪纸、素描等其他绘画手段，虽然寥寥数笔，笔风粗放甚至还带有一些稚拙，却能把设计的主题和需要传播的思想感情充分地表达出来。同时，它具有一种摄影、电脑绘制等不能达到的艺术境界和独特的视觉魅力。

装饰性原创是指图形符合形式美的原则和装饰艺术的要求。装饰性图形对形象的表达，不是采取单纯摹写的方法，而是运用变形、归纳、装饰的手法进行加工，使之既能表达图形的主题，又能给受众以美的感受。设计装饰性图形时，注意在外形与色彩处理方面要洗练，以增强视觉的冲击力。

五、平面作品打样与产品模型制作

（一）平面作品打样

打样是使产品质量获得预定工艺设计效果的必要途径，也是检验制作是否符合实际效果的工艺措施。特别是一些精细的产品更要通过打样才能获得较好的质量效果。若不经过打样就盲目成批投资生产，极易产生质量问题，甚至可能造成重大经济损失。所以严格执行工艺规程，认真进行打样预生产，通过打样修正工艺上的缺陷，对确保成批产品的质量有十分重要的意义。

平面作品是因为作品存在的形态表现为平面的而得名。它包括图书、报刊、绘画、乐谱、照片、电影电视片、工程设计图、产品设计图、地图、示意图等。平面作品与立体作品并无绝对界限，有些平面作品也具有立体作品的性质，如厚度较大的图书，也表现为立体形态，有些雕刻，也表现为立体形态。在文创产品设计中较常见的平面作品有土特产包装、书签、明信片、手绘地图等。

1. 打样流程

在平面作品打样之前，应与专业人员充分沟通，确定印刷数量、纸张类型、纸张克数、印后工艺、周期等要求。作品打样应遵循如下流程：小样——大样——末稿——样本。

（1）小样

在平面作品展开图尺寸较大的情况下，小样是平面设计师用来具体表现布局方式的大致效果图，省略了细节，表现出最基本的东西。直线或水波纹表示正文的位置，方框表示图形的位置，通过小样预估效果从而调整版式等等。

（2）大样

在大样中，平面设计师画出实际大小的作品，提出候选标题和副标题的最终字样，安排插图和照片，用横线表示正文。设计师可通过大样进一步预估成品效果，与客户和印刷专业人员进行沟通调整，征得他们的建议和认可。

（3）末稿

末稿一般都很详尽，末稿几乎和成品一样。有彩色照片、确定好的字体风格、大小和配合用的小图像。末稿的这一阶段，平面设计师设计的所有图像元素都应最后落实，检查细节，可作局部微调。

（4）样本

样本基本上反映了作品的成品效果，平面设计师借助彩色记号笔和电脑清样，用手把样本放在硬纸上，然后按尺寸进行剪裁和折叠。

2. 打样质量要求

打样的目的是使成批的产品能够较真实地再现原稿。那么，打样质量将直接影响成批产品质量的稳定。打样是产品忠实再现原稿必不可少的工艺技术措施，通过打样才能制定出更具科学合理的生产工艺措施，为成批产品质量的稳定打下良好的基础。所以，认真把好打样工艺技术和操作技术关，不仅可较好地防止生产过程出现的质量故障问题，而且可有效地提高产品的最终质量。

对打样的质量要求有以下两点：①打样的样张或样品应该是在该批印刷品所确定的印刷条件生产的，否则打样的质量再高，也是没有意义的，因为实际印刷生产无法达到。②在确定生产条件可以生产的前提下，样品应该是高品质的。因为样品作为印刷生产时的依据，如果样品本身质量低劣，以此为标准，必然导致印刷品质量低劣。

（二）产品模型制作

模型是所研究的系统、过程、事物或概念的一种表达形式，这里指根据实验、图样比例而制作的产品样品。由于模具开模的费用一般较高，需要投入较大成本，具有比较大的风险性，所以在多数情况下，首先会选择模型制作，通过评估后再进行模具开模。相对模具来说，模型制作具有成本低、加工快等特点，同样可以对产品的造型进行反复推敲和检验，应用较为广泛。

1. 模型制作的作用

设计是一个创造性的思维过程，是一个并不能完全呈现客观的过程。虽然随着技术的进步，可以通过计算机效果图很好地展现三维效果，但并不能让人真实地感知到。模型是设计师表达自己设计想法的手段之一，设计师也可以通过模型去推敲产品的细节、完善方案以及评价产品的综合效果等。在方案评估环节，模型展示通常比较直观有效的形式，是开发新产品不可或缺的环节。总体来说，模型在产品设计中的主要作用有三点。

（1）设计实验探索、完善设计方案

通过模型对产品的形状、结构、尺寸等多维度进行综合分析评价，发现设计中所存在的不足，从而完善产品。

（2）方案展示、交流探讨

通过模型能够较好地感知真实产品，在与非专业设计的委托方沟通起来将更为便利。通过模型模拟展示设计内容，是一种比较好的设计表现与沟通的方法。

（3）降低验证成果的成本

在产品的研发过程中，模具的开发成本高昂，如果前期不去反复推敲，一旦产品出现问题，将耗费较大的成本。利用模型能够以低成本去评估验证设计，并能够不断完善产品。

2. 常见模型的分类

（1）按功能分类

根据产品在设计中发挥的作用，可将产品的模型分为草模、展示模型、手板样机三种类型。

①草模

草模初步简易的模型，也称为粗模，这种模型是设计师在初期阶段的设想构思，是一种非正式的模型。草模和概念草图一样，是设计师对造型感觉的整体感知和最初思考方向，它是设计师表达概念想法的最简单的探索方式，是设计师的自我对白。通过草模可以对设计进行推敲和修改完善，为进一步进行细节探讨和设计等奠定基础。草模在选择材料时，应以易于加工成型为原则，一般以纸、石膏、滴胶、黏土等为首选。

②展示模型

展示模型是展示设计效果的模型，也叫表现性模型，一般需要表达出产品的真实形态，展现设计师的设计意图。这类模型通常采取模拟真实材料的质感和效果来完成，但制作材料一般和实际材料有所不同，塑料材质较为多见。由于真实产品的制作成本往往较高，此类模型仿真效果较好，因而其常被用作设计展示交流和设计效果进行验证评估。

③手板样机

手板样机是一种综合的实验模型，是设计领域应用比较普遍的检验设计成果的方法。手板样机是在产品量产之前，通过手工和加工设备辅助结合完成的模型，一般来说，手板样机完全符合产品的生产技术和工艺要求。通过手板样机能够检验产品的外观和结构的合理性，以展览等方式得到市场用户的反馈，可以降低直接开模的风险性。

（2）按材料分类

在模型制作过程中，根据设计产品所需表现的特性选择模型制作材料尤为重要。常见制作的模型类型有纸模型、石膏模型、泥模型、木材模型、综合材料模型等。

①纸模型

纸质材料具有比较强的可塑性，可用折、叠、刻等多种方式进行加工。同时，纸质材料的种类也比较多，如瓦楞纸、铜版纸、白卡纸等不同厚度和肌理的纸张。常用于包装、灯具等产品的模型制作。

②石膏模型

石膏材料成本低，质地较为细腻，且具有一定的强度，有良好的成型性能。石膏的另一个特点是可以进行细节雕刻，并能够长期存留。石膏模型的常见成型方法有雕刻、旋转和翻制等成型方法，其具体成型方式应根据所需做的模型形态而定。

③泥模型

泥材料根据其组成分为水性黏土和油性黏土，采用水性黏土材料制作的模型称为黏土模型；而采用油性黏土材料制作的模型称为油泥模型。泥料具有可塑性、富有弹性、表面柔韧等特点，可以把手看成是塑造的工具对泥土形状进行改变，也可以通过堆积、粘接等方式塑造形体。

④木材模型

木材质量轻、色泽和纹路自然，易于加工成型和涂饰。对木材通过刨切等各种方式，可以得到木材本身的质感和美感，而较珍贵的木材可用于做首饰等产品。

⑤综合材料模型

综合材料模型指根据产品的造型以及材质的特性选择合适的材料，将多种材质的塑形特点进行结合，以避免使用材料的局限性。

3.3D 打印技术

3D 打印技术的横空出世为人们的生活及工作带来较多的便利条件，同时也增强了设计师对产品的创造的实现能力，给人们生活带来了较大的影响。3D 打印技术是一种快速成型的技术，其特点是不需要机械的额外加工或模具，就可以直接生成较复杂的形体，可以缩短产品的制造周期，从而降低生产成本。

3D 打印常用材料：尼龙玻纤、耐用性尼龙材料、石膏材料、铝材料、钛合金、不锈钢、镀银、镀金、橡胶类材料等。

　　3D打印技术的核心在于，它可以解决高难度、复杂、个性化的设计需要。只有当传统生产方式生产不出来的时候它的魅力才能显示出来，使得设计师可以将所有的精力放在设计上，而不需要花很多精力和时间去迁就制作方式，所以3D打印是对传统生产方式的一种补充和升级。在个性化的产品和制造上，3D打印和3D设计可以很好地结合在一起，因为3D打印技术以其独特的外形塑造能力，具有文创领域应用的先天优势。目前，我国3D打印技术在博物馆的应用值得一提的有三个方面：第一个是对残缺文物的修复；第二个是文物的复制和仿制；第三个是文物衍生品的开发。

第三章　文创产品设计过程中的创新性

第一节　文创产品设计中的创新思维

一、创新思维概述

（一）创新性思维的内涵

"创新性思维"又称为"变革型思维"，是一种开创性地探索未知事物，反映事物本质和内在、外在有机联系，具有新颖的广义模式的可以物化的高级复杂思维活动。这是一种有自己的特点、具有创见性的思维，是扩散思维和集中思维的辩证统一，是创造想象和现实定向的有机结合，是抽象思维和灵感思维的统一。广义上，创新性思维是指创造者利用已掌握的知识和经验，从事物的发展变化过程中探索新联系，追求新答案，创造出新的解决矛盾的方法的复杂思维活动。狭义上，创新性思维是指思维过程、思维角度富有独创性，并由此产生创新性成果的思维。在一定意义上说，"思维永远是创新的"，但思维的创新性程度是有差异的。当人类在生产与生活实践中碰到的问题能够用已有的知识、理论和方法解决的时候，虽然也要进行思索，但是这种思维的新颖性、独特性较差，因此，一般把这种思维称为常规性思维，当碰到的问题较为复杂，不能直接依靠先前已掌握的经验、知识、理论方法等解决，必须经过独立思考，将储存在大脑中的各种信息重新分析和组合，形成新联系，才能满足需要。显然，这种思维比前者具有更大的创新性，因此被称为创新性思维。

（二）创新性思维的形式

1. 抽象思维

抽象思维是人们在认识活动中用反映事物共同属性和本质属性的概念。

作为一种基本思维形式，在概念基础上进行判断、推理，间接、概括地反映客观现实的一种思维方式，属于理性认识阶段。抽象思维凭借科学的抽象概念对事物的本质和客观世界发展的深远过程进行反映，使人们通过抽象思维活动获得的知识，远远超出依靠感觉器官的直接感知。

2. 形象思维

形象思维也称为具象思维，是意象运动的过程。通过对具体事物的外在整体形象进行观察来体会和了解该事物的各种信息。它依靠对自然真实的场景、丰富协调的画面、明确肯定的视觉符号、绚丽多彩的色彩等一切可直接感知的事物表面现象的理解，达到认识事物本质的目的。形象思维的过程始终依靠感性形象、想象和联想等主要手段。形象思维是引起联想、产生想象以及启发灵感和直觉的重要诱因，是产生新设想的必不可少的思维形式。

3. 直觉思维

直觉思维是人们不经过逐步严密的逻辑分析而迅速对问题的答案作出合理的猜测、设想或顿悟的一种跃进式思维形式。直觉思维是人类一种独特的"智慧视力"，是能动地了解事物对象的思维闪念，以少量的本质现象为媒介，省略了推理过程，是一种不加论证的判断力，是思维的自由创造。

4. 灵感思维

灵感思维也称顿悟，它是人们借助直觉启示而突然领悟或理解的思维形式，是一种把隐藏在潜意识中的事物信息，是在需要解决某个问题时，以适当的形式突然表现出来的创造能力。灵感思维是创新性思维过程中认识发生飞跃的心理现象，它的外在形态是对问题突如其来的顿悟。灵感来临时的突出特征是非预期性和转瞬即逝性，不及时捕捉就难以再现。灵感的出现，不管在时间上，还是在空间上都具有不确定性，迸发于瞬间。但灵感的孕育和产生条件却是相对固定的，它的出现有赖于知识的长期积累；有赖于智力水平的不断提高；有赖于良好的精神状态、和谐的外界环境；有赖于长时间艰苦的思索和专心的探索过程。

5. 发散思维

发散思维又称辐射思维、求异思维或多路思维，是指思考者以所思考的问题作为发散的基点，是不受现有知识和传统观念的局限和束缚，充分发挥人的想象力，沿着各个不同方向多角度、多层次地思考，辐射性地探索解决问题的一种思维方式。由此，文创设计师能够产生新的设想、新的突破和新的构思结果。

6.联想思维

联想思维是一个把已经掌握的知识与某种思维对象相联系，由一种事物联想到另一种事物而产生认识的心理过程，即由感知或所思考的事物、概念或现象的刺激而想到的其他与之有关的事物、概念或现象，从其相关性中得到启发，从而获得创新性设想的思维形式。联想包括相似联想和对比联想两种方式，即两种事物之间存在相似性或对比性，而使人在一定刺激或环境条件下产生联想。充分地运用联想思维，可以增强思维的广阔性和创新的突破性，联想越多、越丰富，则获得创新性思维的可能性越大。

7.逆向思维

逆向思维是人们在思维过程中思维倒转，不按照常规模式思考问题的一种重要的思维方式。逆向思维也叫求异思维，它是对司空见惯的似乎已成定论的事物或观点反过来思考的一种思维方式。让思维向事物的对立面方向发展，从问题的相反角度重新认识事物的本质，展开深入的探索，从而树立新思想，创立新形象。

由于受到知识和传统习惯的影响，人们往往习惯于按照常规沿着事物发展的正方向去思考问题以寻求解决办法。其实对于某些特殊问题，逆向思考，从结论向已知条件重新思考或许会使问题简单化，使解决问题变得轻而易举，甚至因此有所新发现，这就是逆向思维的魅力。

（三）创新性思维的特征

所有的思维形式都具有物质性、逻辑性和非逻辑性的特点。然而，作为人类特有的活动方式，创新性思维具有以下几个最显著的特征。

1.思维方式的求异性

创新性思维方式首先表现为对传统思维方式的突破，能够打破常规，发现事物的独特本质；表现为对异常现象、细枝末节之处的敏锐性，这是创新性思维的必要条件。思维方式的求异性包含两层含义，一是对问题有独特的见解，在思考问题时能摆脱思维惯性，阐述自己的独到见解；二是能够从事物的相互联系中寻找新关系、新答案，创造性地提出新的解决方案。思维的求异性还表现为思维过程中突破理论权威，以及现有规律、方法和思维定式的束缚的勇气。

2.思维结构的广阔性

广阔性是创新性思维的充分条件，即思维能够在不同的对象之间迅速、灵活地进行转移和变换。创新性思维的广阔性表现为思路宽广，善于在事物涉及的范围内进行多层次、多方向的思考、联想和想象；既能抓住事物的细节，又能纵观全局；既注意事物本身，又能兼顾其他的相关事物。思维结构灵活多变，思路及时转换，常表现为思路开阔、妙思泉涌。

3.思维过程的突发性

突发性是创新性思维的必要属性，创新性思维往往在时间、空间上产生突破、顿悟。"踏破铁鞋无觅处，得来全不费工夫"，"山重水复疑无路，柳暗花明又一村"就是创新性思维活动突发性的生动写照。

4.思维效果的综合性

综合性是创新性思维的根本。思维活动最终的目的是创造性地解决实际问题，也就是最终构建出可行的实施方案。如果不在总体上抓住事物的本质和规律，预见事物发展的进程，那么重新构建就失去了意义。

5.思维表达的有效性

有效性是指思维对创新成果准确、有效、流畅地揭示和公开，并以新概念、新设计、新模型、新图式等方式进行展现。思维成果的表达是创新性思维活动结果的抽象和提炼，是理解并运用创新成果的基础，是创新性思维活动的关键环节。没有思维结果的有效表达，再好的创新设计构思也未必能转换为实际有用的价值。物理学中的"力""光""原子"等概念，政治经济学中的"商品""价值"等名词，无一不是准确、有效、流畅而形象地描绘了相关领域的创新成果，表达了概念的内涵和本质，有利于学习者的理解和沟通，也有利于实际的运用，发挥了重大的作用。

（四）创新性思维的过程

1.资料的准备阶段

资料的准备阶段，即搜集与要解决问题相关或相近的资料信息的阶段，包括发现问题、明确创新目标、初步分析问题、搜集必要的资料等几个步骤。这是创新性思维活动的第一阶段。主要任务是收集和整理资料，储存必要的知识和经验，研究必要的技术、设备及其他条件。

2.思维的发散与孕育阶段

思维的发散与孕育阶段贯穿整个思维的过程。主要是对前一阶段所获得的各种数据、知识进行消化和吸收，从而明确问题的关键所在，寻求解决方法的初步途径。这一阶段显性思维处于惰性状态，隐性思维即潜意识处于积极活动期，有些问题虽然经过反复思考、酝酿，但仍未完满解决，思维活动常常停滞不前，问题处于被"搁浅"的境地。这个阶段既有理性的逻辑思维活动，如对信息进行分解重组，反复地剖析、推断、假设等，又有不可被感知的思维活动，如潜意识的参与，是灵感的潜伏期。

3.思维结果的总结与明朗阶段

此阶段也被称为顿悟期。在经过前一阶段的充分酝酿和长时间思考后，获得突变得到解决问题的重要启示，问题解决的途径和方法突然被找到。问题的明朗化有赖于创新主体的灵感或顿悟。这种思维是潜意识向显意识的瞬间过渡，是突然的、跳跃的和不能预见的。灵感的出现无疑对问题的解决十分有利，然而灵感是在上一阶段的长期充分思考甚至过量思考的基础上经过总结才会产生的，即在久思不得其解后，对问题突如其来的顿悟。

4.思维成果的实验验证阶段

解决问题的方案可以依靠直觉、灵感来获取，但是通过需要进一步验证和完善。实验验证阶段是保证创新性思维成果具有可行性的关键阶段，是从思想层面向物质层面或行动层面转化的过程。通过理论推导或者实际操作来检验上一阶段思维结果的正确性、合理性和可靠性，检验创新思维产物的可实施性、可推广性及其社会影响力、存在价值是否符合预定目标，何种方案的创新价值最高，何为最佳方案等，从而确定一种方案并付诸实践。通过检验，很可能会把原来的假设方案全部否定，也可能做部分的修改或补充。因此，创新性思维常常不可能一蹴而就，一次性解决所有的问题，往往需要多次的反复试验和探索，才能较为圆满。这一阶段是对灵感突发时得到的新想法进行检验和证明，并完善创新性成果的过程。

二、产品创意思维能力

（一）创新性思维的能力表现

1.探索性思维能力

探索性思维能力是指在思维过程中，善于发现未知世界、勇于创造新结论的能力，体现在是否对传统已知结论、习以为常的事实产生怀疑；是否敢于否定大部分人群认为正确的结论；是否能提出自己的新见解。

2. 多向性思维能力

多向性思维能力是打破传统思维能力的定式，使思维朝着正向、逆向、横向、纵向等多方向自由发展，在变化中寻求创新，在运动中发现机会的能力。

3. 选择性思维能力

人的生命是有限的，想在有限的时间、空间中要获得成功，必须要学会选择。在无限的创造性课题中，正确的选择就显得特别重要。学习、掌握什么知识，收集什么资料，展开什么分析以及创新课题、理论假说、论证手段、方案构思等一系列环节的鉴别、取舍，均须做出有效并快速选择。同时，创新性思维提出的构思方案具有独创性，可以参考的资料和经验都比较少，对结论的鉴别和选择就显得尤为重要。因此，文创产品设计师要在日常的生活过程中训练和培养分析、比较、鉴别的思维习惯。

4. 综合性思维能力

创新性思维的最终目的是寻找到解决问题独特、新颖的方法，而在思维过程中产生的各种创意和构思都必须经过提炼和综合，即将大脑中接收到的信息综合起来以产生出新的信息。为了提高综合性思维能力，文创产品设计师应该经常训练培养对信息的概括和总结能力以及把握全局、举一反三的能力。

（二）提高创新性思维能力的方法

进行创造性思维训练的具体方法主要有以下几个方面。

1. 注意观察周围的一切事物，提高直觉思维的敏锐性

直觉思维是创新性设计的最有效途径，但前提是直觉思维准确的预测性。直觉思维中往往蕴涵着丰富的创造性哲理、正确的洞察力。因此，在日常的生活中要注意多观察周围的一切事物，掌握事物之间相互关系，了解事物发展变化的基本规律，有意识培养思维过程中的反常性、超前性，不要轻易否定、丢弃日常生活中点点滴滴的直觉意识，应训练以提高直觉思维的敏锐性和有效性。

2. 掌握最新科学技术，培养对事物进行归纳、抽象的能力

随着现代科学技术的飞速发展，人们对客观事物本质的认识必然越来

越深入，许多科学理论、抽象概念反映了现代高科技产品的内涵和功能，借助现代科学的概念来判断、推理、揭示事物的本质可以提高认识事物的能力，而此过程是建立在对事物抽象认识和归纳的基础之上的。因此，通过各种渠道收集、整理、分析、研究现代科学技术，认识科学规律，对提高抽象思维是十分必要的。要发展抽象思维，必须丰富知识结构，掌握充分的思维素材，不断加强思维过程的严密性、逻辑性、全面性训练。

3. 抓住事物之间的逻辑关系，强化联想思维范围

联想思维是把已经掌握的知识、观察到的事物现象等与思维对象有机联系起来，从已有知识和事物的相关性中获得启迪的思维方法。联想思维的锻炼对促成创新性思维活动十分有用。因为已有的知识能够有效解决相关问题，或者提供已经相对成熟、经过多方验证的解决方案。如果建立起广泛的联系，就可以借鉴已有的成熟方法解决现有问题。关键是如何建立相关的联系，联系点在什么地方。这些问题的解决就需要具有广阔的知识结构，严密的逻辑思维能力，抓住事物之间的本质联系，强化联想思维的范围。一般来说，联想思维越广阔、越灵巧，创新性活动成功的可能性就越大。

4. 保持好奇心，充实想象思维

想象思维是指在已有知识、形象、观念的基础上，通过大脑的自主加工改造来重新组织，建立新的结构、创造新形象的过程。想象力包括好奇、猜测、设想、幻想等。好奇心是探索新事物的直接动力，也是保持思维活跃的润滑剂，而猜测、设想和幻想是获得创新思维结果的有效途径。

（三）文创产品设计师的能力要求

一位成功的文创产品设计师必须具备以下优秀的品质，才能不断地创造出优异的现代文创产品。

1. 系统、深厚的知识素养

一个人创新设计能力的大小，首先取决于其知识的多寡、深浅和完善与否。尤其是现代信息社会，随着生产力、生产工具的发展加速，知识积累和更新十分迅速，科技成果转化为生产力的周期不断缩短，人们更需要学习、需要与外部世界进行丰富和多元的接触。在产品创意设计过程中，必须不断地学习各种知识，进行科学的选择、加工形成合理的知识结构，然后才能创造性地加以运用。

创新性思维是一种综合能力的体现。尽管创新过程是一个思维过程，但离不开创新个体知识的积累和知识结构的扩展。现代创意设计由于受到多种因素的限制，无论是哪种类型的设计师，都必须遵循一定的设计规律，而这些设计规律，首先要求设计师要具备系统、深厚的知识素养。

2. 积极、主动的创新设计能力

创新设计能力是多项能力相结合并相互作用而呈现出的综合性能力。文创设计师除了应该具备基本知识之外，还需要具备与创意设计直接相关的创新设计专业能力。创新设计能力是在解决特殊问题时，异于常规的求解能力。设计师创新力具有完整的结构模式，这种模式主要包括以下几个方面的内容。

（1）发现问题的能力

发现问题的能力是指从外界众多的信息源中，发现自己所需要的、有价值的问题的能力。发现问题是创新活动的有效开始。

发现问题是设计师的基本功之一，它是以观察和理解能力为基础的，是针对设计客体进行深入剖析、理解的能力，是掌握相关构成要素及概括的能力，是感性思维和理性思维相结合的阶段。需要设计师有敏锐的洞察力，有识别并筛选有价值信息的能力。面对信息时代各种设计信息的迅疾变化，设计师一定要具备及时准确地筛选出有效信息的能力，尤其要有自己精辟、独到的见解。

同时，文创设计师要有探求欲望和求知意识，要有发现问题的强烈的内在动机。对生活的热爱、对客观事物的好奇心和探索精神是产生创新欲望的先决条件，做到"知其然，必知其所以然"，才能有更深入的探求欲。

（2）明确问题的能力

除了要有强烈且敏锐的发现问题意识，还必须进行资料的整理与分析。设计师要确保采集到的数据和资料的真实性，必须将感性认识转化为科学的、符合逻辑的理性认识，力求找出事物的内在规律性，明确问题的本质。

（3）理解问题的能力

对分析、整理后的问题能够给予理性理解并捕捉到问题的实质和难点所在。理解问题是指用矛盾分析方法去识别矛盾、分析矛盾，抓住创新客体或创新对象的主要矛盾和矛盾的主要方面。同时，对旧有知识和经验进行筛选和过滤，转化为与问题相一致或相关联的新信息。在这个过程中，理性思维起主导作用，但也需要一定的灵感思维，同时还要考虑到其他的客观设计条件如经济因素、文化脉络、政治动因及环境要素等条件。

（4）解决问题的能力

解决问题的能力是指对问题的心理加工和实际操作加工的能力。这是创新设计活动的关键，直接影响创新成果产生的效率。设计师要调动所有的智慧，运用联想、类比等多种创新性思维模式探寻解决问题的可行性方法，在创新过程中各种思维方式相互配合，相互促进，在思考、修改、再思考、再修改的复杂过程中完成对初步创新设计构思的修改、完善工作，确保创新成果的可行性和有效性。

3.积极进取的良好个性品质

创新能力是多种能力的综合表现，除了与知识有关外，也与创新设计师的个体品质有密切的关系。因为创新设计主要是个体的行为，不同的个体品质会极大地影响创新主体的思维方式和解决问题的方法。精神素质是创新型人才智能结构的核心。一个富有创新性设计思维的设计师，其良好的个性品质可概括为以下几点。

（1）广泛的兴趣爱好

兴趣是求知欲的原动力和出发点，是掌握新知识、探索新创意最好的老师。在寻求问题解决方法的活动过程中，求知欲是最现实也是最活跃的成分之一，是一种积极的态度和情绪。处于设计师在设计活动之前的准备阶段，对正在进行的设计活动及设计的创新性具有强大的推动作用。

（2）强烈的创新意识

创新意识是创新活动的起点，它包含四个不同层次。一是好奇与不满足，愿意了解事物发展的规律，希望获得解决问题独特的方法。二是对事业的迷恋和进取，愿意在自己的职业中取得突破，获得成功。三是竞争意识或荣誉感，愿意在竞争的过程中获得快乐，愿意努力做一个事业的领军者。四是信念型创新设计，把创新性设计看作一项伟大的工程，担负着人类和谐、持续与健康发展的责任。

（3）饱满的自信心

自信是一种积极的自我体验，是肯定自我能力的心理状态和相信自己能够实现既定目标的心理倾向。自信能保持设计师乐观的工作态度和不断拼搏挑战、求实进取的精神，有了这一品质，只要有想法，就会有办法，进而能够取得成功。

三、产品创意设计中的创新性思维方法

创新性思维方法又称创新技法，是在大量的创新活动中运用的具有普遍规律的技巧和方法。创新技法直接指导人们开展各种创新性设计活动，对提高现代文创产品的创意设计质量有显著的促进作用。

（一）现代文创产品创新设计法则

创新性设计因为其独特的思维方式而有着与常规思维不同的基本规律和法则，主要表现在以下几个方面。

1. 综合型创新设计法则

综合型创新设计法则是指在分析各个构成要素的基础上，将有用的技术进行组合，以实现更强大、更优异的综合功能，从而形成创新性新成果的过程。因为是新技术的强强联合，可以发挥单一技术所不能达到的效果。它可以是高新技术与传统技术的综合，又可以是自然科学与社会科学的综合，也可以是多学科成果的综合。

2. 抽象型创新设计法则

在创新性设计过程中，每一个人的头脑并无优劣之分，主要的区别是面对错综复杂的信息时，抓取要点和丢弃无关紧要信息的能力。认识事物的本质，抓住关键因素，将最主要的问题抽取出来，集中研究其实现的手段与方法，以得到具有创新性的最佳成果。抽象型创新设计法则又称为"还原法则"。

3. 仿生型创新设计法则

自然界是神奇的创造大师，自然界中的各种生物为了"适者生存"，在长期的进化过程中，演变出了每种生物最有效率的形态，这些形态是创新设计最好的参照。

4. 嫁接型创新设计法则

嫁接型创新设计法则是把与要解决的问题一致或相关的概念、原理、方法等通过"嫁接"运用到研究对象之上，从而取得意想不到的新成果的法则。"他山之石，可以攻玉"，应用嫁接法则可促进事物之间的相互渗透、交叉和融合。

（二）产品创意设计技法

创新性设计活动不仅要依赖创新性思维方式，也要掌握并正确运用创新方法和技巧。它使创新性思维具体化，包含了通过对广泛的创新设计实践经验进行概括、总结、提炼而得出的基本原理、技巧和方法的总和。要成为优秀的创新设计师，除了要具备较强的创新思维能力，掌握行之有效的创新技法，还要了解提高创新设计效率的有效手段和途径。以下就是在产品创意设计中常用的几种创新性设计方法。

1. 群体集智方法

群体集智法是通过多人集体讨论和书面交流，相互启迪，激发灵感，从而引起创新性思维的连锁反应，形成一个综合创新思路的一种方法。它是由现代创造学的创始人、通过小型会议的形式，让所有参加者在自由愉快、畅所欲言的气氛中自由交换想法，以此激发与会者的创意及灵感，使各种设想在相互碰撞中激起脑海中的创新性"风暴"，以寻求最佳解决方案。此类方法的特点是借助群体力量而非个人力量进行大规模的创新活动。在此过程中，大家思想不断碰撞，不断创新，相互激励，相互启发。通过有效的组织，如安排主持人、控制适当的人数、建立适当的原则等方法，尽量摒弃群体的"缺点"，发挥群体的"长处"，达到集思广益、取长补短的效果。

2. 机遇发明方法

"机遇发明方法"是指由意外事件引出科学发现。它的基本特征是非预测性。人不能预知机遇，但可及时抓住机遇，解决设计，创造问题。重大的设计、创造，有时需"运气"、靠"机遇"。如橡胶硫化法的发明就是十分偶然的。其发明者固特异不小心将做实验用的橡胶掉到实验室桌下的硫黄上，他本来想将粘在橡胶上的硫黄清除，但已渗入，难以除去。但他却无意中发现粘过硫黄的橡胶有了前所未有的优异弹性，不像原先那样冷时硬，热时黏。一种橡胶硫化的新方法就此产生，奠定了橡胶工业的基础。

3. 联想方法

联想是由一种事物的现象、词语、动作等想到另一种事物的心理过程。所谓联想类比法，就是在创新过程中运用联想的思考方法使问题得到解决。联想的客观基础在于客观事物总是互相联系的，它们反映到人脑中也是互相联系的。联想的生理基础是人的联想能力。联想能力越强，越能把自己有限的知识和经验充分调动起来，越能发现其表面看来似乎不相关的事物之间的联系，扩展自己的思维空间，为创新提供思路和方案。

4. 缺点列举方法

创新设计学认为任何事物都有缺陷，弥补缺陷就是创新的方向。社会总在发展、变化、进步，永远不会停止在一个水平上。当发现了现有事物、设计等的缺点，就可制定改进方案，进行创新设计。缺点列举法是通过发现现有事物的缺陷，把各种缺点一一列举出来，然后做出改进的一种创新技法。

5. 希望点列举方法

希望点列举法是按发明人的意愿提出各种新功能设想，新希望的提出不受现有设计的束缚，是一种更为积极、主动的创造技法。希望是人类需要心理的反映，是人们心理期待达到的某种目的和出现的情况，希望是创新发明的强大推动力。

6. 类比方法

世界上的事物千差万别，但并非杂乱无章。它们之间存在着程度不同的类似关系。有的是本质类似，有的是构造类似，也有的仅在形态上类似。从异中求同，从同中见异，用类比法即可得到创造性成果。

类比法是将一个事物与其他事物进行比较、借鉴，再进行逻辑推理，即从比较中找出两事物之间的相似点或不同点，从而打开思路，获得灵感。类比法又可分为直接类比法、拟人类比法、因果类比法、对称类比法、象征类比法和综合类比法等多种形式。

7. 模仿创新方法

人的创新源于模仿。大自然是物质的世界、形状的天地，自然界的无穷信息传递给人类，启发和激发了人的智慧和才能。模仿创新技法是指人们对自然界各种事物、过程、现象等进行模拟、科学类比而得到新成果的方法。模仿创新主要从功能模仿、形态模仿、结构模仿三个方面进行。

8. 组合方法

组合方法是一种最常用的创新设计技法。它是指按照一定的技术需要，将两个或两个以上的技术因素通过巧妙的组合，使组合物在性能或功能方面发生变化的创新技法。这里的技术因素是广义的。它既包括相对独立的技术原理、技术手段、工艺方法，也包括材料、形态、动力形式、控制方式等表征技术性能的各种因素。

组合法的主要理论基础在于：第一，事物存在普遍联系，没有绝对孤立的事物和现象。第二，"系统—功能"原理，即系统的功能取决于组成系统的要素的性质及其相互连接方式，相对独立的要素按一定方式连接起来的形成的系统的功能不等于各要素的功能。第三，"继承—创新"原理，任何创新都是在继承的基础上进行的，人类已经取得的科技成果是进行创新的出发点。第四，技术适用领域的非专一性，即任何一项新的发明其应用范围都不仅仅限于产生这一发明的原有领域，而是在一定条件下，可以向其他领域渗透、转移，成为开发新领域的手段。

组合方法的类型很多，常用的有性能组合、原理组合、功能组合、结构组合、模块组合等。

第二节 文创产品设计中的创意方法

在全球经济一体化，知识经济大发展的浪潮下，国际之间的商品贸易竞争日益激烈，这种竞争逐渐由单纯的技术领先、价格优势等因素，转换为经济、社会、文化等综合因素的竞争。文化创意产品正是以"文化"为核心，突出对文化进行深加工并通过"创意"与现今的生活方式相结合，从而满足人们高层次的需求，达到在国际商品竞争中制胜的目的。我国具有丰富的"文化"资源，如何将这些资源转换为极具竞争力的文化创意产品，这就需要利用创意方法并经由一定的过程，才能得以实现。

"创意"是现今最为流行的话语之一，用来形容个体时侧重于思维方式和个人能力；用来形容企业时侧重于其产品和核心竞争力；用来形容一个国家时侧重于文化与精神的延伸。创造文化创意产品不能只是靠一些口号或者是设计师灵感的闪现，而是需要具体的创新方法，具体体现在以下几种。

一、联想法

联想法是一种依据相似、接近、对比等联系思维来进行创造的方法。比如当你感受到中国文化时，就会联想到诸如唐诗宋词、书法、文房四宝、神话传说、茶道、自然地理、传统工艺等。这种方法很多时候需要依靠设计师的经验和直觉，但在文化创意产品的具体创作中，更为直接的方法是兼具相似、接近、对比联想的直角坐标组合联想法，这种方法是将两种不同的事物分别写在一个直角坐标的 X 轴和 Y 轴上，然后通过联想将其组合在一起，如果它是有意义并为人们所接受的，那么它将成为一件新产品。例如要创意一款反映中国传统文化的文化创意产品，就可以在 X 轴上写上青花文化、茶道文化、戏曲文化、神话传统、礼仪文化等；在 Y 轴上写上饰品、灯具、电子产品、玩具、生活用品、办公用品等。如果二者已经结合或者不太可能实现结合则用灰色表示，如果可以结合且市场上还没有此类产品则用红色表示，如果可以结合但实现较难则用深蓝色表示。这样就能一目了然地看出创意的可能方向，从而促进文化创意产品的创造过程。

二、移植法

移植法发源于工程技术领域，是指将某一领域里成功的科技原理、方法、发明成果等，应用到另一领域中去的创新技法。例如鲁班发现带齿的茅草割破了皮肤而发明了锯子。文化创意产品创意中的移植法并不是一个科技原理的移植，而是一种情趣、意象、情感等感性成分的移植。比如设计师都对可爱文化有所理解，然后应用色彩、造型以及材质将这种情感，或是意象转移到具体的产品上，让使用产品的消费者同样也产生这样的感觉。

三、设问法

设问法主要针对已存在的文化创意产品提出各种问题，通过提问发现原产品创意以及设计方面的不足之处，找出需要改进的地方，从而开发出新的文化创意产品。设问法主要有"5W2H 法""奥斯本设问法""阿诺尔特提问法"等。在文化创意产品设计当中，比较常用的是"5W2H 法"。

"5W2H 法"是从七个方面进行设问。因为七个方面的英文首字母正好是 5 个 W 和 2 个 H，故而得名。即 Why——为什么要革新？ What——革新的具体对象是什么？ Where——从哪些方面着手改进？ Who——组织什么人来承担？ When——什么时候进行？ How 怎样实施？ How much 达到什么程度？

同时，"5W2H 法"同样可以作为创新产品的设计方法。只是所思索和追问的问题有所不同，其字母的具体含义也不一样。在创新设计中其含义为：Why——为什么要进行这个设计？ Who 什么人使用？ When 什么时候使用？ Where 在什么地方使用？ What——什么产品或者服务？ How 如何使用？ How much 产品或者服务的价格。对于这七个问题的不断思索和回答的过程，就是对于新产品概念不断形成的过程。

四、基于怀旧情感的文化创意产品设计方法

（一）以用户为导向的设计

基于怀旧情感的文化创意产品创新绝不是简单的仿制与依附，应全面系统地研究用户的真正需求。一方面，我们需要确定目标用户群体。根据怀旧情感类型的多样性表现，可以提取"个人"与"集体"作为两类主要的用户群体。与此相对应的，在文化创意产品设计中，需要针对个人和群体有不同的侧重点。同时，需对目标用户群体的年龄阶段、文化认知、生活环境、社会背景等进行清晰了解，以挖掘典型的使用情景；另一方面，满足用户对文化创意产品设计的两类需求，包括功能类的显性需求和感性类的隐性需求。首先，满足用户对文化创意产品的功能性和实用性需求，可以对功能性的进行设计创新。如重新定义收音机的功能及功能实现形式，也可以仅选择已存的产品原型直接作为文化创意载体；其次，情感需求的满足需注重用户的情感诉求。审美需求和怀旧情感需求的存在，为文化创意产品设计提出了感性要求。最后在设计时，应分析和提取符合怀旧情感主题的造型元素，包括形状、色彩、材质和表面工艺等，并以美学原则进行重组和创新。旨在设计出符合用户审美需求和怀旧情感需求的文化创意产品，为用户提供优质的功能、良好的情感体验。

（二）以交互体验为导向的设计

用户在接触和使用文化创意产品的过程中，无意识的积极交互体验将对最终的用户满意度产生重要影响。基于怀旧情感的文化创意产品交互体验设计，通过对用户记忆中的行为习惯、操作经验、思维逻辑、熟知形式或使用场景等相关情况进行提取与运用，将有效提高新产品的可用性和易用性，触发用户怀旧情感，使用户对新的文化创意产品产生熟悉感和安全感，从而满足用户的功能交互需求和心理需求。这种体验感的营造可以采用针对单一感官（如视觉）由浅入深的交互体验层次的设计思路，也可以采用多感官（如视觉、听觉、触觉、味觉和嗅觉等）共同协作的沉浸式交互体验的设计思路。如陕西历史博物馆与长安通联合推出的玉玺交通卡文化创意产品设计，采用

与玉玺1：1的比例打造，将玉玺盖章与公交刷卡的行为动作相联系，极大地提升了交互体验的趣味感。

（三）以创新为导向的设计

怀旧情感与创新并不矛盾，创新是文化创意产品设计中必不可少的一环。文化创意产品以新的形式让旧有的认知变得耳目一新，既引人怀旧，又突出品牌特色，迎合消费者追求文化创意产品新意、趣味和内涵的消费心理。在设计时，首先要注重怀利旧元素时代感再现。中国有丰富且悠久的历史文化资源，一些文化创意产品的品牌也有着深厚的文化底蕴。在怀旧情感元素的基础之上，加入时代元素进行再设计，能够重新激发产品活力，满足消费者时代感的追求；其次，要注重不同的文化创意产品设计视角的创新性，尝试采用多种设计视角对设计目标进行拆分与思考，切忌生搬硬套文化符号。以北京故宫的文化创意产品——朝珠耳机为例，从元素创新到产品形式创新，再到利用高科技进行实现形式的创新，将雍容华贵的朝珠与耳机巧妙结合在一起，将耳机线全部隐藏在朝珠的内部，肩部两侧延伸出入耳式耳机，以底部为插口接头，引发怀旧情感，获得创新体验。

（四）以价值认同为导向的设计

以物载道是传统的造物方法。基于怀旧情感的文化创意产品设计中，设计师除了注重文化创意产品的外观表现、使用方式和创新进步等方面，还需重视用户对其深层次的价值认同。文化元素是怀旧情感的归因，同时也是文化创意产品价值的重要体现。因此基于怀旧情感的文化创意产品设计需要从文化、民族和地域等方面挖掘触发怀旧情感的文化符号，使文化创意产品所蕴含的文化特质寄托用户深刻的怀旧情感，以达到用户对其文化价值、情感价值认同的目标；此外，基于怀旧情感的文化创意产品设计需承担起社会使命感，回应社会需求如情感关怀、环境保护等，尝试解决现存或未来可能继续存在的社会问题，提升自身社会价值，进而获得价值理念认同。

第三节 文创产品设计中的创意过程

一、文化创意产品设计的基础

产品创意设计是工程技术与美学艺术相融合的一种现代产品创新设计

方法，具有多种学科领域（自然、社会、人文、技术、艺术等）互相渗透、交流、融合的特点。

（一）美学艺术基础

产品的美包括内容和形式两个方面，它们是实现产品价值不可或缺的部分。产品创意设计是同时探索产品内容美和形式美的过程，只有当产品的形式与产品内容达到高度的和谐统一，产品才具有真正的审美的意义，才具有丰富的美感。

产品创意设计必须在表现产品功能的前提下，在合理运用物质技术条件的同时，充分把美学艺术内容和处理手法融合在整个产品创意设计中，充分利用现代材料、结构、工艺等方法体现产品的形体美、色彩美及材质美。

1. 美学理论与技法

随着社会的发展和人们生活水平的日益提高，人们对现代产品的要求也越来越高，除了要求现代产品具有安全、可靠、先进的物质功能外，还要具有丰富的美学功能。现代产品质量包括物质质量和精神质量，即在现代产品设计中，设计师除了要合理运用物质技术条件充分地表现产品功能特点，反映先进的科学技术水平外，同时要在现代美学理论的指导下，充分地把美学艺术的内容和处理手法融合到整个产品（形态、色彩、装饰等）的设计中，展示产品的精神功能，给消费者以美的感受，全面提高产品的精神质量。

2. 产品创意设计的美学法则

产品创意设计的美学法则是人们在长期的生活、生产实践中，对自然界中美的形式感受的总结。当人们总结了大自然中美的规律，并加以概括和提炼，形成一定的审美标准，又反过来指导人们的创意设计的实践，使产品的创意设计更加规范，更加符合各种自然规律、社会规律和人们的审美需求。研究产品创意设计的美学法则，就是为了系统地了解美学理论，深刻体会美的表现形式，提高设计师艺术审美以及创造美的能力，将美学法则更好地运用到产品的创意设计中，创造出更多、更美的文创产品，满足消费者对产品审美的需求，全面提高人们的精神生活水平，推动社会的文明进步。

3. 产品的技术美

技术美是伴随着人类的生产劳动而产生的，是建立在产品使用价值的基础上，以物的形式构成和形态特点获得的一种独立的价值存在，是科学技术和美学艺术相融合的新的物化形态，是现代大工业生产方式的产物，也是科学技术时代所特有的一种审美形态。技术美把产品的使用功能放在第一位，它通过技术手段使形式上的规律性、内容上的目的性相统一，形成人们对产品物质功能的直观感受，使消费者在享受产品带来的便利性的同时，获得舒适以及满足感，也带给消费者美的体验。

在日常生活中，人们接触最多的一种审美形态就是技术美。技术美富含于各种生活用具和物质产品之中：从四季服装各种款式和花色的变化，到人们的餐饮用具和环境的不同格调样式；从宽敞便捷的大型轿车，到温馨优雅的环境设施和居室布置。这些都是人们衣食住行不可或缺的对象。对于日常用品的选择，人们在满足自己实际需要的同时，无不包含着人对审美的追求。技术美是一种依附于产品使用功能的美，是一种现实美，它是物质生产领域的直接产物；艺术美是一种表现美，是精神生产领域的直接产物，它所反映的是人的社会现象。然而作为美的形式，两者都要运用美的规律为所表现的内容服务。技术美侧重于研究产品由纯功能形态向审美形态转化的基本内容及其规律，按照美的规律去组织好人们的物质生活和生产活动，并使之与人精神美的需求有机地结合起来。

（二）文化基础

文化是人类生活发展和生产实践中所创造的一切器物、语言、行为、组织、观念、信仰、知识、艺术等方面的总和。

人类通过社会实践活动，创造了文化。文化是人类物质财富和精神财富的总和，是人类世界与自然界相区别的本质因素。自然界的一切物质只有经过人的加工、改造和创造，才能成为人的社会对象，才构成人的文化现象。从现象的角度来说，文化存在的形式和状态，既可能是物质的，也可能是精神的，其本质的特征在于人类创造物的新的内容和独特的形式，只有当人的活动和产物具有新的特质时才构成文化。

设计活动是一种综合性创造过程，它是以创造和实现物的新的内容、独特的形式为目标，以协调人的生产和生活为目的的文化活动，把社会的、经济的和文化的进步有机地结合起来，凝结在物质形态的产品之中。产品创意设计作为技术与艺术的结合，它要以科技即智能文化为基础，以一定价值观的观念文化为导向，以艺术作为形式创造的手段为人们的生活方式提供物质依托。因此，从文化的概念入手，才能掌握产品创意设计的文化内涵，从而使设计的产品富含足够的文化品位和审美内涵。

根据文化的特点，通常划分为四种形态。

物质文化：它是人类改造和利用自然对象的过程中取得的文化成果，集中反映出人与自然的关系，包括衣食住行等基本物质生活资料、为取得物质生活资料所需的生产资料、人的物质生产能力以及作为这种能力基础的科学技术等。

智能文化：它是人类在认识自然、改造自然和造物活动中所积累的科技生产经验。

行为文化：它反映在人与人之间的各种社会关系以及人的生活方式上，是调整和控制社会环境所取得的成果，表现为社会的组织、制度、法律、习俗、道德和语言规范。

观念文化：即精神层面的文化。它是在器物文化和行为文化基础上形成的，表现在人的意识形态中的价值观念、理论观念、审美观念、文学艺术、道德等方面的精神成果。

在上述四种文化形态中，物质文化、智能文化与自然史的发展相联系，而行为文化和观念与人类史的发展相联系。设计以创造物质文明为表现形式，融合了智能文化、行为文化和观念文化的共同作用的内容，构成了设计文化自身的特征。

设计的发展一直伴随着人类文明和文化的进步，是文化的载体，随着社会的发展，设计也不仅仅停留在技术的层面，它的内涵也从物质生产领域上升到充满文化的创造领域，成为整个社会文化的重要的组成部分。随着社会文明的不断提高，设计的文化内涵问题日益突出，设计必须融入文化因素才能得到持续的发展和进步。设计作为人造物的活动，具有独特的文化品质，它是把人们文化和审美的需求转化为形态的过程。设计有其相对独立的文化形态，蕴含着深厚的思想观念、生活方式、行为方式，展现着人类优秀的文化气息和艺术魅力。

人通过文化的媒介取得生存和创造的自由，最终成为文化的人。设计作为人类生存与发展过程中的创造性活动，本质上也是人类的一种文化活动。研究设计的文化性质、文化特征、文化构成与文化要素等内涵，将揭示出人类设计活动的真正原动力。设计的发展与哲学、文化有着密切的联系，它是哲学、文化向设计学科逐渐渗透的结果。要研究设计的本质、目的以及原则，必须从哲学与文化等领域寻求最基本的答案。由于产品创意设计涉及领域广泛，与自然科学、社会科学及人文科学有着广泛的交叉，如果我们能从文化视点的高度观察和分析产品创意设计，将有利于我们建立系统设计的思想，全面地认识、理解产品创意设计的本质。

1. 设计文化

（1）设计文化的内涵

设计是人类带有目的性的物质活动，设计的目的是解决最基础的物质需求，满足人类衣、食、住、行、用等的需要。设计是人类用艺术方式创造物的文化，以创造和推动物质文化发展为目的。设计广泛存在于物质创造过程之中，并因为设计的物品所体现不同的时代和社会特征，呈现出不同的风格和文化负载因素，构成了物质文化的特征。

设计也是人的精神性活动。在解决物质需求的基础上，设计活动倾注了人的情感与精神。在科学技术高度发达的今天，产品越来越丰富，人们对基本物质的需求已经得到满足，人们的生活方式及其需求开始不断地改变，提出"物"的精神功能的新要求，人们希望在产品中寄托个人和传统精神的内涵，展现出人们对产品的审美情趣。

（2）设计文化的特点

设计的目的性以及对美的形态的创造性，使人们日常生活中，所有的人造物都有强烈的设计特征，也因此使物的创造过程综合体现了时代和社会的特征，构成了不同风格的物质文化。同时，设计有着协调物与人、物与社会、物与环境、物与物等多重关系的作用，这种"协调"也使设计过程能参与并影响了物质文化的形成与发展。

①设计以文化为底蕴

设计的核心是人，它反映人们对产品物质功能和精神功能的追求，是产品的价值、使用价值和文化价值的统一。重视产品创意设计过程中的文化底蕴，重视产品文化附加值的开发是满足人们的物质生活及精神需要的根本保证。

设计本身就是造物活动，是文化创造的过程，具有丰富的文化内涵。

优秀的设计，必然扎根于民族文化的沃土中，具有民族性的特点，才能体现出世界性的意义。

②设计文化具有多样性

文化是多样的，各个国家、各个地区、各个民族由于文化因素不同的结合，都有自己独特的文化精神和文化特质。

③设计文化需要不断创新

随着科学技术的快速发展，国际化成为世界的潮流，现代主义设计标榜标准化、简单化的原则，使得各民族、各地区丰富多彩的固有文化逐渐在产品的创意设计中丧失。产品的形态在批量生产的大环境下，都趋于国际化"轻薄短小"的标准模式，不同文化特质的差异性被忽略，设计日渐失去了丰富性。

在这样的大环境下，设计需要从本土文化、传统文化中吸取养分，被赋予更多的象征意义，更加多元化、个性化，以丰富人类的想象世界，恢复产品与文化已经断裂的关系。世界文化与地方文化的平衡是设计者必须关注的重要问题。在全球化的背景下，设计具有鲜明的文化特色是其参与市场竞争强有力的手段。所以重视不同文化的差异性、深入挖掘本民族的文化特质、进行设计文化的创新探索对设计发展特别重要。

（3）产品创意设计与文化的关系

产品创意设计与文化之间紧密相连，相互影响，相互促进，共同发展。它们之间的关系主要体现在以下几个方面。

①产品创意设计是对文化的反映

人类在发展的过程中，为了生存创造了各种各样不同用途的物品，这些物品反映了特定时空下人们的生活方式、价值观念及社会状况、技术、生产方式等。作为文化产物的产品，其必然隐含着人类当时的文化心理与文化精神。优秀的设计不仅体现设计师的知识与想象，也反映设计师对消费者生活方式及文化背景的了解。

②产品创意设计对文化具有强大的反作用

设计以其包含的社会价值体系和规范体系影响社会的精神文化，推动社会的发展。文化不仅仅与政治、伦理等因素有关，还与人们所处的自然环境、所创造的人为环境有密切的联系，它们潜移默化地影响社会大众的思想观念、思维方式、生活方式和行为方式，转变人们的观念意识，影响社会文化氛围。设计是创造第二自然、营造人为环境的重要手段，必然会对文化产生强大的促进作用。同时，设计以其强烈的美感吸引力，推动人们审美观念的变化，提升社会的审美文化品位。

（4）产品创意设计文化的结构

从结构理论的角度来看，可以把产品创意设计文化分为三层：外表层、中间层和核心层。

外表层指材料、科学技术、生产工艺等与设计有关的纯物质层面，在社会和生产力迅速发展的过程中，产品创意设计文化表层由于受物质条件的影响最大，具有易变性和易感受性；中间层是设计管理、制度以及设计、生产、销售、反馈等环节之间协调的层面；核心层是产品创意设计文化的心理层、意识层及观念层，这是产品创意设计文化最深的核心层，是产品创意设计文化的精神所在，始终影响着产品创意设计文化的特质。产品创意设计文化的核心是"以人为中心"，人在设计时会把美好的生活理想、道德伦理观念和审美价值等物化到设计之中，使之呈现出其特定的民族文化心理结构。产品创意设计文化中的心理意识层面，会直接或间接地影响设计文化管理制度层，从而最终影响产品创意设计文化的发展走向。

2. 文化传统

中国传统的工艺美术，包括陶瓷工艺、金属工艺、染织工艺、竹木工艺、玉石工艺等以其独具匠心的设计、巧夺天工的制作，形成了千姿百态、美妙绝伦的中国手工艺传统设计世界。中国的传统设计从陶瓷到丝绸，从青铜器到玉石雕刻都是我们民族文化中的瑰宝，而由这些伟大设计所积淀的设计传统，已经成为现代产品创意设计取之不尽、用之不竭的文化源泉。

（1）文化传统的特点

传统是文化的延续与发展。一切历史所流传下来的思想、道德、风俗、心理、文学、艺术、制度等人文现象都可视为文化的传统。文化传统是人类创造的不同形态，经由历史凝聚沿袭下来的文化因素的复合体，是历史延续积淀来的具有一定的文化观念、思维方式、伦理道德、情感方式、心理特征、语言文学以及风俗习惯的总和。

每一个民族，在不同时代都有自己的传统，随着时代的发展，人类文明的增长，作为人类文化灵魂的传统也就越多。传统在不断的变化中发展和积淀。作为非物质文化现象的文化传统具有旺盛的生命力，其特点如下：传统是旧有的，但不是落后的，是来自过去直至现在仍有生命活力的东西；传统是在不断发展和前进中自我更新、不断积淀的，旧传统的消失必然会带来新传统的新生；传统是多元的，是一个大的系统，每一个基元组成一个独立的子系统；传统是流动的、有机的，子系统之间互相促进和发展；传统是历史的发展和人的主体性参与选择的结果，也会随着时代的变迁不断地发展和进步。

相对于传统文化的可见形式，文化传统属于非物质的形式，它主要存在于人们的思维与意识之中，如传统思想，无形中深刻地影响着现代人们的生活。人们一方面有意或无意地继承传统，一方面又结合新时代的特点，为传统文化赋予新的内容和表现形式。人们立足于传统文化肥沃的土壤之中，又在不断地创造着新的传统。

传统文化与现代文化的关系是密不可分的，但在一定的时期会相互转化。传统文化的积淀形成了现代文化，现代文化来自传统，又不断地受到外来文化的冲击，添加新的文化因素，在整合和矛盾中完成和发展，不同文化之间相互包容、适应，形成新的现代文化。文化总是在发展、变迁和交流，矛盾也在不断解决，又在不断产生，新的文化变成传统，传统又被融入新的文化之中，这就是文化传统的生命力。

（2）创意设计与文化传统的关系

文化传统在历史的长河中不断地积淀，内涵不断丰富，是创意设计巨大的资源和宝贵财富。创意设计与文化传统的关系表现在以下几个方面。

第一，文化传统是民族优秀智慧和才能的结晶和体现。作为民族精神的具体形式，它是民族文化延续发展的内在动力和保证，也是民族文化发展的根本基础，是民族文化的精神内核，也是产品创意设计的根本出发点和精神源泉。

第二，文化传统是民族凝聚的力量所在，是人们心理认同、文化认同的依据，是民族精神的依托。中国传统的设计如民族服装、中式家具、舞龙、春联、瓷器、刺绣等作为中国人的文化信物代代相传。民族文化传统是一种永远存在于一个民族内心深处最宝贵的东西。一个没有文化传统的民族是一个无根的民族。没有文化的产品创意设计是没有根基的设计，很难体现出创意设计的独特魅力。

第三，产品创意设计是文化的再现，应该立足于民族文化之中，在产品创意设计中民族文化的取向是设计成败的关键之一。中国是一个经过五千年文明积淀的统一的多民族国家，各民族传统在当代文化交流中体现出中华民族文化的多元、博大、精深，也更加强了文化传统间的交流与融合。这种多元的文化传统使我们在创意设计时有了更多的营养、更多的选择、更多的依托和更多的发展取向。

第四，在产品的创意设计中，把握文化传统中的精神内核，创造出富有民族精神和美感的优秀设计，应该是每个设计师所追求的目标。产品创意设计要吸收文化传统的营养，但并不是对传统形式的简单套用和照搬，而是要将传统文化的精髓融入设计。如明式家具的设计即是一个极好的范例。作为中国传统文人士族文化物化的一种表现形式，明式家具在造型、材料、装饰、工艺上都体现了中国传统文人特有的追求自然而空灵、高雅而委婉、超逸而含蓄的气质，透出一股浓郁的书卷气息。明式家具造型浑厚洗练、线条流畅、比例适中、稳重大方，体现了中国文化中提倡谦和礼让、廉正端庄的行为准则。这是传统文化和设计交融的体现，也是民族基本的文化心理对人的精神和审美观全面影响、潜移默化的表现。

第五，优秀的产品创意设计立足于文化传统的精神内涵，但同时不断地补充和完善文化传统的形式，通过创造特殊形态延续优秀的文化传统。

3. 生活方式

产品创意设计是一种具有特殊品质文化形态的创造，同时也是一种生存的文化、生活的文化，它承载着巨大的现实和历史重任。生活方式是文化的具体内容和形式，也是现代产品创意设计的一个重要出发点和核心概念，产品创意对于设计自身，甚至对于研讨社会、政治、经济都具有重要的意义。

（1）生活方式的含义

人类历史活动是两种生产的交互发展过程，一种是物质生活资料的生产，一种是为此而进行的生产资料的生产。在不同的历史阶段中，由于占有生产资料的方式不同，形成了不同的生产方式。作为物质生活资料的生产，是以人以及人的生活方式来决定的，生活方式从根本上反映了某一特定历史时期生产方式的内容和性质。

生活方式是人们占有生产资料以及进行物质生产的状态，其含义如下：生活是人作为生命体为维持生命所从事的各种生产、工作和生活的内容、过程、方式和形式，因时代条件、人和环境因素的不同，每个人都有自己独特的生活方式。它的主体可以是个人，也可以是家庭、团体或人类社会共同体。

生活方式的主体是人，它既包括个体的"人"又包括群体的"人"。每一个生存于社会环境中的"个体"，都拥有与自己的精神和物质相适应的生活方式，其审美理想及价值观念直接支配着其日常生活的行为，同时其生理特点、生理需求也成为影响其选择的能动因素。任何的"个体"都是存在于群体环境之中的，无论个体是依附于群体还是背离群体，都无法切断其与群体的密切联系。群体是个体组合而形成的，个体间共同的价值观念和审美取向构成了具有共同特征的群体形态，但每个个体又有着独特的风格。

因此，生活方式蕴含着物和人的双重含义，以物质为基础，体现着人的精神需求。这与设计的本质有着共同的特点，设计通过物的形式反映出人的审美理想和价值观念，直接地影响着生活方式的形式和内容。设计的目的是人不是物，设计是创造合理的生存方式。如现代生活中的各种家用电器和交通工具，不仅改变了我们的生活习惯和生活形态，也改变了我们的思想观念和文化意识。在充分享受由设计带来的便利和舒适的同时，我们对生存质量以及群体文化传统有了更新的认识和理解。这种理解常常又被渗透融合到设计物的创造过程中，转化为新的物质形态影响着生活方式的变化。因此，设计文化与生活方式相互作用的结果一方面推动了设计的发展和设计文化的丰富与充实，另一方面，也改善了人类的生活方式。

（2）产品创意设计与生活方式的关系

产品创意设计本身也是一种生活方式，在物质文化浸润下的产品创意设计与生活方式密切相关。产品创意设计提供了人们日常生活所需的物质条件，它在提供人类生存和发展的物质基础的同时，也使人们的生活方式处于美和艺术的层面上，使生活具备了艺术文化的意义。

产品创意设计是人为了更好地生活而进行的一种创造性过程，也是人们通过日常生活而提升自己精神境界、推动生活进步的力量。产品创意设计既是对物品本身的设计，也是对物品使用方式的设计，使用方式的改变对生活方式会产生一定的影响。

4.产品创意设计风格

产品创意设计风格是设计师在长期设计实践中在产品的形态、色彩、装饰等方面形成的创造特性，同时也反映了当时社会的观念意识，体现了当时社会的环境特色。创意设计风格的形成是由时代的科学水平、文化观念、审美意识和价值取向等共同影响的结果，体现出设计师自身的人格个性、创作特征。

（1）创意设计风格

风格是设计作品独有的格调、气质、风采。杰出设计师的作品都显现出鲜明的艺术风格，或秀丽，或雄浑，面貌迥异，各放异彩。

风格是一个设计师区别于另一个设计师的具有相对稳定性的显著特征。它是一种表现形态，是设计师在创作中自我意识、审美个性的自然流露，是设计师独特的审美见解借助独特的审美方式的传达表现。它是设计师在设计实践活动中逐渐形成的，设计作品所烙印着的本质特征，是设计师来自生活中独特的审美体验，所以艺术风格呈现出丰富多样的面貌。

风格是现代创意设计的重要命题。设计风格的形成是一个设计师成熟的重要标志，是设计师的设计观、审美观的集中体现，也是设计师在设计实践活动中对美学因素的追求。除了在内容上表现出设计者的个性特色以外，技术因素、时代特色、民族和地区的习惯、企业的特色、不同时期的观念时尚、生活方式和审美情趣都是影响设计风格的因素。在设计潮流的变革中，设计师们往往是当时社会中一部分人或某生活群体的审美观念的代表。因为设计必须服务于生活，要与一定范围的受众建立起对应的关系，也因为设计师本身归属于某个生活群体，因此必然会自觉或不自觉地表现出对一定的审美理想的追求。

（2）时代文化对创意设计风格的影响

时代文化的产生是以生产方式的变革为基础的，它客观地反映出某一时期的某一地区科技水平与人们的文化观念。不同时代的政治、经济、文化、科技等反映在设计上，呈现出不同的设计风格。如手工业时期追求装饰、讲究技巧，体现的是手工业生产方式条件下人们的审美趣味和观念意识。而大机器工业生产方式的出现，使功能主义的设计风格成为产品创意设计的主导时代风格，产品的形式简洁，功能结构理性，体现了在大工业生产条件下人们的文化意识。后现代主义设计风格，则体现了人们在高科技以及信息时代条件下产生新的美学观念。

（3）民族文化对创意设计风格的影响

不同的地区有其特殊的地域环境、气候条件、经济情况、人文思想、民族习惯、哲学思想、伦理观念等。民族文化是由于不同民族的不同文化传统、生活方式和审美习惯而产生的具有独特民族特征的文化形式，反映在设计上形成了这一民族与另一民族的不同的风格，它是各民族的传统文化的长期积淀，是各民族在长期的社会活动和艺术实践中逐渐形成的。

（4）审美个性对创意设计风格的影响

设计师个人审美个性的形成是以个人先天和后天的素质养成为前提的。设计师的天赋、心理素质、精神气质是先天的因素，其所受的教育训练程度，具备的知识结构、生活阅历、艺术修养等人文素质则是后天的条件，两者都对其审美个性的形成具有重要的影响和作用。

设计师独特的创意设计风格是在一定历史时代的生活环境中形成的，表现或蕴含着时代的意志倾向，不可能超越他们生活的时代。一定时代的潮流、社会风尚都会制约并影响着设计师个性创作风格的形成发展，也必然体现出在某一时代的社会物质生活条件基础上所产生的审美需要和审美理想。真正的创意设计风格是设计师审美个性和其设计对现实客观反映的统一。

（5）创意设计风格的吸收互补

现代社会处在全球化、信息化、高科技化的时代，各种文化之间相互交流、融合。设计师也必然受到各种外来文化和艺术思潮的冲击，设计观念的碰撞会引起设计理想和审美追求的变化，并使设计师有意识地吸收外来文化和某种艺术流派的成分，从而形成自身新的设计风格。设计师要善于吸收不同设计风格中优秀的元素，并将其融入自己的创意设计中，努力丰富和完善自己的设计风格。

产品的创意设计风格是现代设计研究的一个重要课题，也是体现现代产品设计质量的重要因素。在产品创意设计实践中，风格的形成是设计师的审美观和设计观的具体体现，也是设计师在设计实践活动中的美学追求。创意设计风格是文化的产物，因此不同时期、不同民族、不同设计师的思想观念、生活方式以及审美情趣会在产品的创意设计风格上留下鲜明的印记，也体现出那个时代、民族文化的面貌和特征。

虽然现代产品创意设计属于物质文化创造的领域，但是它的设计过程涉及各种不同形态的文化内容，它既要一定的价值观念为导向，又以一定的生活方式和生产方式为依据。因此，产品的创意设计实质上是将多种文化因素统一体现在产品视觉形象中的过程。

5. 产品创意设计的文化整合

文化整合，就是指不同文化之间相互吸收、融合、调和而趋于一体化的过程。它以社会的需要为依据，使各种文化在内容与形式、功能和价值目标之间重新搭配。

在现代市场环境中，产品的创意设计是以市场为导向的，社会需求决定了产品的设计和生产。由于消费者的收入、职业、习俗、文化教养和个性特征等的不同导致了社会需求的多样性，也使产品的设计必须综合考虑各种文化的吸收和融合。

作为一种协调诸多矛盾的有力手段，产品的创意设计中拥有物与人、物与社会、物与环境、物与物等多重关系的成分。因此在产品创意设计中，必须将智能文化、行为文化、观念文化的内容融于其中，作为一个统一的完整体系，共同体现在现代产品文化内涵的创意设计中。

现代产品的创意设计，不仅为人们未来的生活勾画出物质环境的具体形态，而且也影响着消费者未来的主体属性。消费者的活动方式在很大程度上是由活动对象的性质所规定的。产品作为消费者的活动对象，对于人的身体特性、生理过程和心理状态以及人际交往方式都有直接影响。所以，产品的创意设计也是人的生活方式的设计，它必然作用于人的精神生活和个性心理。产品创意设计作为一种文化整合，涉及整个物质世界、社会环境、自然环境以及消费者个人的身心发展。因此，产品创意设计的文化价值取向成为当代产品创意设计必须关注的一个重大问题。

（三）创意技法基础

产品的创意设计是一个从无到有、从想象到现实的创新性过程，最终要有一个看得见、摸得着的产品形象展现在消费者的面前。而设计表现图是展现产品可视形象的最快速、最简洁的方法之一，特别是在产品创意设计初级阶段，快速设计表现图的绘制不但能够迅速捕捉设计师的创意灵感，而且可以促进创意构思的顺利进行，是整个设计过程中重要的环节。产品创意设计快速表现技法是优秀设计师必须具备的专业技能，是设计师与其他人员相互交流沟通的重要工具。

1. 创意设计快速表现图

创意设计快速表现图是在设计过程中，设计师把头脑中抽象的思考变为具象形态之前迅速地将构思、想法记录或者表达出来的一种方法。快速表现图不单是一种表达和记录的过程，也是设计师对其设计的对象进行再构思和推敲的过程，因此快速表现图上会出现文字的注释、尺寸的标注、色彩方案的推敲、结构的展示等。快速表现图也是设计师将自己的想法，由抽象变为具象的一个十分重要的创造过程，实现从抽象思考到图解思考的过渡。好的创意构思在头脑中稍纵即逝，所以要求设计师必须要有十分快速和准确的表达能力，以把握设计对象的整体形态和细节，快速表现图必须准确、具体，才能为设计的推敲起到一个良好的促进作用。

2. 创意设计快速表现图的作用

创意设计快速表现图是设计师在设计构思展开阶段，为了抓住产品的创意特征以最快捷、最简练的手法绘制的用于设计交流的简易画稿，它实现了从抽象思考到图解思考的过渡。设计草图的数量和质量是产品创意设计成败的关键。作为产品创意设计的基本技法，创意设计快速表现图具有以下重要作用。

（1）记录作用

现代文创产品的创意设计日新月异，优秀的产品总是以最新品质和款式展现在我们面前，设计师不仅要善于发现优秀的产品形象，还要有一定的方法把它们记录下来，积累设计素材，丰富自己的设计思想，同时在创意设计初期阶段，设计师自己的创意成果也需要及时、准确地记录下来，作为思维发展的基础。产品创意设计快速表现图是收集造型资料、记录设计思维发展过程的最有效手段。

（2）传达作用

产品的创意设计过程不仅是思维发展的过程，也是设计思想交流、补充、完善的过程，创意设计快速表现图因其快速性和灵活性的特点，比其他任何一种图样（工程图样、效果图）都能够更方便地传达产品的各种视觉因素。同时，创意设计快速表现图是一种以透视为基本原理，符合人们的视觉特点，容易为大家接受和理解，传达产品的创意构思信息效率最高，是把构思方案具象化最快捷有效的方法。

（3）创造作用

产品的创意设计过程是一个创造的过程，创意设计快速表现图始终伴随这一过程，每一个构思形象的视觉再现都有可能引发一个新构思形象的出现，通过连续的再现和引发，产品创意设计的各种方案便会不断诞生。在这个过程中，创意设计快速表现图便起着引发新创意构思的桥梁作用。

3.创意设计快速表现图的形式

创意设计快速表现图的传统形式主要有以下三种。

（1）单线条的表现形式

单线条表现形式是创意设计快速表现图中运用最为普遍的一种方式，使用工具简单，如铅笔、钢笔、针管笔等。单线表现形式，主要是用单线条来表现产品的基本特征，如形体的轮廓、转折、虚实、比例以及质感等，通过控制线条的粗细、浓淡、疏密、曲直来达到需要的表现效果。在表现产品的外观结构时，线条运笔要流畅，不要出现"碎笔"和"断笔"的现象。

（2）线面结合的表现形式

用线条描绘产品的轮廓线以及结构线，用面表现产品的结构转折和阴影部分，用这种技法进行表现的时候，要考虑物体的哪些部分需要用面来表现，如形体的转折、暗部、阴影等。用不同的线形或面来表现出产品结构的不同部位，如较粗的线或面表现轮廓和暗部，用较细的线来表现产品的结构和亮部。也可以用大小疏密不同的点来表现材质或形体的过渡变化。这种线面结合的形式除了能表现出线的变化外，还能表现出物体的空间感和层次感来，使画面生动富有变化，具有强烈的艺术效果。

（3）淡彩的表现形式

淡彩的表现形式是在单线表现和线面结合表现的形式之上，以概括性的色彩来表现产品的色调关系。通常是在单线勾画出产品的形体之后，用彩色铅笔或者马克笔对形体的色彩和明暗关系进行归纳刻画，色彩旨在表现产品的整体色调关系，不考虑细节的色彩对比。这种表现形式较前两种表现形式而言，更能表现出产品的形态、色彩等视觉形象，从而获得更好的表现力。

在产品创意设计初期阶段，需要设计师能够快速地捕捉设计灵感，并把设计思路明确地表现出来。在这个阶段主要的表现技法，无论采取哪种方式，都力求用笔快速、准确，线条流畅，一气呵成。

4.创意设计快速表现图的要求

创意设计快速表现图作为现代产品设计的一种专用语言，在多方位、多层次观察和表现产品视觉形象的同时，需要更深一层地体现产品的形体结构、技术条件等多方面的客观因素，从而将创意设计表现与设计构思统一在一个整体中。因此，创意设计快速表现图要具有客观性、技术性和科学性，详细要求如下：①创意设计快速表现图是以透视为基本原理的，因此透视比例的准确是表现产品三维立体形象、传达产品创意构思特点的基本保证。②因为创意设计快速表现图是产品形象的快速表现，所以在表现过程中要抓住产品形象和结构特点加以表现，对产品的形态高度概括，去粗取精，以表现产品的整体形象、主要结构和转折关系，不拘泥于细节的表现。③在表现的过程中，要和记忆、默写等技能紧密结合起来，才能在有限的时间和空间中获取更多的产品信息，同时要善于事后整理、完善产品的各种视觉信息。④创意设计快速表现图用笔要刚劲有力、刚柔兼备、肯定明确，体现出设计师对产品形象的自信。⑤在产品形态表现时力求用线准确无疑，产品的结构关系、转折关系的来龙去脉交代清楚，准确表达产品的工程技术信息。⑥为了使设计表现图具有更好的视觉效果，设计师要善于运用各种不同的绘制工具，以表现出不同的艺术风格，增强产品创意设计图的艺术感染力。

二、文化创意产品设计中的创意过程

当接受一个新的文化创意产品的设计项目时，首先要考虑的是文化创意产品的分类问题，通常情况下将文化创意产品分为：文化产业衍生产品、文化生活用品、传统工艺品与饰品、时尚产品等。针对不同的产品，采用不同的设计策略和方法，但是文化创意产品的创意过程是一致的，一般包含以下五个步骤。

（一）认识问题，明确目标

在文化创意产品设计工作中，通常会遇到这样的情况：随着设计的开展与深入，大量的信息和问题就会随之而来，无从下手。所以，必须在设计一开始，就要弄清楚创意产品存在的问题以及问题的组成和结构。

要弄清楚上述问题，必须将其放置于"人——产品——文化——环境"这一系统中，这个系统主要涉及人的文化与审美需求，产品如何承载文化以及承载什么样的文化。而系统中的"环境"主要包含产品系统环境及社会人文环境，只有在这个系统之内考虑文化创意产品的设计，才能完全确定设计问题的存在形式，进而明确设计目标。

（二）设计研究，分析问题

进行设计研究、分析问题、设计市场所需要的文化创意产品，是每个设计者都清楚的流程。设计活动不是封闭的活动，而是在市场竞争中，设计师在综合人、市场竞争、产品机能、审美、社会文化等诸因素进行编码，然后在市场销售中由消费者进行解码的符号性活动。而对于文化的编码必须站在消费者认知的角度进行，要运用创意方法将文化的内涵与当代的生活方式、审美情趣、文化心态相结合。

设计的成功与否，关键在设计师的编码和消费者的解码过程是否切合。如果消费者能够在文化心态和审美趣味等方面认同产品，那么说明这个设计是成功的，反之则是失败的。要使设计取得成功，就必须站在消费者的角度对文化创意产品的诸要素进行分析，力求将设计中将要涉及的问题分析透彻，做到心中有数。

（三）概念展开，设计构思

在设计研究和分析问题的基础上，设计师会针对存在的问题提出解决问题的各种设想，这种提出解决问题设想的过程就是设计想法产生的过程，设计师进行设计构思的时候想法越多，获得好的文化创意产品的可能性也就越大。在设计过程中设计师往往借用一定的创意方法，利用草图展开自己的设计构思。

利用草图进行形象和结构的推敲，将思考的过程表达出来，以便设计师之间的交流及后续的构思、再推敲和再构思。

草图更加偏重于思考过程，一个形态的过渡和一个小小的结构往往都要经过一系列的构思和推敲。这种推敲单靠抽象的思维往往是不够的，还要通过一系列的画面辅助思考。草图的表达大都是片段式的，显得轻松而随意。但是就文化创意产品设计而言，构思需要图解为三个层次，即创意概念构思、象征符号构思和感性审美构思。

1. 创意概念构思

从整体的角度检视轮廓、形态及被强调的部分，主要看以下几方面：对于所理解的"文化"是否通过色彩、形体、线条等得以表现；通过用创意方法，"文化"与当下"生活方式"是否得到了很好的结合；在设计研究阶段所遇到的设计问题是不是得到良好的解决。如果对于以上问题的回答都是肯定的，那么该设计方案就对设计概念进行了很好的诠释。

2. 象征符号构思

在创意概念的基础上，对设计所采用的具体设计元素进行符号化的加工，站在消费者对符号解读的基础上，进行符号设计并融于创意概念之中。具体而言，就是审视立体的成分与面的构造来决定物体的特性，确定图样，表现出体量感，以便进行细致的构思推敲。

3. 感性审美构思

最后一步是对文化产品的视觉方面进行处理，运用应用形式美的法则和审美流行趋势对表面的精致线条、配色、质感等进行处理，精心处理产品的细部，展现设计创意的魅力，使整体达到最佳的效果。

（四）设计展示，设计评价

一个设计项目在经过了概念展开和设计构思之后就是对设计进行展示，设计展示是要将一个完整的设计呈现在大众的面前，要能够充分展示设计创意。而设计评价是指在设计过程中，对解决设计问题的方案进行比较、评定，由此确定各方案的价值，判断其优劣，以便筛选出最佳设计方案。设计评价的意义在于：一是通过设计评价，能有效地保证设计的质量，充分、科学的设计评价使我们能在众多的设计方案中筛选出满足目标要求的最佳方案；二是适当的设计评价，能减少设计中的盲目性，以提高设计的效率。文化创意产品设计中设计评价有三个特点。

1. 评价项目的多样性

文化创意产品设计涉及的领域极广，考虑的因素非常之多，较之一般产品设计更不简单。因此在设计评价的项目中，必然要包含更多的内容，涉及更多的方面，特别是对于文化性、创意性、体验性、符号性、审美性等指标要重点考虑。

2.评价判断的直觉性

由于文化创意产品设计评价项目中包含许多审美性精神或感性内容，在评价中会在较大程度上依靠直觉判断，即直觉性评价的特点较为突出。

3.评价结果的相对性

正是由于评价中的直觉判断较多，感性和个人经验的成分较大，文化创意产品设计的评价结果就较多地受个人主观因素的影响，特别是评价者自身的文化背景和价值取向很容易影响到评价的结果，更具相对性，这是值得重视的问题。

在通常情况下，我们可以根据多个个人评价的数值形成坐标进行分析和评估。评定标准中的每一项满分为5分，围成的面积越大，则该方案的综合评定指数就越高。

（五）模型制作，生产准备

模型的制作在形态上要求有真实产品的效果，因此产品各部分的细节要表现得非常充分，这样也便于设计师能更有效地在产品细部方面做进一步推敲与修改，有利于设计概念的进一步完善，同时也为后续的数字模型的生成提供参考，以便最终投入实际的生产。当然，有些纯手工制作的文化创意产品是不需要这一步的，而是在创意定稿以后直接进行生产。

第四章 博物馆文创产品开发

第一节 "博物馆文化创意产品"的内涵、特点和价值分析

一、博物馆文化创意产品的内涵界定

"博物馆文化创意产品"这一概念，未曾在学理上予以严格界定，而是在博物馆业界发展文化创意产业的实践中提出并逐步推广使用的。

（一）"博物馆文化创意产品"相似概念辨析

1. 文化产品与博物馆文化产品

"文化产品"的定义是，个体和集体创造性劳动的成果均可视为文化产品，一般由文化产业相关活动提供，可细分为"文化商品"和"文化服务"。文化商品指的是用于表现特定生活理念和生活方式的消费品，具有传递文化信息和提供消遣娱乐的作用，能够通过工业大量生产并广泛传播，有助于族群建立集体认同感，进而影响文化实践。文化服务则是指由政府、公立机构、公司或个人提供的用以满足大众文化需求或者获取自身文化利益的活动，如博物馆和图书馆提供的服务及艺术表演等非物质形态的文化活动。

从"文化产品"的定义来看"博物馆文化产品"，亦可分为文化商品和文化服务两方面。广义上讲，博物馆作为主要的公共文化服务机构，其对外提供的所有有形产品和无形服务，包括展览、教育活动、审美体验和衍生商品等均可视为"博物馆文化产品"。狭义上讲，博物馆文化产品主要包括展览和商品两类：博物馆组织的一项常规展览或者特展，即为一个整体性的文化产品；博物馆开发和售卖的旨在传达展品信息的商品，也是一类文化产品。

2. 创意产品与博物馆创意产品

"创意产品"与"文化产品"既有联系又有区别。概言之，文化产品更侧重于文化艺术价值，创意产品虽内含文化性，但更强调创造力与科技创新的元素。

从"创意产品"的定义来看，包括侧重于文化艺术创意和侧重于科技创新元素的两类产品，博物馆创意产品一般都具有较强的文化性，因此"博物馆文化创意产品"的称谓更为恰当。

3. 艺术衍生品与其他

"艺术衍生品"，是指以艺术家的艺术作品或具有艺术价值的历史遗产作为原型，继承了原作的特色艺术元素与符号，采用创意设计的手法将符号价值寓于新的载体之中，设计、生产的兼具美感与实用性的特殊艺术产品。就销售渠道而言，除博物馆商店出售部分艺术衍生品外，大多数艺术衍生品可以在画廊和艺术超市交易，现在网上艺术品电商也成了新兴的重要交易平台。艺术衍生品的概念包含但又不限于艺术博物馆和综合性博物馆开发的基于藏品资源设计的文化创意产品。从设计原型必须具有较强艺术价值的角度出发，自然科技类、行业类博物馆开发的文化创意产品并不能简单地被归为艺术衍生品。

（二）博物馆文化创意产品的内涵与外延

"博物馆文化创意产品"（简称"博物馆文创产品"），可以具体定义为"在博物馆实体商店或者电商平台销售的，创新性提取、运用馆藏文物的文化艺术元素设计、制作的融观赏性、纪念性、实用性于一体的特殊商品"。该定义包含三个方面的内涵。

其一，限定了产品的设计、销售和服务主体。首先，博物馆文创产品必须基于博物馆馆藏资源开发，其研发设计原型是博物馆的展品或者藏品。任何未进入博物馆收藏的艺术作品，无论其具有多大的价值，以此为原型开发的产品只能归类为"艺术衍生品"，不属于博物馆文创产品。其次，该类产品只能在与博物馆有关的渠道上销售，如博物馆内设商店及其馆外分店、博物馆官方网站或者授权经营的交易平台等。再次，博物馆文创产品的研发主体和服务对象主要是博物馆，它存在的意义是为了延伸博物馆展览的教育传播功能，并为博物馆创造经营性收入。

其二，突出了产品的文化和创意特质。博物馆文创产品同时具有文化产品和创意产品的特点，既有较强的文化性、艺术性、观赏性，又融合了创意思维和创新技术结合的运用。不同于纯粹的科技类创意产品，博物馆文创产品的研发原型为历史文化遗存，通过对原型文化艺术元素的提取和挪用进行设计，使产品体现出相当的文化价值。但博物馆文创产品并不是对馆藏文物的简单复刻，而是研发人员巧妙创新设计方法与技术，结合人体工程学和心理学研究成果，融入对时尚趣味的理解打造的具有较高使用价值的物品，实现了审美性和实用性的统一，其质量和价位都高于具有同等功能的普通商品。

其三，规定了产品的类型和经济属性。不管是文化产品还是创意产品，都包括有形和无形两类。博物馆文创产品亦是如此。虽然在目前人们的认识中，博物馆文创仍以具有物质载体的有形产品为主，但无形的数字化文创产品越来越受到博物馆的重视，其在宣传博物馆展览方面的影响力和传播力也日益扩大，并逐渐形成了一定的营销推广模式。产品的经济属性内含于博物馆文创产品的定义之中。博物馆文创产品是博物馆发展文化创意产业的直接产物，与一般文化产业生产文化产品一样，博物馆研发生产文创产品的主要目的是创造经济收入，拓宽资金来源渠道。

二、博物馆文化创意产品的分类和特点

博物馆文创产品是文化产品中创意含量较高、创意产品中文化性较强的一类产品。文创产品一经购买即为家庭或者个人拥有，因此属于私人性文化产品，有别于表演、影视等公共性文化产品；文创产品是用于市场交换，从而创造经济收入的文化商品，也是生产性文化产品，多数以物化的形式满足人们的精神消费需求。在创意产品的分类范畴中，文创产品属于典型的消费性创意产品，尽管在研发设计过程中也融入了生产性的创意思维和技术；文创产品的设计原型是拥有品牌与知识产权的内容性创意产品，但文创产品本身就是有较高文化附加值的设计性创意产品。从艺术衍生品的分类视角来看，博物馆文创产品大多数都属于"解读文化内涵后再创造的创意产品"，仅有少量是简单复制或者高端复制品。

博物馆文创产品的具体分类，从涵盖范围来看，可以分为狭义上的文创产品和广义上的文创产品。在博物馆商店和电商渠道上出售的有形文创产品即为狭义上的博物馆文创产品，既有直观表现博物馆藏品和展览面貌的画

册、出版物、文物复制品等，又有提取展品文化元素设计的兼具实用价值和流行趣味的各种生活用品。

值得注意的是，博物馆发展文化创意产业的形式日趋多样化，围绕博物馆文化资源和文物 IP 开发了各种广义"文化创意产品"，包括文博影视综艺节目、博物馆应用类 App、博物馆数字体验项目、博物馆动漫游戏、博物馆游艺教育活动、博物馆时尚展览、博物馆主题餐厅、博物馆综合休闲设施等。广义上的博物馆文化创意产品虽然目前在数量、开发程度和产业规模上还不如博物馆实体文化创意产品，但随着互联网技术的快速发展以及博物馆和其他行业的深度融合，会在未来成为重要的发展方向。

三、博物馆文化创意产品的价值构成分析

（一）符号消费理论视角下的经济价值

作为文化创意产业的有机组成部分，开发文化创意产品无疑将为博物馆乃至整个社会创造可观的经济收入，其中蕴含的巨大发展空间源于现当代文化的视觉符号转向，消费逻辑逐渐取代生产逻辑的背景以及体验经济的兴起。人们购买商品不再出于实际需求，而是因此商品所蕴含的符号价值。在消费社会中，事物遵循符号逻辑，本身具有的意义不再重要，不再与真实相连，而成为一种仿真和幻象。在这样的背景下，博物馆文化创意产品天然具有的符号价值和象征价值得以凸显，在与具有同等功能的普通商品竞争时，由于附加于其上的文化符号而轻易胜出，并促使人们愿意支付更高的价格，从而创造极高的经济收益。

体验经济的兴起是推动现代文化产业发展的主要背景，以超越同质化和标准化的产品与服务营造增值效应、以提供给消费者某种良好的心理体验为目的，形成个性化的生产与服务，提高人们的幸福感和生活质量。从这个意义上来看，所有文化产品和文化服务都有赖于体验经济的发展，但是体验经济格局的全面形成，主要表现在企业将提升产品体验感的思想融入和应用于产品设计及市场营销环节。博物馆文创产品的开发即是顺应体验经济潮流的举措，通过对文物资源及艺术元素的提取和运用，创新性开发满足人精神和物质双重需求的产品，使消费者在日常生活中体验到文化的浸染和艺术的熏陶，从而提升生活幸福感和人文素养。

（二）基于心理学和传播学理论的教育价值

博物馆开展的讲座、论坛、导览和亲子活动等辅助教育形式在一定程度上是展览教育的补充，但容易为人忽视的是，博物馆开发的文化创意产品亦是强有力的教育资源，其具有的教育价值和传播潜力恰好可以有效弥补博物馆教育的天然弱点。

首先，文创产品提供的切身文化体验满足了观众亲近展品的需求。从某种意义上说，博物馆文创产品也是对艺术原作进行机械复制的产物，因而对于艺术品进入大众视野，实现广泛的公众艺术教育具有显著的意义。观众可以通过购买和拥有文创产品的方式持有、把玩缩小版的艺术作品或是其一部分，笼罩在艺术品之上的"灵韵"消失了，艺术品变为可亲近、可感受、可接触的寻常之物，从而加深了消费者对其文化艺术价值的理解。

其次，文创产品长久延续了观众对博物馆和展品的记忆。对抗遗忘规律的唯一方法是不间断的复习和巩固。对于没有条件在短时间内反复出入博物馆参观同一个展览的普通大众而言，保留文物原貌或是展现其核心艺术元素的文创产品是对博物馆之旅最好的纪念和提醒。随手可得的文创产品以融入日常生活的方式，巩固、延续了消费者对博物馆的美好记忆，每一次的使用都宛如昨日重现，唤醒人们脑海中对某些曾经留下深刻印象的展品的回忆，催生出再次参观的欲望。对于偶尔来访的客人，它们还将传达来自博物馆的讯息，传播博物馆文化，令其萌生前去参观的想法。

最后，文创产品营造了沉浸式和互动式的学习氛围。与单向灌输式的教育方式相比，互动式和浸入式的教育模式显然更具优势。虽然在博物馆开展的展陈设计和教育活动中，已经有意识地运用了多种体验式学习方法，但虚拟的数字化文创产品可以让观众在远离博物馆的情境中依然沉浸于博物馆的传播场域，从中获得知识信息和审美陶冶。AR、VR 等虚拟现实技术在博物馆文创产品中的运用创造了虚拟情景体验，结合传播学、心理学知识开发的导览和游戏类 App 等无形文创产品，让观众在轻松自如的心态下观赏和了解展品，更好地激发观众对博物馆文化的兴趣以及主动探究的积极性。博物馆教育的覆盖面得以有效扩充，成为随时随地可以获取的教育资源，与传统的教育方式相比，显示出极大的优越性。

（三）视觉文化背景下的日常审美价值

博物馆文创产品有别于一般商品，形成其核心竞争力的另一个重要价值是审美性。审美需要人类有别于其他动物的高级精神需求。出于对审美需求的天然追求，以"日常生活审美化"为特点的"审美泛化"已成为后现代文化的美学特质。

在"审美泛化"的背景下，博物馆文创产品的开发以满足消费者的审美需求为内在驱动力，是日常生活审美化的具体体现。博物馆文创产品的审美价值来源于两个方面，一是作为开发原型的文物资源自身具有的审美意蕴，二是通过艺术化设计方式最大程度提取和表现产品的美学内涵。作为卢浮宫的三大镇馆之宝之一的达·芬奇名作《蒙娜丽莎》有着极高的艺术审美价值，卢浮宫授权合作制造商，通过截取画作元素开发了几十种文创产品，让《蒙娜丽莎》走入千家万户，这些产品携带了画作原型的部分动人韵致。梵·高博物馆所有的文创产品都来源于馆藏的梵·高画作，无论是缀满杏花的靠垫、丝巾、服饰，还是遍布星空意象的文创伞，无不将人带入梵·高的美学世界。文创产品中的仿真复刻品，被直接应用于家居装饰，更是充分发挥了审美效用。设计产业融合美学观念是审美经济的表现。艺术与技术、文化与设计结合在一起的技术美学观，使文化因子、文化元素广泛地渗透到物质产品中，通过商品中文化价值的强化走向家庭艺术化、社会审美化。博物馆文创产品充分发挥和利用文化艺术元素在物质产品设计、制造中的作用，通过改变产品的外观造型设计或内部构造设计，在提高产品实用价值的同时，赋予或提升产品的审美价值。

（四）文化资本理论视域下的情感价值

情感价值是博物馆文创产品所拥有的一类特殊价值，有别于一般文化产品的体验性。从广义上说，博物馆文创产品的审美价值、教育价值等都可归为"情感价值"的范畴；从狭义上说，"情感价值"特指消费者因拥有文创产品而获取的身份认同感。

由于附着审美和符号价值，博物馆文创产品的价位一般比同等功能的商品高。消费者购买文创产品并不仅仅是出于使用的目的，更多源自于"炫耀性消费"的心理动因，展示自己不俗的品位和文化修养。

在博物馆文化创意产品价值构成体系中，经济价值和教育价值属于社会和博物馆自身从开发文创产品中获得的价值，审美价值和情感价值则是消费者从购买、拥有和使用文创产品的过程中体验到的价值。这四种价值有着极强的内在联系，审美价值和情感价值的存在提升了产品的经济价值和教育价值；而对产品经济价值和教育价值的认识也从侧面提高增强了消费者的审美和情感体验。在此四种价值的基础上，衍生出文创产品的收藏价值、装饰价值、实用价值、投资价值、传播价值，进而形成博物馆文创产品复杂多样的价值系统。

第二节 基于"价值链"理论的博物馆文化创意产品开发模式

一、博物馆文化创意产品的基本开发模式

（一）博物馆文化创意产品开发的五种基本模式

从国际上来看，博物馆开发文化创意产品的基本模式可以分为独立研发、代销、合作研发、市场采购、艺术授权五种类型。

1. 独立研发模式

独立研发指博物馆自负盈亏，独立设计产品、推动产品研发并承担所有的研发费用和营销风险。博物馆自行研发的产品通常与博物馆的宗旨和藏品紧密联系，这些产品区别了博物馆文化创意产品交易平台与博物馆之外的书籍、礼品店。由馆内自行研发的产品若能充分结合目标消费者的需求，将达到专业零售的最大利益。观众购买的意愿越强烈，行为越频繁，文化创意产品交易平台的收益增长越快，对博物馆整体发展的回馈也越多。因此，博物馆自行研发产品，应成为所有产品开发的重要部分。许多专家相信，独立研发产品将是博物馆的优势所在。

2. 代销模式

博物馆代销，是指由博物馆之外的企业或厂商等提出开发文化创意产品的方案，提交博物馆审核。博物馆审核通过的方案，则由厂商自行出资投入生产。博物馆与厂商签订合同，产品可在博物馆的营销渠道出售。相对于独立研发模式，这种代销的方式可以为博物馆节省开支，规避部分的营销风险。

3. 合作研发模式

合作研发是指由博物馆发出创意招标，中标的设计企业或设计师负责

研发和生产，最后的成品在博物馆的渠道销售，收入在博物馆和企业之间进行分成的模式。博物馆无论规模大小，均可采用合作研发模式。在产品设计之初，企业与博物馆密切合作，就博物馆想要研发的产品进行充分的沟通，确定并落实方案，由企业投资研发制造，博物馆提供营销渠道。这种方式与前述代销方式相似，不同之处在于博物馆参与程度更高；同时，博物馆需要支付的费用和产品销售风险可得到更大程度的降低。在这种模式下，博物馆通常需要支付研发费用，例如铸模、打版制作和艺术品塑造费等。如博物馆自己拥有铸模工具，则在研发费用上可取得适当的杠杆平衡作用。当原始供给博物馆产品的厂商改变时，博物馆由于拥有模具的所有权，能够立即着手委托其他厂商另行制造产品，而不会因更换厂商而重复支出研发费用。通常这一类的产品，博物馆会要求专卖权，也即消费者无法从其他博物馆购得产品，因此更具特色和纪念性。有些博物馆专卖的产品已经成为博物馆特定品牌的重要营销工具。

4. 市场采购模式

从公开市场（如贸易展、手工艺博览会等）采购产品也是博物馆文化创意产品的来源之一。博物馆根据其需要达成的教育和传播目标，选购市场上已有的文化产品。这种方式多用于短期特展纪念商品的采购，有利于把握时效、节省成本。并且通过此渠道，博物馆可以广泛且仔细地搜寻与博物馆教育目标相符的商品，并进而与厂商接洽。此外，对于参与贸易展或手工艺博览会的博物馆而言，可以借此全面了解博物馆文创市场的概貌、流行趋势以及产品的相对售价等，并获取博物馆开发文化创意产品的灵感，或与更多有潜力的主要制造商建立联系。

5. 艺术授权模式

博物馆的艺术授权指博物馆将受到法律保护的藏品图像数据、设计、文物资源或博物馆商标等授权给厂商，用于开发文创产品，而厂商必须支付博物馆产品的版税或权利金。对博物馆而言，艺术授权的方式可以使其免于商品研发的财务负担，同时博物馆也必须扮演管理者的角色，监督厂商并确保所生产的产品能够兼具质量与实用性。通过授权的行为，附有博物馆标志的众多商品得以散布至全世界各角落，更能远及那些不会或不曾到过博物馆的潜在观众，除了为博物馆开拓更多财务来源之外，凭借商品的流通，也充分发挥了博物馆的广告宣传效益。

（二）我国博物馆开发文化创意产品的主要模式

国内目前拥有自己的文化创意产品设计团队、具备自主研发能力的博物馆，仅有北京故宫博物院和上海博物馆等几家大型综合性博物馆；在艺术授权环节上，多数博物馆尚未构建完善的产业链，因此采用最多的是第三种模式，即通过招标形式委托合作研发产品。在实践中，也有许多博物馆采用"独立研发＋合作研发""合作研发＋艺术授权""独立研发＋合作研发＋艺术授权"等两种或者三种混合的运作模式。

在具体的经营模式上，我国博物馆也呈现出多样化的特点。部分中西部中小型博物馆仍采用场地出租或职工承包经营文化创意产品的方式，开发产品品种单一、规模较小。部分人力资源丰富的博物馆采用内部经营管理模式，成立独立经营网点。比如，南京博物院特设文化创意部，负责博物馆文化创意产品的设计、开发和营销，并对委托招标的文化创意产品经营开发项目进行审核与论证、监督与管理。

部分资金充足的博物馆将文化产业开发部分和公益性服务部分相分离，成立隶属于博物馆的文化产业公司实体。还有部分民营博物馆采用整体公司运作模式，如各类企业博物馆等。采用博物馆内部经营和下属公司运营是相对成熟的做法，适用于我国规模较大的综合性博物馆，由这些博物馆开发的产品也构成了我国博物馆文化创意产品的主体部分。

二、博物馆艺术授权模式的发展应用

博物馆艺术授权就是博物馆以订立合同的形式，将其拥有的知识产权授予企业等社会主体设计开发文化创意产品，并收取一定费用作为权利金的做法。被授权的社会主体需按照合同规定，利用被授予的版权等博物馆知识产权进行与博物馆相关产品的设计、生产、宣传、展览和销售等活动。博物馆艺术授权的方式主要有直接授权、委托授权和混合授权三种，其中委托授权又可分为代理授权、中介授权和平台授权三类。

（一）博物馆直接授权

博物馆直接授权是指以博物馆为主体的授权方式，具体来说是博物馆将馆藏文物的知识产权等相关权利授予被授权方，被授权的厂商根据合同约定在特定的时间和区域内以此为基础进行文化创意产品的设计、制造和营销等经营活动或者其他非营利性活动，并支付给博物馆授权费用的一种模式。

博物馆直接授权的优势在于，一是博物馆对自身文化特色和藏品价值更为熟悉，在授权过程中占据主导的市场部门与博物馆教育、研究等其他部门的沟通更为方便；二是便于博物馆掌控和管理整个授权的流程，避免出现不利于博物馆牟利的情形。不足之处在于，博物馆作为非营利性质的文化事业单位，长期游离于市场之外，缺乏市场敏感性，在与厂商的直接联系和洽谈中容易处于被动地位。尽管如此，因为博物馆在直接授权操作中占据主导性，具备一定市场营销经验和资源的博物馆多选择直接授权的模式。

（二）博物馆委托授权

博物馆委托授权是指博物馆通过第三方即授权经纪和厂商接洽，将拥有的藏品知识产权等权利委托授权经纪授权给厂商，被授权的企业根据合同规定使用授权标的物，并反馈权利金给授权经纪，授权经纪再根据约定将一定比例的权利金支付给博物馆的模式。

作为文化经纪的一种类型，博物馆授权经纪的角色是随着授权产业的发展应运而生的，在博物馆、被授权厂商和公众之间起到沟通联系的作用。授权经纪的出现，是对传统博物馆授权模式的重构，可以为博物馆开拓市场，实现跨行业、跨领域合作提供支撑，并有效解决博物馆和被授权方之间信息不对称的问题，使两者的沟通更为顺畅。

在实际操作中，博物馆委托授权一般可以分为代理授权、中介授权、平台授权三种形式。

1. 代理授权

代理授权是指博物馆指定授权代理商，由其代表博物馆的立场与利益和被授权的厂商进行沟通洽谈、订立合同，完成授权过程。

2. 中介授权

中介授权模式是指博物馆委托授权中介进行授权，授权中介收取权利金后，将一定的比例同馈给博物馆。与代理授权不同的是，授权中介大多组建了自己的数据库，汇集了各博物馆的影像、商标和专利资源，以此吸引潜在的被授权者。被授权者直接通过授权中介的网站操作，给付授权金后获取授权。

3. 平台授权

平台授权是指博物馆将授权标的物置于授权平台，由平台代表博物馆进行对外授权。平台由企业或非营利机构建立，一般分为线上平台和线下运行机构两个部分。

（三）博物馆混合授权

国际上一些知名度高、藏品资源丰富、授权标的物类型多样的大型博物馆，经常会采用直接授权和委托授权相结合的混合授权模式。该模式结合了直接授权和委托授权的优点，部分博物馆标的物直接授权给厂商，厂商向博物馆直接交付权利金；博物馆同时将另外部分的标的物委托给授权经纪，授权经纪根据合同约定向博物馆回馈一定比例的权利金。虽然混合授权具有相当的优势，但由于交易成本较高，一般不适用于中小型博物馆。

三、博物馆艺术授权的影响要素

（一）影响博物馆艺术授权能力的因素评估

基于资源基础理论，博物馆的授权潜力根本上源于博物馆拥有的丰富且独一无二的文物资源。企业之所以具有持久的竞争优势，是因为其拥有异质性且不完全移动的资源。由于这类资源所具有的四项特性而得以享有持久的竞争优势，包括有价值的、稀少的、不可复制的及不可替代的。而这四项优势正是博物馆文物藏品的特征。因此博物馆具有的资源优势是一般授权主体难以具备的，使其在授权产业中具有强大的基础优势。

博物馆进行授权时，创新能力和行销能力最为重要。在对外授权和拓展行销时，管理者的支持是重要的关键因素，若能设置专职推动的部门，并制定相关的阶段性计划，也就是对艺术授权的执行有近期、中期和远期计划，而且通过行销与对外授权合作，形成多面向交流，艺术授权将建立在更为坚实的基础之上。

（二）联合品牌策略对博物馆艺术授权的影响

有学者研究指出，在艺术授权模式下，越来越多的博物馆基于社会效益与经济利益的缘故，开始以品牌联合策略营销博物馆特有的文创商品。如北京故宫博物院和知名设计公司洛可可合作开发了"故宫猫"系列文创产品。品牌联合策略是指不同公司的品牌彼此结合，设计、生产均各自扮演推动角色的产品或服务。品牌联合策略尝试结合两个知名并被消费者喜爱的品牌，共同推出第三方独特品牌产品，通过这样的方式，能使新产品能快速为消费者所接受。组成该策略的两种品牌区分为领导品牌和伙伴品牌，领导品牌是联合品牌的主宰者，控制市场流通系统，拥有坚实的顾客基础。

对于品牌联合的艺术授权模式来说，品牌契合度是主要的影响因素。研究发现，合作品牌间的契合度将显著影响消费者对联合品牌产品的评价，若合作品牌的契合度越高，共同推出的产品越容易成功。产品契合度有两个层面，即产品特质相似性与品牌概念一致性。但是研究也发现，博物馆与其合作品牌间契合度对博物馆产品评价的影响，受博物馆知名度和产品艺术呈现风貌的调节。博物馆知名度越高，则消费者越熟悉该品牌。高知名度的品牌与低知名度的品牌合作时，高知名度品牌的品牌权益会使消费者对于两者的品牌联合产品产生正面评价。当博物馆的品牌知名度较高时（例如故宫），消费者的品牌联想较为强烈，进而对博物馆所推出的联合品牌产品的正面感受增强，这可能使得品牌间契合度高低受高度正面品牌联想的影响，导致对联合品牌产品评价不明显。如故宫与"法蓝瓷"的品牌合作，正是结合了故宫拥有的国际文化知名度与"法蓝瓷"具备的国际营销能力。

品牌间契合度对博物馆品牌联合策略推出产品评价的影响，亦受到产品艺术呈现调节。商品的视觉艺术呈现对于品牌延伸评价有正面效果。对博物馆的合作品牌而言，与博物馆合作产品有助于提升消费者的联想或强化消费者的奢华知觉。具有声誉性品牌特质的博物馆如推出具有艺术图案的文创商品，即便是对产品不熟悉的消费者也可能会因该表征相似性（博物馆形象与艺术呈现外貌）而对该产品有较高评价。产品受欢迎与否则取决于象征符号的阐释，因此开发产品的重心便从制造流程与成本合理性，转变成由文创设计、产品包装和广告营销主导的美学领域，营销人员试图让消费者能融入由产品象征符号所暗示的某种理想化生活风格中，让消费者能够"把生活变成艺术品"。

建议博物馆在选择合作品牌伙伴时，契合度可列为主要的考虑因素。博物馆与一般市场品牌合作推出文化创意产品时，消费者可能有矛盾心态，一方面消费者认为博物馆并不是制造商，而可能对该商品产生怀疑；另一方面又因为这类艺术组织所具备的高质量文化象征意涵，使得对此品牌产品产生正面评价。对于故宫等知名度较高的博物馆，与一般市场品牌合作，将有效拉动合作品牌的竞争力和市场影响；而对于知名度一般的中小型博物馆，在采用品牌联合策略开发文化创意产品时，应首选知名度高的市场品牌。

（三）知识产权争议对博物馆艺术授权的影响

一般而言，博物馆艺术授权涵盖了内容授权、专利授权、品牌授权、影音授权、图像授权、出版授权和传统技艺授权等多种类型。

博物馆藏品来源一般分为旧有藏品和捐赠所得两大类。对于通过考古发掘和市场拍卖获得的旧有藏品，藏品的著作权大多已经过期，博物馆作为藏品物权所有人，有权利优先对藏品进行扫描、摄影、复制等处理，建立藏品影像资料，并据此开发文化创意产品。他人若未经博物馆授权对该藏品进行文创开发，博物馆可以主张版权利益。对于捐赠所得的藏品，多数仍处于著作权保护期限内，第三方如进行文创开发，不仅需要获得博物馆的授权，还需要得到文物原持有者的许可，否则就构成版权侵权行为。

对于商业上使用博物馆藏品影像资料构成的侵权问题，国内外博物馆都采取制度规范的措施予以防范，明确要求对馆藏文物影像资料的商业使用必须获得博物馆授权许可，产品需附上授权信息等信息。

（四）资源免费共享对博物馆艺术授权的影响

在现实经营过程中，博物馆知识产权的归属问题较为复杂。知识产权的垄断性和公众认知中博物馆应具有的共享性和公共性相悖。因此，在倡导博物馆加强知识产权保护意识、利用知识产权资源开发多样化文化创意产品的同时，也存在部分质疑：即博物馆是否真正拥有馆藏文物的占有、管理和使用权？博物馆凭借产权开发文创产品取得经济收益，或者通过文化艺术授权方式获取权利金，是否和公众对博物馆藏品的共享权利冲突或是有违博物馆的公共性？或许是对于这些质疑的回应，近年来，世界上许多博物馆将馆藏文物的高清影像资料免费无偿提供给公众欣赏、下载和使用，文创企业、设计师可以据此开发文化创意产品，与授权方式不同的是，博物馆不会通过收取权利金的方式从中获利。

博物馆分享藏品影像资源的举措有三个特点：其一是“无偿”，任何人都可以用免费的形式下载图像；其二是“无条件”，下载使用影像资料不需要通过任何申请和审批程序；其三是“无限制”，下载的图像可用于出版和文化创意开发，博物馆对其的用途没有任何限制。因此是真正意义上的资源共享。

对于越来越多的博物馆免费分享数字化藏品资源的做法，业内人士多数表示赞同，认为这是互联网时代博物馆发展的大势所趋，能够更好实现博物馆的公众教育目标，对地区文化创意产业发展也有明显的推动作用。亦有反对者认为，此举将影响博物馆通过授权等方式创收，损害博物馆的经济利益，或是担心公众会因为容易获取文物资源而减少去博物馆参观的次数。对于降低参观率的担心，有公众调查已经显示，免费分享图片并不会减少观众参观博物馆的频率，反而会促使更多公众关注博物馆，激发其步入博物馆一睹藏品真容的愿望。

从长远来看，免费共享文物资源是互联网时代的大势所趋。其一，博物馆向社会大众分享文物资料符合知识产权法规。博物馆的文物藏品大多是超过著作权保护时间范围的作品，默认已经进入公共领域，公开并不会造成知识产权上的异议或是纠纷。其二，博物馆共享文物资料符合博物馆的教育宗旨。公众教育是博物馆的核心使命和一切工作的最终旨归。为此，博物馆应努力将藏品信息的传播实现最大化，覆盖最广泛的人群，提供便捷化的图像下载使用渠道，可以更好实现这一目标。其三，向社会分享文物资料符合互联网经济的发展规律。文物图像资料是文化创意产业的重要的文化资本，对其的公开利用符合互联网时代共享经济的发展规律。

第三节 艺术创意学视域下的博物馆文化创意产品设计策略

一、博物馆文化创意产品的设计原则

博物馆文化创意产品研发设计阶段需要遵循的九个原则：精品原则、深度原则、审美原则、亲民原则、情感原则、新奇原则、特色原则、系列原则、分众原则。

（一）精品设计原则提升产品使用舒适度和便利性

文化创意产品首先要具有普通商品的使用功能和实用价值，其次，再以附加于其上的文化艺术因子彰显独特的符号价值。在当今品牌竞争激烈的消费型社会，严格把控产品质量是企业永续经营的根本之道，也是文化创意产品从许多功能相同的产品中脱颖而出，获得消费者青睐的重要因素之一。

对于文化创意产品来说，品质的重要性丝毫不亚于附加其上的文化意蕴。提升文化创意产品的质量，不仅要对产品的生产制造工艺和技术进行严格选择和控制，更重要的是，从产品前端的研发设计环节开始，就必须树立"精品意识"。

所谓"精品意识"或称"精品原则"，一是必须对产品的材质选择、色彩装饰、整体造型、细节布局、生产工艺等因素精益求精，力求产品呈现最为精致和吸引人的外观；二是充分运用人体工程学、设计心理学等理论进行产品的功能性设计，使产品具有超过或至少是不逊于同类商品的使用便利性和实用性。值得注意的是，贯彻精品原则并非要一味提高产品的定价，以"昂贵"来凸显品质，而是在研发设计文化创意类日常用品的过程中融入精品意识，精确到产品的每一个细节，给予消费者良好的使用体验。

（二）深度设计原则有效传达博物馆文化信息

博物馆文化创意产品的设计需要遵循的"深度原则"，一是指产品要具有文化深度，而非仅注重从外观意象上来传达文化信息；二是指产品的设计需要符合博物馆的教育宗旨，能有效传递博物馆文化。

在北京故宫文化创意产品掀起销售热潮后，在一片赞许之声的背后，也有学者提出不同意见，认为类似于清宫戏的"卖萌类"产品过于迎合市场，有违博物馆开发文化创意产品的根本宗旨。

因此，博物馆文化创意产品必须展现蕴含于文物中的深度文化内涵与魅力，塑造人文艺术情境，从而实现延伸过去的生活、文化与记忆，传授文化艺术专业知识的作用。如果仅将文物的纹饰、造型等简单运用于产品设计，偏重于外观的再现，则会使产品流于表面化和肤浅化，无法有效传达文物深邃的历史文化价值和内在意蕴，亦无法展现博物馆特色文化，达到辅助教育和传播的目的。

对博物馆文化创意产品的设计师而言，要在研发设计层面实现深度原则，对文化创意产品的定位，应超越博物馆纪念品的层次，将其视为博物馆在展览之外的另一种与观众沟通的有力工具，并善加利用其可以被携出馆外，且常伴观众左右的特性。同时，文化创意产品所传达信息的层次，除了所谓的"正确知识"之外，应以更宽广的视野来提升观众制造意义与诠释意义的能力。因此产品的设计思考重点，应从"信息的传达"转变成为"经验的创造"，而"经验"来自博物馆重要的知识或信息,将信息与产品作巧妙而创意的联结,以吸引使用者的青睐,方是产品设计的真正挑战。文物和博物馆的信息不能只是"印在"文化创意产品的表面,而要让观众使用产品的行为具有深度的文化意义,真正提升使用者对于产品的兴趣,进而衷心喜爱产品,频繁使用产品,从而真正实现博物馆文化创意产品所欲达到的教育目标。

（三）审美设计原则提供消费者美感体验与艺术涵养

有学者提出,美学经济时代已经来临,将审美因素大量渗透于商品之中,提供给消费者充分的审美愉悦感,是文化创意产品的重要特点。由于"日常生活审美化"和"审美泛化"的趋势,审美价值成为文化创意产品的重要价值。成功的产品需符合"感质"产品的特点,即具有"魅力"和"美学""精致"等美感特质。在未来的设计中,技术只是辅助工具,美学才是最终旨归。设计师对于产品设计的责任,除了提供消费者使用便利和提高舒适度之外,也需要模拟消费者使用时的心境,让其得到艺术熏陶和情感浸润。

如何在产品设计中实现美感最大化,值得博物馆和设计师仔细思考和研究。大部分文物本身即具有较强的艺术审美价值,如绘画和雕塑作品等,以之作为原型设计的产品要注意保留、强化、凸显其美学特征,有效传达展品的审美价值,避免由于文物元素提取不合理或者任意切割而破坏了产品的美感。而部分独具历史文化价值的文物,外观上的审美性可能并不明显,这就要求设计者善于灵活提取、运用文化元素,结合现代美学设计风格,强化产品美学特质,同时传达文化内涵。设计者主要通过产品的色彩、质感、造型、线条、表面装饰、细节处理等传达美感,使消费者的感官获得审美愉悦。

（四）亲民设计原则使产品走进大众日常生活

博物馆文化创意产品的开发要确定亲民的价值取向,一是注重开发能够融入普通消费者日常生活的"接地气"产品;二是产品的定价要适中,符合一般博物馆观众的消费能力和消费需求。发挥博物馆品牌和展品文化价值的教育传播功能是开发文化创意产品的最终目的。文创只有真正步入百姓的日常生活,成为使用频率高、使用性能好、使用口碑佳的亲民产品,才能彰显产品的文化意味和审美内涵,从而在潜移默化中起到艺术熏陶和人文浸染的作用。

新博物馆学运动推动博物馆确立了以人为本、以教育为核心使命的发展目标，博物馆如欲通过文化创意产品实现教育传播，正要通过"接地气"的亲民设计改变博物馆给人的刻板印象，使博物馆吸引到更多的注意力资源。

有研究表明，在博物馆开发的众多文化创意产品系列中，销量最高、受到好评和关注最多的正是价位在 100 元以内的生活用品。如北京故宫博物院以亲民原则重新定位文化创意产品开发后，研发了朝珠耳机、容嬷嬷针线盒和《皇帝的一天》《胤禛美人图》应用程序等一批"萌萌哒"的文化创意产品，以戏说的方式将百岁故宫的"正经历史"和互联网时代的时尚趣味相结合，用线上线下相结合的销售方式创造了销售奇迹。因此，博物馆开发文化创意产品需要确立和回归亲民原则。

（五）情感设计原则给予消费者愉悦和感动

与一般工业设计注重物性、理性和合理性不同，文化创意产品设计需要满足的是人性、感性和故事性的诉求。在功能之外，我们还需要一些故事来点缀生活，创意产品通常都有一个动人的故事。故事性是情感化设计的一个重要元素。在与同质产品竞争时，携带"故事"的商品因诉诸人的感性思维更能给人留下深刻印象，激发人们的消费动机。

过去常用"3C"来代称高科技信息产业，这类产品设计给消费者的感觉是比较冷酷和缺乏个性的，仅提供立即使用功能，鲜少愉悦性，消费者无法从中感受到生产者或者设计者的人性。而文化创意产品可以用"4C"来概括：文化的、精选的、愉悦的、创意的。给予使用者愉悦和感动是文化创意产品的重要特征。因此，博物馆开发了一批融入文化创意元素的"3C"周边产品，一改科技产品冰冷和纯粹理性的外观，给消费者更多的情感触动。网络销售火爆的"朕知道了"纸胶带、"朕就是这样汉子"雍正御批折扇、"如朕亲临"行李牌等创意产品，其设计看似只是简单挪用御批文字，但文化标识十分鲜明，诙谐愉悦的情感设计轻易将人引入历史情境，因而受到消费者广泛的喜爱。

文化创意产品的故事来源有两种，一是利用原型文物本身的故事，二是融入文物在流传过程中发生的故事。

情感性设计中需要注意的是，对于一些文化特征标志性鲜明的产品，无须过多说明即可让消费者领会其中的"故事"，而对于信息不够明显的产品，则需要在包装设计或者产品本身的设计上添加有关"故事"的说明性文字，如上述拼图产品的做法，才能引起消费者的注意，并通过这类说明文字进一步阐释原型展品的文化艺术价值。运用情感设计时也要考虑不同族群对文物背后故事的理解可能有歧义，应尽量选择可以跨越文化和时空差异的"通用型"故事元素。

（六）新奇设计原则激发眼球效应和消费欲望

有调查表明，博物馆文化创意产品的主要消费人群是热衷于网上消费，又具有一定审美能力和精神文化需求的年轻群体（25～35岁）。35岁以上的博物馆专家型观众和具有较高消费能力的中产阶级群体往往并不满足于普通的文化创意产品，前者倾向于购买图录等学术类出版物，后者更中意文物复制品等具有一定收藏和投资价值的高价位商品。现阶段年轻人组成的消费群体更注重个性表达和对时尚潮流的追逐，外观新颖、活泼有趣、与众不同、充满现代感的产品设计更符合他们的趣味，富有新奇感的设计更能满足他们的心理需求。

其实，文化创意产品的重要特性之一"创意"，本身就意味着"新奇"。"创意"的特点就是要打破传统观念和形式的束缚，追求产品新的立意、新的设计、新的技术、新的外观和新的功能。就文化创意产品的立意而言，设计师运用发散性和创造性思维，对看似不可能有联系的文物元素和现代产品进行巧妙融合，特别能给人新颖的感受。其次，新奇的外观造型和图案装饰也会予人强烈的心理冲击，充分吸引消费者的眼球。新技术、新材料的运用赋予产品新的功能和使用感受，成为"创新"价值的突出体现。大量的博物馆文化创意产品被评为"脑洞大开"的商品，即源于其给人的新奇感受。古老的文化元素和现代化设计理念相结合，产生了强烈反差，制造了时空穿越、今昔融为一体的错觉，引发思古幽情和对当下的反思，正是博物馆文化创意产品"新奇"感所要追求的最终效果。

正如年轻的消费者是对产品"新奇"设计最为感兴趣的群体。如欲充分体现文化创意产品"新奇"的设计点，博物馆需要吸纳更多年轻的新锐设计师和设计专业学生的想法和理念，通过不定期组织文创设计大赛等形式发掘新的设计人才和设计方法。

（七）特色设计原则打破产品同质化困境

同质化现象严重是博物馆文化创意产品受到广泛诟病的一个主要问题。

创意产品的类型、设计方式、外观面貌大同小异，无法彰显博物馆和特有藏品的独特文化，导致吸引力下降、销量不高，无法使消费者产生真正兴趣和购买欲望。

博物馆开发文化创意产品的核心重点应在于"充分表达博物馆的文化特色"。要达到这一目的，设计师首先须在博物馆人员的帮助下深入研究、把握博物馆的独特文化，如博物馆藏品的文化艺术价值、博物馆通过展览想要达到的教育效果，才能研发切合博物馆独特文化的产品，达到传播博物馆文化、树立博物馆品牌、发挥教育功能的作用。

（八）系列设计原则打造明星展品和博物馆品牌

作为特色原则的补充，围绕明星藏品研发成系列的文化创意产品也是博物馆需要特别予以注意的设计原则。推出系列性产品，一来可以突出明星藏品的元素标识，给消费者以深刻印象；二来可以树立博物馆的特色品牌。源于同一文物原型开发的具有同一元素主题的各类文化创意产品在博物馆商店里集中展示，给人以强烈的视觉冲击力和品牌识别性。其研发的程度和多样性也是对设计师功力的考验。

系列设计原则不仅适用于大型博物馆，也是中小型博物馆开发文化创意产品的优先策略。大多数中小型博物馆虽然馆藏总数不多，但总有一两件"明星展品"，与其分散开发一些面目模糊的博物馆纪念品，不如集中以明星展品为原型开发系列产品，凸显博物馆特色，有利于在消费者心目中树立良好的博物馆品牌。

（九）分众设计原则精准定位营销市场

如果将博物馆文化创意产品作为一种有效的信息传播工具，从分众传播理论来看，以分众原则指导产品开发能够达到更好的传播效果和教育目标。博物馆观众具有不同的教育经历和经济背景，来自不同的社会阶层和年龄结构，具有多样化的参观需求和差异化的消费能力，因此对购买文化创意产品上也呈现出多种多样的需求。

拥有较为成熟的文化创意开发产业链的博物馆会充分考虑到受众市场的分层化结构，在研发设计阶段即根据分众传播理论开发针对不同类型观众的产品。对于专家型观众，深度解读展览内容和展品文化的图录类出版物更能满足他们的需求；对于具有较高经济消费能力的中产阶级，购买博物馆文化创意产品不仅是身份的象征，也是一种潜在的投资工具，售价不菲的文物微缩复制品主要以他们为营销对象；对于接受过高等教育、具有一定审美能力，同时又追逐时尚潮流和个性化体验的年轻人，融合传统文化元素和新颖趣味、售价适中的生活用品类产品更能引起他们的兴趣；对于携带儿童和青少年的亲子家庭，更要兼顾到博物馆对青少年的教育作用，开发设计未成年人喜闻乐见的食品、玩具、教具类产品。

分众原则要求博物馆首先做好受众和目标消费市场的前期调研与数据分析工作，厘清博物馆主要受众的年龄结构、知识背景、经济能力和消费偏好。不同类型博物馆面对的受众主体结构是不同的，决定了文化创意产品的开发侧重点不可能千篇一律。有调查表明，从广义的博物馆体系构成来看，美术馆观众的综合素质、审美能力和经济实力最高，其次是以历史文物展览为主的综合性博物馆，自然科技类博物馆的观众以青少年和亲子家庭居多，而动物园、植物园的参观者经济能力相对较低。因此，不同类型博物馆研发文创产品必然在内容、种类和价格上要有所区别。

二、博物馆文化创意产品的设计方法

从设计方式来看，博物馆文化创意产品的设计既需要遵循一般文化产品和创意产品的设计法则，也应有自身的特殊性。设计师需充分运用发散思维、联想思维和创意思维，从不同角度解读文物元素，实现符码转化，创造出各类博物馆文化创意产品。

博物馆文化创意产品设计的关键在于，萃取蕴含于文物文化元素中的象征意义，将之转换成视觉消费符号，再将这些消费符号设计成为创意产品。

（一）元素提取式设计

元素提取是博物馆文化创意产品设计中使用最普遍，也是最容易采用的一种设计方法。通过提取原型文物具有辨识度的特色纹饰、图案、色彩和造型特征，用平面设计的方式刻印、绘制在文化创意产品之上，创造出具有较高文化附加值和艺术审美价值的产品。元素提取式设计主要分为整体运用、局部截取和解构重组三种方式。

所谓整体运用，即将文物的整体造型纹饰进行微缩化处理后，改变材质，应用于创意产品的外形塑造。占据博物馆文化创意产品一定比例的文物复制品就属于这种设计方式。另外，通过这种方式还可以开发许多在外形上可以直接应用文物原型的产品。

相对于整体运用，局部截取文物的纹饰图案并应用于产品装饰的做法更为灵活和常见。衣物首饰和生活用品类文化创意产品的设计多采用局部截取文物元素的手法。在文物信息的保留和传达上，局部截取不如整体运用完整而一目了然，这就要求设计师对文物的背景信息和文化价值有较深的了解，且自身具备较高的审美能力，能够从众多文化元素中选择和提取特色最为鲜明、最有辨识度、最具美观性的元素，用于产品装饰，以画龙点睛的方式实现产品的文化增值。如梵·高博物馆通过局部截取的设计方法，以梵·高花卉名作《盛开的杏花》《向日葵》《鸢尾花》等为原型开发了一批各种类型的文化创意产品，极具创意和美感；卢浮宫围绕馆藏展品《蒙娜丽莎》开发系列文化创意产品，也多采用截取部分图案并绘制于产品表面的方式。由于人们对馆藏的明星展品如《蒙娜丽莎》和罗塞塔石碑印象深刻，以之为纹饰来源的产品可以省去说明；但是，对于并不那么出名的展品，截取图案后容易给人迷惑感，最好附上设计说明，让消费者了解产品背后的文物信息。

对文物元素的解构重组是设计要求更高的装饰手法。某件展品可能有两处以上的标志性外观特征，而产品限于造型和大小无法展现全貌，仅截取部分图案亦不足以诠释展品的独特文化艺术价值。在这种情形下，充分解读文物内涵，提取其中多处特色纹样，结合产品功能和外观设计予以重组，是一种比较好的设计方法。该种设计方法还适用于根据两件以上彼此间有密切联系的展品设计的文化创意产品。比如上海博物馆以馆藏书法名作为模本设计的服装、环保袋、文具等文创产品，许多都通过对若干件同一作者或者同一时代书法作品进行元素解构，提取标志性书体，合理重组并绘制于产品表面，充分展现中国书法或凝重浑厚、或洒脱俊逸的独特风情。

元素提取式设计方法虽然运用简单、可操作性强，但在实际设计过程中要特别注意文物原型和产品契合度的问题，一般来说，这种设计方法更多适用于装饰性较强的衣物首饰、生活用具等产品的设计，以平面化的设计方法为主。对文物的选择和对元素的提取要经过仔细考虑，一是围绕馆藏明星展品设计，易于辨识，更多展现博物馆独有特色；二是选择有较强艺术美感和视觉辨识性的展品，如主题和色彩鲜明、纹饰独特或给人以较大视觉冲击力的绘画和工艺美术作品等；三是选择展品原型要和设计产品本身的功能特点相契合，产品本身的材质、颜色和风格与文物原型接近或者一致为佳。如风格厚重而带有神秘气息的罗塞塔石碑，更适合开发硬盘、杯子、手机壳、镇纸等质地比较坚硬的产品，或是黑色的巧克力、拼图等衍生品；而首饰、衣物等产品所依据的文物原型，以风格飘逸、色彩绚丽的花卉绘画或瓷器的纹样为佳。

（二）功能融合式设计

功能融合式设计是指根据产品的功能需要，将文物的文化元素或者造型形态予以简化、变形、夸张化处理，与产品的使用功能融为一体。成品符合人体工程学理论和消费者的身心需求，既可以使人自然联想到原型文物，又不会有强行拼接、生搬硬凑的斧凿之感。功能融合式设计其实也可以视为是元素提取式设计的一种，属于元素的解构和重组，不同的是，一般的元素解构重组偏重于平面化设计，功能融合式设计更偏重于立体形象和整体框架结构的重新组合，且这种元素符码的转化是基于产品功能的要求，类似于有些研究者提出的"骨架式设计"方法。

（三）意境传达式设计

"意境"是东方传统美学和艺术的重要审美范畴，用以形容书法绘画等艺术作品所传达的一种能使欣赏者产生感动和共鸣，却难以言表的独特韵味和境界。意境开启了审美想象空间，虚实交融、形与神会，使观者驻足，低吟徘徊于审美想象中不能自己。而国外的艺术作品风格虽偏于直白显露，然亦有内含深邃悠远意蕴的作品，现代艺术也多以简洁造型和线条传达言外之意，因此"意境传达式"设计方法可通用于国内外博物馆文创产品的设计，要求设计师深入把握、感受、解读文物和艺术作品的审美意蕴、文化内涵，通过创意设计将之有机融入产品，使产品有效传达同样的文化意蕴，使消费者感受到类似的艺术美感。

"意境传达式"设计通常运用明喻、暗喻、隐喻等方式表达原作和产品的联系，含义比较隐晦。对设计师来说，运用"意境传达式"方法设计产品是难度较高的挑战，如果对原作只有走马观花式的浅层次了解，是远远不够的，容易设计出让观众"看不懂""不知所云"的产品。设计师必须具有较高的文化素质和艺术品位，必须经常"到博物馆里上上课"，在博物馆策展人和教育项目策划人等的帮助下深入学习、掌握文物背景知识和文化内涵，并具有扎实的设计功底和较强的设计技巧，方能设计出成功传达原作神韵的高品质文创产品。

（四）情景复原式设计

博物馆文化创意产品设计的一个关键之处是，将古代文化元素融入现代生活，让今人在不断的使用中体味古风雅韵，代入古人的生活场景，从而获得对文物更深层次的理解和认知。情景复原式设计方式正是基于这样的目标，选择能够有效衔接古今生活的文物，通过复制、微缩、放大或是改变功能、将平面文物立体化等方式，延续古老文物在现代的使用功能，有机融入当代时尚生活，令其在当下焕发出勃勃生机。

情景复原式设计主要有两种方式，第一种是在不改变文物原有功能的基础上以仿制的形式设计创意产品，产品有着和原型文物一样的外观与使用功能。消费者在实际使用产品过程中仿佛步入了古人的生活场景。如根据古代首饰同比例复刻原型开发的珠宝饰品，或仅在材质及色彩上稍稍融入现代设计，保留文物的整体风貌，即是这种设计方法的体现。另外，博物馆文化创意产品中占比很高的生活用品一类，有许多是采用这种方式开发的。尤其是各种纹饰精美、质地精良的瓷器，特别适合开发成现代食器、茶器，延续或扩展原有的使用功能。

情景复原式设计的第二种方法，即保留文物的场景原貌，改变其使用功能，使之更好融入和适应现代生活。如根据《清明上河图》开发的纸本游戏，以绘画中出现的人物和场景为基本游戏元素，融入任务设置、完成奖赏和失败惩罚等现代游戏设计元素，以生动有趣的形式，让玩家在游戏过程中通过沉浸式体验了解北宋时期的民俗风情。

（五）互动体验式设计

互动体验式设计主要应用于无形的文化创意产品，即各类博物馆开发的应用类和游戏类 App。互动体验式学习是博物馆学习的一贯优势，相比于单向灌输式的书本教育，博物馆以实物的形式为观众提供了多种多样的参与互动的机会。研究表明，互动体验式的学习效果远优于仅动用视觉和听觉的学习方式，对于感性思维为主、好奇心旺盛的青少年来说尤其如此。因此，除了博物馆开发的各类教育项目强调互动体验性之外，博物馆开发文化创意产品也应充分利用这一优势。博物馆开发的实体文化创意产品中，大部分须通过消费者的亲自使用和亲身感受来发挥教育传播作用、达到愉悦身心之目的。大数据、云计算、虚拟现实等互联网技术的兴起，为博物馆开发能够提供更为生动的互动体验的无形文化创意产品提供了契机，而对这类产品的开发，主要应用的是互动体验式的设计方法。

目前，博物馆研发的无形的文化创意产品主要有两类，一是各类导览性质的服务型应用程序（App），如大英博物馆、大都会艺术博物馆、卢浮宫等都拥有多个导览 App，实时提供精选展品和参观路线推荐；二是大量出现的旨在传播博物馆和展品文化，以生动趣味的形式展现的游戏类、互动类应用程序。这里所讨论的主要指后一类含有互动游戏元素的 App，如近期北京故宫博物院开发的《韩熙载夜宴图》《皇帝的一天》《胤禛美人图》App 等，均收获广泛好评和高下载量。这类 App 的设计初衷，即是通过让使用者在充满乐趣的互动体验中了解和体会传统文化知识。

以《皇帝的一天》为例，作为一款儿童游戏类 App，有效结合了儿童的认知心理、兴趣点和知识点，通过引导儿童"游览"养心殿、御花园等故宫建筑，有序触发、推进各类情节，并设计一系列以宫廷文化为核心的小游戏，让孩子们了解古代皇帝的生活起居、工作娱乐和故宫的传统文化。

三、博物馆文化创意产品的设计流程

博物馆文化创意产品的研发设计遵循一般文化创意产品的设计流程，都需要经过市场调查、设计展开与实施、市场评估等若干阶段。但由于不同的博物馆在开发模式上存在差异，在研发环节中，对展品元素的准确解读、视觉符号转化、文物信息传达等环节难度较高，因此博物馆文化创意产品的设计流程也具有一定的特殊性，主要表现在设计主体和参与者的多元化。

在设计主体上，根据开发模式的不同，博物馆文化创意产品研发设计的主体承担者可能是博物馆内部设计人员、设计公司成员或者独立设计师。这三类设计者对博物馆品牌和展品文化价值的认知深度、创意设计能力和经验有所不同，导致在设计过程中主观能动性的发挥有所差异，直接影响产品的质量和创意层次。一般来说，博物馆内部聘用的设计人员长期浸淫于博物馆文化之中，大多拥有考古和文物学的教育背景，对博物馆和展品的历史文化艺术价值了解较深、解读较透彻，在设计中能扎实贯彻博物馆开发文创产品的传播意图和教育目标。但是，这类设计人员从事设计行业的经验较少，

设计专业知识偏于狭隘，在设计中不易发散思维、拓宽视野，设计出内涵与外观臻于完善的高质量产品。与内部设计人员不同，专业的设计企业成员和独立设计师拥有一定的从业经验和较好的设计专业背景，对产品的外观美学、功能应用和细节处理把控较好，且能开拓思维，研发出更多符合人体工程学、设计心理学，且具有较高美感特质的精致生活化产品。其不足之处在于对博物馆展品文化的了解不深，文物内涵解读和元素提取易流于表面，设计方向易偏离博物馆的目标。

博物馆文化创意产品研发设计的特殊性还在于参与者的多元化。由于三类设计主体各有优势和缺陷，在设计过程中，博物馆市场营销部门、教育部门和研究部门相关人员的全力配合与参与显得尤为重要。在研发工作的前期阶段，博物馆市场部门应配合研发设计人员进行博物馆观众和目标消费者的市场调查与数据分析，掌握和提供第一手资料，便于确定设计目标和市场定位。在具体的研发过程中，博物馆教育部门应明确告知设计者产品欲达到的传播效果和教育目的；研究部门应提供对博物馆重要展品的研究成果，帮助设计师了解文物蕴含的主要历史文化价值，辨别标志性纹饰、图案和造型特点；市场部门应提供以往博物馆文创产品的销售数据，帮助设计师了解不同种类文创产品的受欢迎程度。在后期的产品评估阶段，博物馆教育部门应采取定性和定量分析相结合的方式评估产品是否达到了较好的教育目的；博物馆市场部门应积极提供试销情况反馈相关数据，便于做出是否推广生产销售的决定。除博物馆相关部门人员参与设计全过程外，应考虑将消费者纳入设计过程，通过调研访谈的方式倾听消费者的设计建议、使用感受和心理预期。博物馆、消费者和设计人员三方投入并参与文化创意产品的设计过程，是推动产品设计顺利实施、取得良好市场反响和社会经济效益的重要保证。

从具体的设计步骤来看，博物馆文化创意产品的设计流程可以分为"需求分析""设计实施"和"产品评估"三个阶段。"需求分析"是研发设计的前期工作，分别开展消费者需求分析和博物馆需求分析；"设计实施"是主要的设计步骤，设计人员确定设计目标后，将设计构想付诸实践，形成设计图稿或者模型，通过博物馆评估后，反复修改形成定稿后投入生产制造；"产品评估"是研发设计的后期阶段，博物馆试生产少量样品投入市场销售一段时期，市场部门负责监督销售情况并组织消费者购买进行调查，反馈销售调查情况后，做出是否推广生产，或是修改设计抑或终止生产的决定。

（一）需求分析是博物馆文化创意产品的开发基础

需求分析虽然是整个研发设计流程的前期阶段，但却发挥着至关重要的作用，是设计师灵感涌现、创意产生、构思成形的重要阶段，也是设计师、博物馆和消费者彼此沟通、弥合认知差异，从而为之后的设计展开与实施打下坚实基础的阶段。需求分析分为两个层面，一是消费者需求分析；二是博物馆需求分析，两者互相联系、互为补充。

博物馆文化创意产品的消费群体包括博物馆的参观人群和潜在的消费人群，即有可能通过电商渠道或者馆外分店购买文创产品的群体。不同类型、不同规模、不同地域的博物馆能够吸引到的观众和潜在消费群体是不一样的，其年龄构成、知识背景、经济能力、消费理念、审美偏好呈现差异化和多样化的特点。博物馆研发文化创意产品如欲取得较佳效果，需要对目标消费群体进行明确定位，有针对性的研发设计产品。

市场分析可以采用调查问卷的方式，了解博物馆日常访客的各项数据信息，同时需要博物馆市场营销部门提供利用大数据技术得出的观众分析结果，并深度分析以往博物馆各类文创产品的销售情况，精准把握目标市场、消费偏好和设计需求，体现博物馆文化创意产品研发的分众原则。举例来说，针对艺术类博物馆观展人群综合素质较高、经济实力较强且女性占比偏高的情况，主要研发外观审美性强、展现高雅生活情趣、价位偏高的衣物首饰、生活用具类产品和名家画作复制品，产品设计重点在于充分把握精品原则、审美原则、情感原则、特色原则；针对自然科技类博物馆以少年儿童和亲子参观者为主的情况，主要研发知识性和趣味性较强的互动体验式展品模型、文具用品、玩具和教学用具，设计重点在于贯彻亲民原则、新奇原则和教育效果；针对以历史文化类展览为主的综合性博物馆，由于参观人群多样化，产品设计应注意深度原则、分众原则和系列原则，研发具有文化深度、老少皆宜、突显博物馆品牌文化的产品。

需求分析的第二步是分析博物馆的需求，包括博物馆研发文化创意产品希望达到的目的，是创造可观的经济效益，还是延伸博物馆的教育功能，或是博物馆的主要品牌策略。在实践中往往三者兼有，但亦可能有所侧重。如经济效益是主要考虑因素，则侧重于开发设计新颖有趣、价位适中易销的生活风格产品；如主要目的是延伸博物馆和展品的文化价值与教育意义，则产品传达的文化意蕴和内涵深度是设计的重要方面；如为品牌策略的实现途径，则全体印有博物馆 logo 的设计方式和围绕明星产品进行系列化开发为首选方案。对博物馆品牌特色的识别和解读也须在这一步进行。博物馆有哪些明星展品？博物馆工作人员心目中的"明星展品"和大众认知会存在差异。具有很高历史文化价值的"镇馆之宝"和受关注度高的"网红展品"都可以作为研发设计的重要原型。另外，一些并不那么"出名"却具有较大开发潜力的展品，如图案、造型、纹饰辨识度和特征性强，色彩明艳、造型新颖、装饰别具一格的展品，也可作为开发的主要对象，有时甚至会因为衍生品的畅销而成为知名展品。除博物馆拥有的文物资源外，也须分析博物馆的渠道资源。博物馆文物商店的规模、选址、经营年份和经营策略往往对产品销售有重要影响，而电商平台的建设状况也决定了产品面对的潜在消费者的规模和经济能力。

需求分析是由设计师、博物馆工作人员和消费者共同参与的阶段。设计师到博物馆不断"上课"，与博物馆人员和消费者充分沟通，通过观察、寻找分析、思考、归纳，创意灵感，形成初步的设计构思框架。博物馆市场、教育部门提供观众调查和销售数据，组织受众问卷调查，向设计人员阐释展品文化价值。消费者配合问卷调查，主动提供个人信息、消费偏好和对博物馆文创产品的心理期望。建立设计者、博物馆和消费者三方参与沟通的良性互动机制，为之后的设计实施阶段提供良好保障。

（二）确定设计目标并开展博物馆评估

设计的展开和实施是研发设计整个流程中最主要的阶段，是设计师经过前期需求分析工作后，对头脑中捕捉到的创意灵感和设计构想加以具体化，完成并交付设计图稿模型的阶段。按照一般的流程顺序，这个阶段可以分为确定设计目标、形成设计初稿、博物馆评估和修改设计并定稿四个步骤。

首先，设计师和博物馆应在掌握需求分析资料，并充分沟通的基础上，确定设计的基本目标或称设计方案。主要内容有：一是明确需要开发的原型文物，通常包括具有较高文化价值和知名度的"镇馆之宝"，关注度高的"明星展品"，博物馆和地域特色鲜明的展品，大型特展的主题展品，以及具有较强开发潜力的展品。原型文物的确定，除了要考虑符合博物馆和展览主题之外，也要考虑开发的难度和设计团队的开发能力，寻找到最合适的一组展品。二是确定研发产品的种类和数量。根据博物馆拥有的渠道资源和以往的市场反馈，并结合原型文物的特点，选择市场认同度高、销量好、容易开发的文创产品种类。一般来说，首次生产数量不宜过多，需经过市场实销和反馈后，决定是否扩大生产。三是确定主要的设计原则和设计方法。原型文物特点不同、待开发产品类型不同、设计团队能力不同，都会影响对主要设计原则和设计方法的选择。如以罗塞塔石碑、《蒙娜丽莎》等"明星展品"为原型开发产品，可充分运用系列原则，并采取辨识度高的元素提取式、功能融合式设计方法。四是由设计师和博物馆市场部门共同确定开发产品的目标市场、消费人群、主要营销渠道和定价。如开发以年轻人为主要消费者的时尚创意、流行风格类生活用品和服饰，可以充分利用线上电商渠道，定价亲民、适中为妥。

其次，确定设计目标后，设计师应根据设计目标，将头脑中的创意、构想具体化，绘制详细的设计图稿或利用 CAD 等电脑技术设计模型。博物馆文化创意产品设计和一般创意产品的不同之处在于，设计师应花更多时间与精力思考文物元素到视觉符号的转化应如何顺利实现。是否能将文物的特殊造型、特色纹饰和特有意蕴巧妙融合于产品设计并准确传达给消费者文物信息，是博物馆文化创意产品成败的关键，也是对设计师设计能力水平和综合素质的挑战。因此在这一阶段，设计师除了要充分运用联想思维、发散思维、创造思维等多种设计思维方式，聚精会神专注于设计工作之外，更要反复研读原型文物背景资料，反复涵泳文物所传达的历史文化价值，确保准确提取文物最有价值和最具特色的特征，融合于产品设计之中。同时，设计师应坚持"以人为中心"的体验设计和人性设计原则，站在使用者的立场上，力求将设计产品的便利性、可操作性和审美性臻于完善。

再次，完成设计初稿后，接受博物馆评估是必不可少的环节。博物馆应组织由市场部门、教育部门和研究部门组成的评估小组，对设计师提交的设计初稿进行评估审核。其中，教育部门人员主要从设计原则、设计风格、信息传达等方面审核产品设计是否符合博物馆的教育宗旨和开发产品的根本目标，是否有利于传播博物馆品牌和延伸博物馆教育功能。研究部门人员主要从产品的元素提取、内涵解读、符码转化、视觉含义是否到位与合理的角度，来判断产品是否有助于消费者深化对原型展品的理解，是否准确、有效传达文物信息且不至于引起歧义，产品设计是否符合深度与精品原则，能够揭示博物馆和藏品特色。市场部门人员主要从观众调查和既往产品营销状况等大数据信息出发，来初步判断产品设计的目标消费群体定位是否准确，定价是否合理。博物馆根据评估结果，提出设计的修改建议。

最后，设计师根据博物馆的修改建议，对产品设计稿进行修改和进一步的打磨完善，并再次提交博物馆相关部门审核，反复进行直至设计图稿通过博物馆评估后，确定首批试生产数量，交付制造商生产。

（三）市场评估是检验博物馆文化创意产品开发效果的重要手段

产品市场评估是博物馆文化创意产品研发流程的后期阶段，也是评判产品设计是否合理、是否推广生产或调整设计方案的过程。产品设计定稿后，博物馆或设计相关方确定首批生产数量，并联系厂家投入生产，将产品进行试销。首批生产数量不宜过多，应根据消费者数据调查确定产品数量和销售周期。不过考虑到博物馆文化创意产品的特殊性，有别于快销产品周期短、市场大的特点，试销周期不宜过短，以半年到一年为宜，应留有充分的时间接受市场检验。

产品试销过程中，应由博物馆市场部门主导反馈和评估。一是组织产品市场调查，主动通过问卷调查的方式了解消费者对产品的视觉效果、使用功能、操作便利和价格等因素满意与否，并请消费者留下经济收入、教育背景等信息，便于分析目标群体。调查问卷可以在购买时进行，予以一定的价格优惠或赠品的方式征求意见；也可以在商品售出一段时间后，进行电话或者邮件跟踪调查，取得消费者的使用反馈。二是综合产品销售的各项数据后进行分析，撰写市场评估报告，提出对产品下一步的生产建议。

最后，根据市场反馈和评估情况，博物馆市场部门做出产品是否推广生产的决定。如果市场反响佳、产品口碑好、销量高、消费者反馈良好，则扩大生产销售，将产品打造为博物馆品牌的文创品。如果市场评估具有两面性，消费者反馈尚可但存在较集中的意见建议，博物馆可联系设计师，根据市场反馈调整设计方案后，再投放市场销售，并接受再评估。如果市场反馈产品存在明显缺陷，销量呈总体滑坡趋势，则考虑终止生产。

第五章 图书馆文创产品开发

第一节 图书馆开发文创产品概述

一、图书馆参与文创开发的意义

图书馆是人类文化知识储存和传播的重要场所。图书馆的功能伴随历史发展不断产生变化，在不断增加和完善。图书馆最初只是保存人类文化典籍，保存书籍是其基本功能。20世纪初的藏书楼就是类似于现代图书馆的功能。后来经过发展，信息资源的储存和传递成了重要功能。伴随高新技术发展，信息传播技术带动了图书馆功能的新进展。图书馆的信息挖掘、信息传播、发展文化教育的功能被开发出来。图书馆的职能也不仅仅是一个文化存储机构，它更是社会文化的重要生产者，承载着传播社会文化，提升人类精神品味的重要功能。

近年来，随着经济发展程度提高，人们物质生活得到提升之后，精神需求被提上日程。政府也逐步重视人们精神文化生活的发展，因此逐步出台了一系列文化发展的政策措施，推动文化服务的发展。文创产品发扬中华民族优秀文化传统的作用受到重视。在现代社会，图书馆发展文化创意和设计创意产品的道路逐渐被开拓出来，进一步弘扬了传统文化，发挥馆藏的价值。各地区图书馆开发探索新的产品，不仅增加了文化产品的数量，还推动了文化产品的创新，更是衔接了人们对文化的需求和供给，促进了物质和精神文化生活的均衡化发展，取得了良好的社会效果，并且实现了经济和社会效益的双赢，具有重要的实践价值。

（一）延伸拓展图书馆职能

在我国图书馆的职能发展中，注重发挥其社会和文化功能，但经济功能开发程度很低。伴随经济发展新理念和新模式的产生，图书馆的社会经济功能得到发展。图书馆作为一个区域文化交流的中心，在地方经济发展的基础上，对人们精神素质的提高发挥了重要作用。

国家图书馆在近几年，就对文创产品转型做了很多新发展。国家图书馆相关负责人认为："文创商店可以实现'阅览室'功能，也是向消费者传播文化资源的重要途径。"文创产品是图书馆实现社会价值的重要载体，它的主要作用是将传统文化资源发扬光大。现代社会图书馆的发展在保持最初储藏、研究功能的基础上，应注重其在文化资源的传承方面的作用。图书馆可以利用其丰裕的文化资源禀赋，创造和生产一系列的文创产品，将文化内涵赋予文创产品，使消费者在文创产品的消费中，传承了传统文化的思想。同时，创意性文创产品会不断吸引消费者的兴趣，使更多的消费者加入文创产品的思想传播过程中。这些文创产品更在社会范围内，对文化资源的保护和文化社会作用的实现承担责任。因此对图书馆的发展来讲，文创产品是发挥和实现它功能的非常重要的一环。因此各区域图书馆应该对文创产品的作用和功能有一个正确的认识，重视开发体现自身特点的文创产品，重视文创产品的社会功能。利用开发文创产品，一方面实现图书馆功能的扩大，另一方面提高消费者文化消费的层次，促进社会文化水平的提高。图书馆的馆藏资源是社会的精神食粮，是对传统文化的保存和传承。依托丰富的馆藏资源，梳理自身资源的历史性和地域性特征，对资源进行技术创新、创意加工，研发出代表图书馆特色的文创产品，通过文创产品传承文化思想，传递到消费者的心中，实现经济和社会价值。这方面做得很好的代表便是国家图书馆。凭借丰富的馆藏资源，开发了各个方面的文创产品。把馆藏资源的相关处理环节，利用现代技术和媒体手段进行传播，不仅使广大消费者学习到了丰富的文化知识，还创造了巨大的经济利润。

（二）促进管理体制和运行机制改革

图书馆作为文化传播机构，长期为社会做免费的文化传播服务。因此，其经费来源主要来自政府的财政支持，在管理体系上受相关管理制度的限制，这也限制了图书馆的市场化创新。在新的社会环境下，图书馆应该积极利用自身优势，参与到文创产品的设计和开发中，不仅能够创造经济效益，也能对自身的管理体制进行改善。

第一，在文化繁荣发展的时代前提下，图书管理机制应该进行探索改革。同时，也应该引导社会资金注入公共文化服务体系，寻求图书馆与社会资金的合作，共同进行文化产品的创新和推广。

第二，文创产品从创意到设计到应用于生产，都需要先进的管理经验的支持和高素质的研发人员，但传统的图书馆工作人员并不具备这方面的产品开发能力。因此，在创意产业发展的影响下，图书馆要实现其经济价值和社会价值的结合，必须从自身员工的组成结构上进行优化调整，引进创意型人才，加强文创产业的人才培养。此外，图书馆还可以通过与社会合作的模式进行人员培训和产品开发，例如和企业进行合作，共同推出产品，利用企业的培养模式对图书馆人员的素质进行提升。

第三，社会经营性企业必须依靠自身的竞争力获取经营利润，积极主动在社会竞争中实现经济和社会价值。而一些社会公益性的文化单位，其主要的资金来源于政府的财政支持，通常为社会提供免费的文化服务，是人民群众精神文化的社会提供者。图书馆作为为社会提供免费文化服务的单位，其资金来源于财政支持，但是财政的资金不能满足现有文化发展的需要，这就需要图书馆调动自身积极性，开发出创意文化产品，参与市场竞争，实现经济价值。一方面，资金充裕后，更有利于文创产品的开发和推广；另一方面，充足的资金也为图书馆的社会公共服务提供了更广阔的空间。因此，文创产品能增加图书馆的经济收益，有利于转变对文化资源的管理和利用模式，对提升图书馆自身的发展和提高整个社会的公共文化服务水平都有帮助。

（三）减少财政依赖，增加馆务基金

对文创产品的良好经营可以实现经济优势，不仅有利于扭转文化单位对财政拨款的依赖，更拓宽了自身的发展道路，获取了经济利益。相关数据表明，故宫博物院的文创产品就获得了很好的经济效益，其文创产品销售额从 2015 年的 10 亿元增加到 2020 年的 15 亿元以上。成功的经验表明，文创产品能增加单位的经济收益，减少对财政支持的依赖，优化其管理机制。

我国推行"新常态"改革，经济正在经历减速发展和结构性调整，因此也影响了政府的税收收入，文化单位面临财政拨款减少的现状。那么，在财政支持减少的情况下，图书馆如何实现公共社会服务，如何实现自身发展，这就需要每一位文化工作者进行思考。通常图书馆的资金全部来源于拨款，图书馆并不会设计自身盈利模式。因此，图书馆内部没有完善的资金创收和资金利用政策措施。图书馆自身的文创产品实现的盈利，可以用于继续进行文创产品开发和用于相关人员的奖励。因此，加强文创产品的开发创造经济效益能极大地调动员工积极性。因此，文化事业单位在发展文创产品实现收益的同时，应该加强相关收益资金的分配管理和制度的制定，合理分配资金，才能实现文创产品的持续性发展。

（四）丰富图书馆服务内容

文创产业是在经济全球化发展背景下出现并兴起的，它的发展产生了新的思想和创意，并将这种创意应用于实践。图书馆参与文创产品的发展并不是代表图书馆的核心业务出现了转移，而是图书馆在原有公关服务的基础上，加入现代化的技术手段，加入创意的新文化产业，形成了一种具有较高价值的服务模式。在市场经济下，文创产业繁荣发展的时代，图书馆也应充分发挥自身的资源优势，加入信息技术，创新其发展模式，开展多种形式的文创活动，促进图书馆服务的拓宽。例如图书馆自身便具有馆藏优势，可以利用这一优势提供创意产品的思维空间、提供相关的创意资料服务，或者与企业合作开发创意产品。

图书馆开发文创产品并不是一个简单的过程。文创产业需要深入理解和运用图书馆馆藏资源的文化内涵，通过加入新的创意和技术手段，将文创产品加入文化价值理念或赋予新的应用价值。图书馆在设计文创产品时，还要做好消费者定位工作。针对自己文化资源的特点和所服务人群的特征，将文创产品定位为适应不同年龄、不同教育程度、不同收入等类型的消费者。例如学生所需要的创意产品可能是具有和其教育背景相结合的学习用品。老年人喜欢的文创产品可能是能保存和储存其喜爱的文化类型的文创产品，且其具有一定的消费能力，消费的文创产品附加价值要求较高。除了直接进行文创产品设计外，图书馆还可以参与一些与文创相关的活动。

（五）加强交流合作，推进跨行业融合

文创产业是经济发展带来的新兴产物，是文化、科技及经济发展到一定程度的产物。文创产业的发展需要诸多部门共同努力，例如文化部门、相关企业、技术部门等。图书馆需要在文创工作中发挥积极作用，也需要和其他部门进行合作。图书馆可以凭借其资源优势进行资源支持，设计科技部门可以进行资源的创意设计，也需要相关电商等对文创产品进行宣传和推广，使好的产品被广大消费者认知并认可。另外，图书馆也要不断加强和其他部门的融合式发展。比如，拥有文化资源的部门可以和旅游等部门相结合，再结合消费者的需要，开发能代表当地特色的文化产品，产生经济效益。文化资源部门也可以在城镇化建设中发挥力量，在城镇化建设的路径中增加文化因素，使经济和文化双向发展。在一些革命老区，相关的传统文化建设可以结合我们要保护和传承的一些优良传统，可发展成多种多样的文化产品，如影视、纪念品等。既促进了文化产品的发展、也促进了当地经济发展，为缩小各地区经济差距作出贡献。

二、图书馆文创产品开发特征

图书馆文化创意产品开发是文化创意人员依据馆藏资源加入现代社会元素，形成具有文化内涵的产品。这类创意产品是对现有馆藏资源的深层次挖掘，其产品包含了图书馆的历史、发展历程、馆名等，也是对图书馆的一种宣传，是服务的延伸。因此，图书馆文创产品拥有文化特征、多样性、融合性。

（一）突出文化属性

公共图书馆文创产品的创作基础是其馆藏资源，能成为文创产品的资源包括图书馆的服务理念、服务资源等。文创产品能对图书馆的服务进行延伸，也能产生经济利润，但其主要功能是要体现无形的文化资源，更是发挥对文化的传播作用，满足消费者对多彩文化生活的需求。图书馆积极发展文创产品不仅可为发展拓宽道路，减少对财政的依赖，更是使图书馆成为文化展示和交流的重要渠道，激发消费者共同参与文创产品的设计，不断涌现出个性化的和定制化的产品，促进整个社会文创产业的发展。图书馆的文创产品是从馆藏的文化资源中汲取文化设计理念，加上现代技术手段，呈现在文创产品中。文创产品的问世也使消费者了解到丰富的文创资源，加深消费者对图书馆文化的理解，提升了整个社会群体对文化资源的认知程度。因此，图书馆的文创产品使图书馆的馆藏文化资源以更新颖的方式流动和传播，以更深层次促进了社会整体文化发展。

图书馆的文化产品能带来经济和社会双重效益，但其性质和其他的市场经济下的商品性质不同，普通商品以追求最大的经济利益为目标，而图书馆的文创产品重在文化的传播和学习，经济目标是其追求的次要目标。因此，在发展过程中要处理好文创产品经济价值和社会价值的轻重关系。图书馆的文创产品是将文化资源以更喜闻乐见的形式展现给大众，单纯的馆藏资源对大众来讲可能比较乏味，但以文创产品的形式表现出来，就增添了趣味性和可观性。人们不仅学习了文化资源还记忆深刻。因此，创意产品是图书馆传播文化资源的有效方式，是图书馆功能的重要实现途径之一。

（二）产品开发呈现多样性

图书馆的馆藏资源门类繁多，种类丰富，为文创产品的设计和开发提供了丰厚的文化基础。但是，文创产品的实现并不是简单的过程。这需要将文化资源中的文化内涵抽取出来，并与现代技术相融合，形成符合消费者需求的产品形式。一个好的文创产品，不仅能满足消费者的需求，更是文化传播的载体，其文化内涵能深入消费者的内心。

国家图书馆在文创产品的发展方面就起到了很好的模范带头作用。国家图书馆的馆藏资源丰富，这是其重要的资源禀赋。凭借资源优势，将文化内涵赋予到创意思维上，设计生产出了符合消费市场的众多产品。这些产品门类丰富，从生活中的日常用品到学习的文化用具，深入人们生活所需的方方面面。南京图书馆在文创产品发展中也展现出非凡的成就。历史文献是其重要的优势资源，古籍数量居全国前列，达到 160 万册，民国文献达 70 万册。凭借独特的资源优势，南京图书馆在其惠风书堂开辟了文创展品区域。种类涉及生活、学习、居家及娱乐等多个方面。受到了广大消费者的喜爱。可以表现出丰富多彩的形式，在不同的商品种类中渗透文化，这些形式可以是展现珍贵馆藏的复制产品，可以进行文化产品的用户定制，甚至可以实现电子商品的用户体验等。

（三）产品开发跨界融合

文创产品的发展还可以走跨界融合的道路。"互联网＋"是一个倡导跨界合作和融合发展的模式，通过与"互联网＋"的合作发展，使图书馆的业务范围实现了扩展，图书馆的职能得到了进一步扩充。要加强文创产品发展中的跨界融合式发展。文创产品发展的各个过程都可以实现跨界发展，比如图书馆可以和旅游业相互融合，设计出符合旅游消费者需求的含有当地文化资源的文创产品。也可以和生产性企业跨界融合，在产品的设计过程中添加文化元素，使产品增加附加价值，吸引消费者。同时除了产品本身，相关的设计人员之间也可以实现融合，如图书馆员对馆藏资源理解和熟知，但是缺乏市场产品的创意设计知识，设计人员熟知市场的运作和设计原理，但是其欠缺丰富的文化资源。通过不同类型的人员的交流和融合，才能创造出更符合市场的文创产品。

（四）文创产品产生的经济效益不容小觑

文创产业作为新兴产业，经过不断发展，实现了可观的经济收益。比如一款"朕知道了"纸胶带一时之间红遍了整个网络，带来了可观的收入。"奉旨旅行"行李牌、《每日故宫》App等成为人们追捧的产品。文创产品也吸引了许多知名企业的合作兴趣，这些企业中既有网络公司也有生产性企业，其中也包括一些知名大企业。文创产品在文化单位、网络媒体、生产企业的共同努力下，取得了可喜的销售业绩，经济效益和利润率显著高于其他产品。文创产品是各级文化单位创收的重要途径，既拓展了文化单位的服务职能，更创造了良好的经济效益，还能更好的反馈到文创产品建设中。

第二节 图书馆文创产品设计理念、开发种类及产品分类

一、文创产品设计理念

图书馆文创产品的设计需要符合图书馆的馆藏特点和读者需求等因素，还要依据地区的文化资源特色进行开发。

（一）以人为本的设计理念

文创产品设计时，应该以消费者的应用为核心进行设计，为消费者使用的文化性和便利性着想。每一个文创产品应该是人和自然的完美结合，都在表达讲述着一个个文化故事。文创产品是传播文化知识的一种新形式，这种形式下要注重文化和人的结合、自然和人的结合。

（二）融入文化元素的设计理念

只有融入了传统文化、地域文化、现代文化元素的创意产品，才能被读者接受，最终才具有生命力。不是嫁接文化元素，而是要更好地融入，并达到创意、创新的目的。文创产品是将中国传统文化融入产品的设计中，消费者能从产品中感受到文化内涵和特色。在设计过程中，不是简单地将文化

元素嫁接到产品上，造成文化和产品的脱节，这样是不可能达到创新的目的的。我国特有的民族传统文化是进行文创产品设计的丰富灵感源泉，可以从中吸取适合现代社会发展的部分进行创意设计，融入产品中，如祥云火炬，这来自中国传统的文化符号，来自纸卷轴的设计灵感。纸卷轴和中国特有符号相结合，加上现代化的理念，就形成了世界上独一无二的奥运火炬。又如对历史朝代的研究，将以前的风格应用于现代设计，中国传统的剪纸艺术应用于现代家居灯具罩的设计别具一格，形成一种特殊的文化氛围，形成了一批相关的文创产品，剪纸风格的产品也不断涌现。中国结也是一个非常成功的例子，这是中国的传统吉祥打结方式，也广泛出现在日常设计和传统节日中。此类相关的文化产品还有很多，这些都是传统文化产品根据现代消费特点进行改良后的产品。其设计里面融入了现代因素，用料和材质也比以前有了很大改进，既传承了优秀的传统文化，又使消费者对文化有了深入的理解。

（三）传统与现代结合的设计理念

图书馆文创产品中既要蕴含传统文化资源的特色，又要结合现代时代特征。在表现形式上还要多种多样，引起消费者的兴趣。但是其开发过程，不能与文化环境脱节，要依托时代环境进行创意设计，这样的产品才符合现代人的消费观念。在文创产品的设计中，要找寻引起消费者感受的设计元素，这样才能在刺激消费的同时，实现文化传播。在媒体发达的现代社会，各种媒体传播形式成为文创产品重要的推广渠道。创意前要充分了解消费者的文化喜好，总结文化元素进行创意，这样才能创作出流行的产品。比如在文创产品中，"萌"的特点和设计就深受消费者的喜爱。

（四）创意与实用相结合的理念

文创产品是根据文化资源进行的创意，研发部门将创意所需的文化资源与设计人员交流。设计人员对文化内涵、文化发生的背景等进行了解，设计出包含文化的产品，提升文化产品的创意。但是一个文创产品能否在市场站稳脚跟，不是有好的创意就可行的，而是要实现创意功能和实用性的融合。如果只有创意却并不实用的产品很难获得消费者的青睐。反之，如果创意产品只具备实用性但缺乏创意，那它和普通商品没有实质性区别，不能满足消费者的文化需求。因此，必须将创意和实用都体现在创意商品上，这样的产品在市场上才符合消费者的预期，才能实现较好的市场反应。实用与创意结合较好的代表便是"朕知道了"胶带，既可以满足消费者的文化需求，又是一款实用性的产品。又如故宫博物院推出的朝珠耳机、"吾皇万岁"小风扇等文创产品，都非常受消费者的喜爱。总结这些畅销文创产品的特点，都兼具创意和实用功能。

（五）实体产品与数字化产品并重

近年来，各个图书馆也意识到了数字化资源建设的重要性。有些图书馆建设了自有馆藏特色的数据库，成为一项很好的文创产品。有些图书馆也推出了相关的数字资源培训，为消费者提供信息化的文化供给。同时也可推出了相应的 App，与消费者实行实时的互动。

二、文创产品开发种类

虽然在文创产品的开发和设计方面，许多图书馆都进行了有益的尝试，但是进展不显著，效果不理想。究其原因，图书馆的文化资源主要以书籍等馆藏资源为主，相比而言，博物馆等文化机构拥有种类繁多的文化产品，这些资源在外形和宣传方式上都比书籍更容易引起消费者的兴趣。因此，在开发文创产品的时候，图书馆面临的困难要更多。图书馆要想发展好文创产品，必须根据自身的馆藏资源进行分类，根据自身的自由优势进行设计开发。

（一）依托馆藏资源开发产品

馆藏资源禀赋是图书馆的优势，成为开发文创产品基础。尤其是一些独具特色的文化资源，更成了图书馆的绝对优势，为开发有创造力的文创产品提供了得天独厚的条件。图书馆从自身资源条件出发，从文化资源中筛选出可与现代信息技术相结合的内容，可开发出多种有形的和无形的文创产品。

1. 复仿品与出版物

图书馆的馆藏资源不乏一些有历史价值的古籍和非常罕见的文化资料，这些资料长期保存在书库中，不属于读者可以日常借阅的内容，因此文献的传播面非常狭窄，导致一些优秀的文化资源得不到传播和利用。如果图书馆能将这部分珍贵的、不能公开借阅的文化资源，采用现代印刷和信息技术，制作成现代版或者是电子形式，便是很好的文创产品，不仅满足了广大读者的兴趣，而且扩大了文化的传播范围，使人们更好地了解传统文化。另外，一些复仿品还可以制作成更加高档的礼品形式，提高消费者的文化品质。因此，只要加以合理的开发和利用，图书馆的馆藏资源不仅在书库中能看到，而且可以各种形式为大众所知晓，为文化传播发挥重要作用。复仿品与出版物是图书馆进行文创产品开发的重要表现形式。

国家图书馆在文创产品的开发中做出了很好的表率。它利用特有的馆藏资源优势进行各种文创产品开发，取得良好的社会反响和经济效益。国家图书馆开发文创产品的时间较早，在 2004 年便开始了相关准备工作。将文化资源进行了分类分析，并提取其中能加以利用的部分，结合文化资源的特征与现代技术相结合，对文化资源进行分类开发和利用，设计出了很多深受消费者喜爱的文化产品。国家图书馆的文创产品独具特色，究其原因是做到了结合自身资源，因地制宜的发展。在发展中将历史和现代进行了结合，将文化和物质进行了结合，创造出了特色型文创产品。比如国家图书馆整理出版了《中华医藏》《翰墨流芳》《孔子庙堂碑》等，这类书籍终于以现代人能理解的方式呈现了出来，使古代的优秀文化历史得以流传。国图还发行线装书《绝妙好词》、仿真本《赵城金藏：金刚经》，这类文创产品使读者不能借阅的珍贵资料公开出版，终于使消费者能阅读到非常珍贵的文字内容。"国图旺店"还推出《簪花仕女图》《捣练图》《虢国夫人游春图》等名画仿制卷轴，以及其他的文化书画用品，对产品的质量也进行了区分，划分了不同的等级层次，满足了人们的日常所需和礼品需求。这些形式的开发都使消费者接触到了平时不能接触的文化资源，刺激了消费者的消费欲望，更重要的影响是促进了人们的文化水平提升。

除国家图书馆外，其他区域的各省图书馆也开展了针对馆藏资源开发的尝试。例如，山东省、广东省、湖南省、山西省、云南省等省图书馆发行了《十美图》《金刚经》《清风画韵》《佛说北斗七星经》等等。这些珍贵的文化作品被以现代易读的方式呈现了出来，满足了消费者的需求。如果没有这类文创作品的出现，普通大众是很难接触到此类文化资源的，文化的传播功能被文创产品很好地承担。仿真出版的文创产品也是筛选出的具有特色的产品，减少了消费者的筛选成本，为消费者节省了宝贵的时间成本。

2. 衍生纪念品

文创产品除了从馆藏资源分析角度出发，还可以从图书馆自身的文化理念出发。每个图书馆都经历了自己独特的发展历程。图书馆的发展历史、制度变更、重要贡献的人物等都可以成为文创产品的创意来源。从图书馆自身的文化理念出发，对设计的文创商品形成文化烙印，消费者在市场上能迅速形成产品的文化感知，也代表了图书馆品牌效应。含有图书馆文化理念的产品不再是单纯的文创产品，也是图书馆形象和品质的代表，体现了图书馆的文化特色。这类文创产品可以从方方面面影响消费者的学习和生活，具有深远的意义。

文创产品的思路还存在很多方面可以扩展的渠道。在利用馆藏资源之外，还可以将馆藏资源的物质载体抽取出来进行利用。比如把文化发展的物质载体运用到产品设计中，表现为龟甲、兽骨等形式。其他手法记录的文化资源也可以以现代的形式表达出来，如雕刻艺术、剪纸艺术等艺术形式，可以通过培训和在线学习的形式推广起来。尤其是针对消费者感兴趣的古代的技法，如果能将这些技术以现代媒体技术展现出来，不仅宣传了文化，也使这些濒临失传的文化技法得到了了解和传承。这些文化资源有静态的也有动态的，文化资源形成的过程和运用的相关技术、方法有些逐渐被现代人所遗忘或失传，这类文创产品表现出的不仅是产品本身，更带动了相关产业的发展和传统生产方式的传承以及人们对优秀传统文化的追求。

国家图书馆依托互联网经济的浪潮，挖掘馆藏，打造特色，全方位探索文创产品的内涵和外延。现代的网络信息技术为文创产品开发提供了便捷的外部条件。文创产品通过网络得到了更广范围的传播和利用。除了馆藏资源外，对文创产品的内涵进行深度挖掘并以互联网形式传播。除了一些馆藏的文化产品，还开发了很多生活和学习用品。如开馆邮册带有文化特色的书签，与生活相关的笔记本、毛巾等都带有国家图书馆的文化印迹。图书馆开发创意产品的种类开始丰富起来。这类文创产品的设计和开发相对容易，因此市场上这类产品很多。

广东省图书馆以馆徽为基础制作开发雨具、老广州系列竹陶瓷杯垫等生活用品；南京图书馆研发的生活及办公用品、服装首饰、家居用品等；辽宁省图书馆开发的《辽宁珍贵古籍》书签；吉林省图书馆开发的名人手札、《谷园印谱》主题抱枕；内蒙古自治区图书馆的蒙古包标识系列（瓷器、钥匙扣、茶器等）；上海图书馆的真丝织绵系列；福建省图书馆的"闽南意趣"系列；浙江图书馆的钦若嘉业书签；黑龙江省图书馆的春联、窗花；首都图书馆的"北京记忆"系列产品；贵州省图书馆的苗族蜡染丝巾；陕西省图书馆的陕西阅读地图手册等。也有大量市级图书馆加入文创开发中，如宁波市图书馆的"到图书馆去"系列帆布包；武汉图书馆的青花瓷套件；南京图书馆的黄花梨书签、十竹斋系列；金陵图书馆的南京方言帆布袋等。这些图书馆的文创产品都是围绕生活日常用品展开的，基本上都是在产品本身加上图书馆的标志和设计的标志，开发相对简单。市场上此类文创产品很容易产生模仿和复制，缺少原创性。

衍生纪念品在文创产品中占据了较大份额，这类产品通常是以生活用品的形式呈现出来的。因为相比其他普通商品，其具有同样的实用价值，而且还承载了文化元素，因此消费者从消费心理上觉得此类产品与普通产品不同，能体现自身的文化素养，刺激了购买欲望。也可以从这类文创产品得出，虽然能引起消费者的消费，但是创意设计简单，容易被复制，承载的文化内涵浅显。文创产品本身的原创性较低，只是产品的表面出现了文化标识，这些标识通常是印制在产品表面的。真正将文化因素应用到产品上的文创产品类型极少，那些让消费者眼前一亮的文创产品才是文创产业发展所追求的，因此提高原创性，加深创意深度，是文创产品可持续发展的重点内容。

（二）体验类产品

近年来，体验类产品成为一种新类型的文化产品。这类产品通常是依据文化资源，提取出场景和物品，运用现代媒体技术，让消费者亲自参与其中，形成身临其境的切身感受。这类产品受到了消费者的喜爱，销售前景乐观。但是，这类产品在图书馆的文创产品中较为少见。国家图书馆在拓片展览与讲座之时，让读者亲自参与拓印作品让消费者亲自参与其中，感受文创产品的制作，形成符合消费者自身需求的产品。同时，国家图书馆还与其他相关产业进行合作。比如与海淀区旅游委合作推出了"阅读之旅"夏令营活动。还开发了针对中小学生的研学计划。结合我国的文化资源，让学生们参与到传统的印章活动，设计自己喜欢的图样等，推广了传统文化。另外还借助新媒体技术让消费者形成亲临现场的感受，如VR眼镜体验、裸眼3D体验等活动，这些无形的产品给消费者带来新奇的感受。

部分省市级图书馆也利用各自的地域特征和发展特点开展了丰富多样的体验类文创产品。河南省图书馆就遵循了与其他产业融合发展的模式，设计出了一些与旅游相结合的新项目，开发出文创旅游的合作模式，在传统的旅游业中增加了文化元素，让消费者在旅游中了解到了当地的文化传统，体验了当地的产品创作。

南京图书馆也开展了让消费者亲自制作文创产品的体验活动。消费者亲自设计和制作，设计出独一无二的专属文创产品。除此之外，还开展了各种形式的学生实践活动，从小培养文创意识。

海南省图书馆也根据馆藏资源开发出自创产品"汉字记忆"仿古临摹册，这类产品一经推出就收到了读者的推崇，不仅文化气息浓厚，还有利于提高学习技能。此外还依据地方特色开发了茶刀、椰木海捞壶垫、椰木镇尺、花梨木书签等具有海南风情的文创产品。这类文创产品推向全国各地，消费者从这类产品中可以领略到海南独有的文化特色。

山西省图书馆开设了 3D 打印文化创意公共服务平台。利用 3D 打印技术满足了消费者从设计到实物的过程。该馆还开设了山西省非物质文化遗产少儿传习体验基地，免费为少年儿童讲解本省具有史学价值的古籍文物等。增加了少年儿童对历史事迹、珍藏古籍的兴趣，促进了社会教育体系和文化体系的发展。

成都崇州元通古镇的叮以书屋，特色手工体验是最吸引消费者的项目。借助特有的地理位置，将传统手工文化变成一种体验销售模式，提供原材料和技术让消费者亲自参与，取得了很好的销售业绩。这类产品设计竹编手工制品、插花和茶艺等。在消费者亲自参与中，对文创产品和当地文化有了更深的认识，也促进了此类文创产品的销售。

上述图书馆都开展了体验创新，没有走简单的模仿和复制的道路，因此实现了较好的市场反馈。但值得注意的是，我国文化产品市场上体验类的产品种类还是相对较少，还亟须开发和创造新的体验种类。体验形式的文创产品，使消费者切身感受到了文创产品的设计和制作过程，可以将消费者个人的创意加入其中，成为消费者易于接受的形式。体验类文创产品比其他类型的产品在文化传承方面价值更大。主要表现为，其他类型的文创产品只是通过购买和使用进行文化价值的传播，仅限于消费者知道了某类文化资源，但没有深刻的体会。体验类文创产品不同，消费者的消费过程和体验过程融为一体，在体验中还激发了消费者的创意思维，使文化资源表现出多种形式。消费者在体验中对文化有了深刻的体会和感受，消费者不但得到了自己体验和制造文创产品的机会，而且获得了参与其中的精神感受，后者的价值更大。

（三）科技主导型产品及 App

文创产品并不仅仅局限于实体物品，在移动技术飞速发展的今天，线上产品也逐渐被各文化机构所看重。现代信息社会科技手段使文创产品的形式不断更新。各种线上的文创产品层出不穷，丰富了消费者的文化生活。国家图书馆文创部与阿里巴巴联合研制的"翰墨书香"便携式书法文具盒，通过扫描字帖即可显示相关书法知识、技巧以及名家讲解视频，提高了消费者学习书法的兴趣，也使我国优秀的书法文化以不同的方式传承下去。国图还与浙江动漫企业商讨深度开发《庆赏昇平》中的人物形象，将国图馆藏资源通过动漫的形式展现出来。消费者对这种动漫的视频讲解方式非常喜欢，在这种形式下文化资源的宣传力度和广度都得到了提升。

App 是安装在智能手机上的客户端软件，可以满足消费者不同的需求。现在市场上文化创意类 App 的出现，使文化资源的表现更加多彩。通过这类 App，消费者可以便捷地查询和发现新的创意产品。现代通信技术也催生了文创产品的创意化发展，数字化技术得到了广泛应用。例如中国故宫博物院就推出了一款 App——《胤美人图》。根据馆藏的古画，加上周围的家具等设计的相关产品通过 App 形式进行推送，还将人物形象加入游戏设计中，将文化学习以寓教于乐的形式体现出来。

国内其他图书馆也在 App 开发方面取得了巨大进步。又例如中国科学院文献情报中心就推出了"中国科讯"App，该 App 并非只有简单的图书馆手机借阅功能，而是将科技资讯、中心情报产品、情报服务等汇聚一起，提供图书馆的云服务。消费者可以非常方便地通过 App 查找所需的文化资源，节省了科研时间成本。深圳市推出的数字阅读终端产品"全民阅读 App"，以丰富多彩的画面和语言形式将文化资源表达出来，传递给了消费者阅读的乐趣，推动了全民阅读的发展。

（四）文化活动品牌

各地图书馆都拥有各自的阅读推广、优秀地方资源、公益活动、读者服务等品牌项目，如上海图书馆的"上海年华"地方特色数据库、广州图书馆的"映象广州"、金陵图书馆的"朗读者"公益活动等。图书馆发展文创产品要根据自己的特色进行，这样不仅能研究出带有原创特色的产品，也加快推广自己的品牌。同样，实体形式的文化产品也可以发展出新的特色。另外，图书馆也可以开设相关的文化培训及相关的数字化课程，同样可以为读者带来深刻的文化感受。

（五）地方传统特色服务

目前，图书馆文创产品发展的普遍问题是，图书馆开发设计时文化来源渠道比较狭窄，没有放眼于更广阔的空间题材，而是局限于自身有什么样的资源，这样设计出的文创产品存在文化深度和广度受限的缺点。

除了从自身的文化资源出发进行创意设计外，图书馆还可以结合当地发展开拓文创产品。每个地方的发展都有自己的地域特色，这是不容易被复制和模仿的，因此采用当地的文化特色进行创意设计，可以开发出独具特色的产品。将自己的地域性文化进行推广和宣传，也是图书馆进行文化传播的重要业务。这类文化内容形式多样，包括了当地的传说、民间故事等。将这些当地人喜爱的和耳熟能详的文化因素涉及文化产品中，能引起消费者的思想共鸣，消费者从喜爱这个故事到喜欢这个创意产品。

另外，依据当地特色设计的产品，对于向外地推广和宣传地方文化也起到了很好的作用。通过和旅游业的联合，将当地文化产品展示给各地的消费者，这种文化的新鲜感容易引起消费者的文化求知欲和购买兴趣。

总之，图书馆进行的文创产品设计有利于宣传和传播馆藏文化，能将普通大众不易接触的文化资源以文创产品的形式表现出来，满足了消费者对文化的求知欲。体验型的文创产品让消费者体会到了文创作品的创作过程，有消费者自身的设计因素，因此对文化的感知更深。新媒体、数字化的发展让文创产品以新颖的形式表现出来，极大地引起了消费者的兴趣，是目前发展速度最快的文创类型。但是，体验型和科技型的文创产品类型有待丰富，图书馆需开发出更多喜闻乐见的文创产品类型，结合自身资源和当地文化，推出原创性产品。

三、图书馆文创产品分类

（一）公共图书馆文创产品的物质载体类别

1. 图书类

图书是各国图书馆最主要的传统业务。图书中包含了各门类知识的集合。从图书主题分析，包括本土文化、日常生活、历史地理、人物传记和儿童读物等。此外，除了实体形式的书籍，还有一些数字化形式的文化资源，这类资源也是图书的重要组成部分。

2. 服饰类

服装也是图书馆进行文创设计的重要载体。主要因为服装是人们日常所需的产品，将文化元素加载于服饰，可以在日常生活中经常出现，起到很好的宣传作用。伴随生活水平的提高，人们对服饰的要求已经不再是保暖或装饰，而是要彰显个性，体现个人独有的文化鉴赏力。这类产品主要包括文化衫、围巾、丝巾、领带、袜子等。这类产品将文化资源与服饰生产进行结合，既促进了服饰消费，也促进了文化的传播。

3. 日用品

日用品主要包括生活类（马克杯、手提袋、雨伞、厨具、蜡烛等），也包括一些电子产品（移动电源、耳机、U盘等）。日用品也是图书馆文创产品的重要表现形式，也是消费者日常最常见的一种表现形式。由于这类产品通常是生活的必需品，因此在产品设计上要满足同时具备文化特征和实用性特征。如常见的马克杯、手提袋、雨伞等都日用品满足了这两类特征。

4. 装饰类

图书馆开发的文创产品中有一部分兼具文化和审美因素的产品，这类产品主要以装饰品的形式出现在消费者的视野里。这类文创产品不像日常生活用品那样具有实用性，因此在进行设计开发时，要注重审美体验和文化现象的融合。这类产品的需求弹性较大，在设计上必须别出心裁，这样才能获得消费者的青睐。

5. 文具类

文具类产品是文创产品中最符合文化资源的产品了。此类产品涉及日常学习的方方面面如笔、便签本、台灯等。根据图书馆创意设计相关主题系列的文具产品。文具类是销售量较好的文创产品之一，主要是由于这类产品最符合文化特征，因此在设计方面更容易融入文化因素，设计出具有文化深度的产品，为其他文创产品类型提供借鉴。

6. 玩具类

玩具类文创产品是图书馆针对少年儿童开发的一类特色产品。将文化资源中的科技知识、故事等内容及相关任务开发成吸引儿童的玩具。这类产品是少年儿童最爱的文创产品。不仅培养了孩子的阅读兴趣，还丰富了精神世界。因此发展玩具类文创产品，是针对少年儿童消费市场的有益尝试，对培养和开发儿童探求知识的能力有重要的促进作用。

7. 复制品

复制品作为创意产品的一种类型，对珍贵文化资源起到较好的传播作用。许多珍贵的文化资源通过高质量精美设计的复制品出现在市场上，使消费者难得一见的文化资源为大众所知。加上高质量的印刷和现代化的包装等设计引起了消费者的兴趣，在文创市场上开创了很好的销售业绩。

8. 体验型

体验型文创产品是近年来深受消费者喜爱的一种文创产品类型。借助于现代科技，尤其是数字化技术，体验型产品被开发出了多种类型。有消费者亲自体验和感受的制作型文创产品体验活动，可以提供相关的文化背景知识和原材料，让消费者参与其中，亲自制作一个带有自己文化标识的产品，也有借助数字化技术进行模拟感受的文创产品类型。

（二）公共图书馆文创产品的文化创意类别

在按照产品物质载体分类的基础上，对文创产品的文化创意内容进一步记录、分析、归纳和聚类，除了根据文化创意的物质载体进行分类外，还可以根据文创创意的内容进行分类。

1. 图书馆特色元素的文化创意融入

每个图书馆都有自己的特色文化资源，将这些独具特色的文化资源融入产品中就形成新文创产品。这样的文创产品能代表图书馆的馆藏特点和图书馆的发展情况，对宣传文化和图书馆自身都有很好的帮助。

2. 在书籍、文学和阅读中寻找创意灵感

书籍是图书馆中占比最大的资源。因此图书馆可以从各类书籍和阅读资源中寻找灵感。也可以从一些著名的著作中提取设计元素，将这些因素加载在生活用品中，消费者基于对著名作品的喜爱而喜爱这一类型的文创产品。既将名著进行了推广，又提高了文创产品的销量。这类作品设计可能不仅基于名著，也可基于科技图书、艺术品图书等类型，将名人名言、热门艺术品等创作和利用，不仅可以设计出生活用品，也可发展装饰品等类型的文创产品，丰富了人们的文化生活。

3. 基于地方特色文化符号的文化创意

一些图书馆从当地的地方特色入手提取设计灵感进行文创设计。这类文创产品满足了消费者的新鲜感和求知欲，刺激了消费。

第三节 图书馆文创开发的机遇和挑战

一、图书馆参与文创产品开发的机遇

当前的经济发展需求和产业背景下，图书馆在文创产品中发挥了重要作用，丰富的文化资源为文创产品提供了创意来源，设计出门类众多的文创产品，丰富了文化市场产品类型，满足了消费者的需求，同时还拓展了图书馆的服务内容和实践经验。

（一）文献资源优势

丰富的馆藏资源是文创产品创意设计的灵感源泉。图书馆的馆藏内容涉及的门类众多，包含刊抄、校跋、方志、家谱、插图、拓片、碑帖、写本、手稿等，甚至拥有仅有地方才能存有的民族特色的文化资源和历史价值的资源。图书馆的相关部门对文化产品的设计也提供了人才基础。丰富和特有的文化资源为文创产品提供了先天的优势，如国家图书馆的金石拓片、敦煌遗书、"样式雷"图档、中国少数民族文字古籍，首都图书馆的"古籍插图库"，上海图书馆的"家谱数据库"等。图书馆以文化资源为基础，设计开发出文创产品，使图书馆的服务形式更加多样化，也增加了消费者了解传统文化的途径，对弘扬民族文化起到了重要作用。

（二）空间场所优势

图书馆为民众的学习充电提供优良的场所，对提高居民的文化水平发挥了重要的公共服务功能。传统的图书馆服务中，图书馆的学习场所功能主要是通过其开放阅览室为主要服务形式，人们到阅览室这个学习空间中获取知识。伴随图书馆功能的延伸，学习空间的形式丰富起来，图书馆开始提供各种信息共享空间，网络学习空间、创客空间等。图书馆的未来发展中，会提供更多形式的服务功能。图书馆成为创意设计人员交流的场所，也是消费者加入创意中的实践场所。图书馆作为"大众创业、万众创新"的信息资源的共享平台，在文创产业的创新过程中发挥着重要作用，图书馆参与文创产

品开发，吸引文创产品开发人员入馆，为其提供人际交流场所和产品创造空间的同时，还能为其提供有关文化创意的灵感和氛围。因此，图书馆参与文创产品研发，具有知识交流、文创开发的场所优势。

（三）公众文化消费水平逐步提高

伴随经济的发展，物质生活丰富的同时，人们对精神生活的追求就越来越迫切，文化产品的供给就需要走向多元化，不仅要求图书馆在职能上进行拓展，也要求对文创产品的参与程度不断加深。

二、图书馆文创产品开发存在的问题

文化创意产品的开发工作对于图书馆来说，是文化服务工作延伸的全新领域。我国图书馆进行文创产品的设计和开发工作的时间较短，发展处于初级阶段。因此，文创产品的种类有待增加，设计的参与度也有待加深。尽管国家和地方政府都给予了政策和制度上的大力支持，为图书馆进行文创产业发展提供了制度环境和发展空间，但图书馆在文创产品的开发中仍然需要克服很多困难。这主要是由于我国图书馆之前所涉及的主要是公共文化服务，创意产品也是近年来才兴起的，因此意识领域还没有实现完全转型。另外，图书馆的人员结构不能适应文创产品的设计要求，需要对人员的素质和知识结构进行提升和优化。最重要的是，图书馆工作人员要从内心的思想层面加强对文创产品作用的认识，加强对文创产品的开发重要性的认知，从内心深处热爱文创产品的发展事业。

（一）图书馆文创开发工作面临问题

文创产品虽然从产品的设计上要求独立、具有个性，但文创产品的完成不是个人能实现的，需要加强人与人之间的合作，从设计到生产，再到推向市场，这其中涉及了多方面人员的共同努力。只有实现合作共赢，才能实现文创产品从创意到创收的过程。所有影响图书馆开发文创产品的因素是多方面的，包括人员构成、人员的知识结构、合作能力等各个方面。要想发展文创产业，必须正视自身的优点和待改进之处，从以上因素查漏补缺，才能实现文创产业发展。

1.观念局限，创新意识不足

在思想认识层面，许多图书馆认为做好了公共服务工作就是做好了图书馆的工作，对文创产品缺乏认知，在意识上不够重视。传统上，图书馆工作人员的思想意识相对保守，只愿意从事熟悉的公共服务工作，对新的文创产品领域，只是停留在观望阶段，不想花时间和精力去了解和学习，没有创新的积极性。

图书馆的工作不仅包含了提供馆藏资源，也包括了一些收集、整理、查询、传播等工作。因此，图书馆的工作并不是读者们表面看到的借阅那么简单，而是一系列工作的组合，是一个完整的知识工作体系。这个知识工作体系正好是文化产品创意所亟须的，如果能将文化体系中的知识进行充分的开发和利用，可以创造出巨大的经济价值和社会价值，更开辟了图书馆业务的新功能。图书馆工作人员如何跨出这一步，正是目前所亟待解决的问题。目前一些已经参与文创产品开发设计的图书馆，在发展过程中也表现出一些创新不足问题。例如产品的种类单一，基本集中于实物形式的学习用品，不能被社会公众所熟知。图书馆的主要文化资源为藏书，这与博物馆等有丰富的馆藏品不同，图书馆进行文创产业的难度更大。因为要将文字包含的文化内涵附加在文化产品上，增加了创意的难度。

2. 文化创意人才缺乏，无法满足需求

文化产品是将人类的智慧和相关的创意意识融合于物品上产生的。因此创意是产品的核心。在文创产品中最重要的影响因素便是创意人才。拥有高素质的创意人才是好的创意的来源，将创意应用于合适的产品才能实现创意成功。创意产品的竞争归根结底是创意人才的竞争，各地都加强了创意人才的引进，并不断加强对创意性人才的培养。

目前，图书馆在文创产品发展方面最突出的问题是缺乏创新人才，这从根本上限制了文创的发展。人才匮乏现象是人员结构造成的，图书馆原有结构中就是以文化资源的保存和管理为主，缺乏创意型人才，这与图书馆的用人性质有密切关系。图书馆一般是为公共文化服务的事业单位，因此人员的构成受到招聘程序和编制的制约，在人员专业要求上也以公众文化服务为主，没有涉及文创产业需求的人才类型。现代图书馆的业务范围产生了变化，就需要引进适应新的业务范围的创意型人才，通过他们的加入开发出创意型的产品，拓展图书馆的功能。一些区域性图书馆工作人员的专业比较集中，都局限于图书馆相关专业，并不包含管理学和经济学等方面的专业人才，因此在创意产品开发过程中，缺乏管理和市场运营知识。虽然图书馆会对人员进行创意产品方面的培训和再教育，但由于对专业认识的不足，缺乏理论根基，不能很好地完成创意产品的设计开发工作。图书馆文创业务的拓展需要的是兼具文化素养和经济管理能力的综合型人才，既能进行产品创意，又能实现市场推广。其中最关键的步骤是将馆藏资源与消费者的文化需求进行匹配，这样才能实现良好的市场反应。例如影视编辑与制作、网页设计与美工人员等，他们不仅要了解馆藏，具备相关的文化知识，还要掌握一定的现代化技术手段。在文创产品发展过程中，不仅要实现文化内容的丰富多彩，更要注重以什么样的方式呈现给消费者，什么样的方式是消费者所喜爱的，也就是说产品的呈现形式是非常重要的一环。因此由于文创人员的匮乏，省级图书馆在发展文创产品的道路上还要经历漫长的过程。此外，我国缺乏专门的文化创意的人才培养体系，对创意知识的传播和教授的渠道较少。文创产业的发展不仅需要文创产业人员具有理论知识，更需要实践技能。图书馆本身与市场接触较少，工作人员很难获得实践机会，因此在发展过程中，会面临设计与市场脱节的问题。

3. 文化创意产品营销乏力

文创产品的开发工作不仅面临设计和创意，也需要面对产品的营销和推广。早在 20 世纪 90 年代，很多图书馆就尝试过拓展业务范围增加收入的业务。通过开展一些凭借自身资源增加收入的活动，可以减少图书馆对财政拨款的依赖，同时增加自身收入，提高员工的积极性。但是创收的途径狭窄，仅限于利用自身的资源获取收入，没有对资源进行开发和利用，通常是收取一些租金和有偿的借阅费用等。创收收入也比较少，没有达到良好的效果。对于此类的创收活动，国家和政府没有相关的政策文件对资金利用加以管制，收入的资金产生了一些滥用问题，此类创收活动被叫停。鉴于之前被叫停的情况，很多图书馆工作人员认为，现在开展的文创活动也是一种创收形式，其资金的收入和管理可能会存在之前的情况，因此参与的积极性不高。

在文创产品的销售过程中，营销是非常重要的环节。即使是有好的产品，也需要好的销售渠道和方法，因此发展文创产品不可忽视营销的重要性。目前，很多图书馆利用发达的网络体系和电商体系，开辟了文创产品的线上和线下共同经营。如南京市图书馆"惠风书堂"不仅线下在图书馆内开展文创产品推广展销活动，也在电商平台开设了文创产品网店，开展了丰富多彩的线上宣传。图书馆作为公共服务的公益性单位，其在市场化运作时会遇到许多限制。这种情况导致创意好的文创产品，由于缺乏良好的市场机制，没有和消费者实现匹配，导致没有实现良好的销售效果。

文创产品除了具备经济特征，还具备其他产品不具备的文化特征。因此，文创产品在发展过程中，要注重自身代表的文化资源，形成文化品牌效应，否则营销渠道的阻塞直接影响品牌的形成。

4. 立足馆藏的产品创意不足

任何一个产品的设计开发都必须从设计的源头出发进行分析，文创产品也不例外。在准备创意时，要先分析产品需要什么样的文化资源和文化背景才能达到设计效果。置于图书馆层面，在进行文创产品开发之前，要先深入分析自己的馆藏资源特色、业务服务的特点及所处的地域文化背景等方面。只有在透彻分析自身资源的基础上，在文创产品设计中，才能将文化资源的精华和灵魂赋予产品，使消费者从中产生文化认同感，形成文化共鸣。文创产品也能实现对图书馆的选出作用，对图书馆形象提升有重要作用。

由于图书馆缺少专业的创意人员，现有工作人员虽然具有文化资源，但不具备设计能力。因此图书馆便聘请外部人员进行产品设计和开发，由于设计人员对馆藏资源缺乏深入理解，设计出的产品不能体现文化内涵，导致市场上出现了很多低级文化产品。许多文创产品就是将文化元素复制在产品上，缺乏创意转化。设计的产品也都是一些生活中的小物件，不能有效对接消费者需求，经济效益也不理想。国家图书馆和南京图书馆是我国图书馆中文创产品发展较好的代表。但是也存在着设计的产品类似、文化附加价值有待提高的问题。例如产品类型主要集中了人们日常生活中应用的物品和学习用品，产品类型缺乏向更宽广方向的延伸。在产品创意方面，开发的创意产品仅在相关产品上体现文化资源的符号和图像等，缺乏深度和内涵。消费者也不能从创意产品上学习到文化知识并提高文化素养。在典籍开发过程中，往往进行简单复制，但很多典藏古籍的语言晦涩难懂，如果能用通俗的语言将难懂的文字表达出来，引发消费者的兴趣，既宣传了传统文化，又丰富了消费者的文化世界。国家图书馆虽然是国内文创产品的代表，但和国外的图书馆相比，其产品的类型较少，质量不高，且产品中蕴含的技术含量偏低。但是国家图书馆在这方面也做了很大的进步，比如与阿里巴巴公司合作研制

"翰墨书香"便携式书法文具盒，将万物识别技术运用于传统书法学习中，为公共图书馆开发文创产品提供了新的开发思路。但从总体来看，我国图书馆的文创产品仍然处于初期，开发的创意程度较低、产品种类较少、没有与现代科技实现很好的融合等是其共同的问题。

5. 在事业单位的框架下开展文化创意工作困难重重

我国公共图书馆的性质是事业单位，资金主要来自政府拨款，而这些拨款的用途十分广泛，包含了日常的所有图书馆业务和人员支出。图书馆日常的基本业务是服务社会公共文化事业，因此不涉及经济利益活动。而发展文创产品离不开资金支持，在创意、设计、生产及销售的各个环节都需要投入资金。投入资金的多少直接影响文创产品的开发质量。目前，大多数图书馆的文创活动经费来源于图书馆的正常业务经费，但文创产品的开发需要图书馆滚动投入大量资金，由于其资金来源渠道狭窄且支出项目众多，用于文创产品的数额极少，造成了文创产品的发展缓慢。因此，资金是文创产品发展的制约重要因素。此外，文创产品的生产质量也需要图书馆经费支持。文创产品推出市场，如果销售效果良好，可带来可观的收益，增加了图书馆的资金来源，可以更好地进行文创产品开发。如果文创产品的开发本身资金缺乏，只能在有限的资金范围内进行创新，这样的产品不仅不能引起良好的市场反应，还可能降低消费者的兴趣。从长期来看，这将影响文创市场的长远发展。

由于单位性质，图书馆内部结构和业务特征均相对固定，有自己的一套业务流程。所以这样的业务性质决定了其主要内容是服务大众，提高全社会的文化素养。图书馆发展文创产品其业务由之前的公益服务转变成了部分涉及利益性活动。这样的经济活动的转变既提高了图书馆人员的积极性，创造了经济效益，也满足了消费者对文化的多样性需求，是一举两得的好事。但是文创的发展需要资金支持，还需要图书馆的市场意识，应树立起市场竞争意识。图书馆既是国家的文化传播单位，也是在文创市场上参与竞争的一员，这就对图书馆的发展提出了更高的要求。图书馆文创市场上的地位并不稳固，文创产品都是基于自身的文化资源，想要地位稳固，必须从自身出发，积极参与市场竞争，从文化的授权和合作角度入手，开展多种多样的文创工作。图书馆的文创产品开发通常涉及三种形式：图书馆完全自主特色创意、与企业合作生产、授权开发。授权的发展模式虽然比较简单易行，但是图书馆的文化资源将被其他机构利用，可能存在对文化资源的错误评估或者被对方误用，对图书馆造成文化价值损失。此外，图书馆在参与市场竞争中，可以通过兴办企业的形式进行，但是在控股权方面需加以注意，要掌握文化产品发展的方向，如何利用现有的文化资源管理文创产业，形成管理权，这是需要进行博弈的选择。

（二）图书馆文创开发工作中的误区

1. 误区一：图书馆文创产品开发不是业务工作，而是原有图书馆实体经济创收活动的延续

图书馆文创产品开发工作不同于图书馆原有的传统经营创收活动。图书馆的文创工作应该与传统业务岗位进行区分。虽然传统的服务项目中有创收，但这些创收方式仅限于一些有偿服务。比如，有偿借阅、场地租赁等。现有的收入活动，不是以宣传和传承文化为目的的，而是一些基本服务的延伸，文创产品与这类服务有着本质的区别。

解决这种错误认识的途径是树立图书馆创新业务的新认知，纵向层面将文创产品与原有业务进行区分。图书馆的服务理念和本质是文化的保存和传播，在做好基础业务的前提下发展文创产品，因此文创产业是开辟的新的业务，通过对原有业务进行深化和提升，实现经济和社会价值。文创产品是将文化资源的内涵以产品的形式传达给消费者，以达到提升大众文化素质的目的。因此，文创产品的发展首先考虑是否能实现社会价值。传统的商品经营则是以创收为主要目的，文创产品和普通商品有着本质的不同。他们之间在经营的最终目标和实现的价值理念方面都不同。文创产品不是简单地将文字符号加载在产品上面，而是要产品承载着文化内涵并能够传承下去，文创产品发展要体现对文化的深度理解和运用。对图书馆来讲，文创产品设计开发不是发展与不发展都可以的做法，想要做好图书馆服务，文创产品的开发是必经之路，是图书馆业务能力提升的标志，也是世界各个图书馆争相发展的方向。

要做好文创产品，应正确理解"馆藏"资源含义，深入分析馆藏内容。图书馆馆藏资源具有显著的历史性特征，它是不同时期各类珍贵资料的集合。它的表现形式是多种的，主要包括图书、期刊、非正式出版物、论文、

照片、电影、胶片、唱片、磁带、美术作品、缩微文献、计算机可读资料等各种类型。各类资源以不同的方式记录了人类的文化资源。但图书馆的功能不单是将这些资源收藏和保管起来，更重要的功能是将这些文化资源传承下去。因此，图书馆的馆藏并不是简单的收藏，更重要的含义是如何利用。文创产品也是馆藏资源的创新利用方式。文创产品应该将文化的种子撒在产品的土壤上，伴随种子的传播，在消费者市场上结出更多的硕果。不仅创造了经济效益，而且还提高了消费者的认知，对扭转和更正消费者对图书馆业务的错误认知有重要作用。如何正确地理解和利用馆藏资源是创新产品重要的环节。

2.误区二：图书馆文创产品开发工作只是开发馆藏资源内容，仅指物质产品

目前部分图书馆对文创产品进行了开发，但主要开发形式是将馆藏内容变成产品的一种符号，或者是印制在产品上，只是起到让消费者了解某种文化的作用，但并不知道这类文化的内涵。

这包含了两种错误认知。第一种，认为文创产品的开发就是从馆藏资源出发，把思想固定在了单一层面。第二种，认为文创产品只能是有形的物质产品。这也是目前大多数图书馆文创工作的做法，开发出了一些生活和学习用品，都是一些有形物质产品，但这类产品真正能起到文化传播作用较少，产品的文化内涵较低。仅仅围绕物质产品形式进行开发，大大限制了文创产品的形式，文创产品应该是有形和无形产品都包括的，特别是无形产品对文化的传播更深远。比如文化单位举办的演出或者是文化培训等活动就深受消费者的喜爱。消费者对这类产品消费时，因为打上了文化单位的烙印，消费者的认同和认可度增加，对这类产品也容易被接受。文创产品更广泛的概念包含了有形产品和无形产品两种形式。图书馆的文创发展既要做到对传统文化的保护和传播，又要开拓思维方式，以更符合时代要求和社会发展特征的形式对文化进行深加工，增加业务服务的形式和趣味性，这样才能更好地切合消费需求。如故宫博物院设立的"故宫体验区"就是非常好的做法。消费者可以亲身体验传统文化，可以自己制作拓片和朝珠，在切实的感受过程中学习了传统文化，对文化资源有了深度理解。这是值得各图书馆学习和借鉴的形式，将文化资源以消费者喜爱的方式展现出来，才能达到文化传播的目

的。又如上海图书馆的创客空间服务就进行了全新的尝试，在无形创意产品方面做出了很好的表率。文化创意产品不仅要取得信誉，也要在质量上取胜。文化传播的形式要让消费者觉得值得消费，并且愿意再次消费，这样的文创产品才是值得发展的。如果消费者体验一次便不再消费，这样的文创产品只能获得短期利益，并不能实现长远发展。因此文创产品发展过程中，不是将文化资源简单的开发和利用，而是以能否吸引消费者，能否实现长远利益作为评判的标准。

三、图书馆文创产品开发的知识产权风险

世界知识产权组织将创意产业定义为直接或者间接的包括了创意运用的相关行业的知识产品，重点是产品中是否包含知识和文化内涵。文创产品的重要体现就是创意。文创产品中蕴含了人类的思想和智慧，且把知识运用到其中，因此涉及知识产权的相关内容。

（一）图书馆馆藏资源开发

在图书馆发展文创产品时的一大制约因素就是是否拥有对文化资源运用的权利。因为在馆藏资源中，图书馆拥有储藏的权利，但是并不拥有相关的著作权和著作的使用权。因此，在开发文创产品时要取得相应的著作使用权。图书馆在开发文创产品时，如果要用到现在文化资源，则要面对著作权的问题，要增加使用著作权的费用支出。导致图书馆通常不愿意设计与现代文化资源相关的文创产品，而是将目光集中在不需要支付著作版权费用的历史性文献中。尤其是对古籍进行开发和利用，创造出成本费用相对较低的文创产品。

（二）产品设计的原创性

现在发展的文创产品主要以著作权为主。我国对著作权实行的是资源等级制度。因此，在文化资源的传播过程中，由于侵权造成的成本较低，侵权事件时有发生。商标权是文创产品的辅助性标识。在取得商标权时需要申请注册，其形式可以是多种多样的，可以是有形的产品，也可以是无形的产品。商标权一旦被注册，不易形成侵权。文创产业中存在的侵权大部分发生在著作权范围。文创产品中的创意保护是对原创性的一种保护。值得注意的是，图书馆工作人员的创意工作，由于是为图书馆工作，图书馆履行了报酬支付，这种情况下研发的产品创意属于图书馆。但是由于现代科技的发展和

互联网的发展，图书馆的文创产品在传播过程中存在知识产权的风险。

（三）开发模式

图书馆文化创意产品开发类型主要有自行开发、代销、与厂商合作开发、公开市场采购、艺术授权等类型。图书馆可以运用社会化的模式开办企业，或者与社会资金合作进行开发。但在发展过程中，要注意图书馆文化资源的管理和相关权利保障。文创市场上容易出现仿制品和创意被抄袭等情况。在开发模式中要注意著作权和商标权的保护。从社会制度和法律制度方面，规避可能发生的侵权问题。在与社会合作的模式中，保持图书馆的文化独立性，确保文化资源的正确利用。

第四节 图书馆文化创意工作实践

一、图书馆文创产品开发路径

图书馆在开发各类文创产品的同时还面临诸多的困难，比如馆藏资源有限，消费者的需求却在不断的发展变化，图书馆缺乏相关创意人员，人员机构亟须优化等，图书馆的文创产品发展需要不断探索新路径。

（一）针对不同人群需求进行设计

图书馆的文创产品最终要推向消费市场，在设计之初就要根据消费者的需求进行设计和开发。这要求对消费者进行深入细致的分析，通过细分消费者，使文创产品更有针对性。只有有针对性地满足了消费者需求的文创产品才是一个好的产品。例如年龄较小的幼儿，这个年龄阶段喜欢鲜艳的色彩和图画，将文创产品设计成明亮的色调和卡通的图画能吸引这个年龄段的消费者。此外在制作材料上要环保，性能设计上要安全，这样也满足了家长的购买需求。青少年消费者的求知欲强，对知识的渴望促使他们对科技类文创产品非常感兴趣。因此，应针对青少年的特点开拓一些科普类产品或者体验性文创产品。中青年读者的文创产品多从电子产品的角度出发，满足实用和便携的愿望。针对老年人的文创产品要兼具文化价值和收藏价值。国外图书馆也针对不同的消费者群体开发了不同的产品类型。比如针对少年儿童设计了吸引儿童兴趣的益智产品、文具等。与旅游产业联合开发出了针对游客的产品，这类产品通常突出地方特色，让游客对带有鲜明印记的文创产品产生深刻记忆，刺激需求。还有针对女性消费者的居家及手工文创品。有的图书馆开发了多样的文创培训课程，有针对少年儿童的，也有根据职业划分的各类职业培训。

一个深受消费者喜爱的产品需要有符合消费者需求的创意设计。这就要求文创产品在着手设计之前要充分了解消费者的需求。可以通过调查问卷或者当面访谈等形式，了解消费者在文化资源类型、商品形式、价格等方面的信息，针对消费者的需求设计文创产品。在相关调查问卷的设计中，要精确设计调查内容，相关内容包含需求类型、阅读爱好、性别、年龄等方面。

（二）依托馆藏资源特色开发产品

馆藏是图书馆进行文创产品设计时最主要的创意来源。馆藏是许多优秀文化的集合，只有从优秀文化资源中获取灵感才能开发出有创意的文创产品。图书馆的馆藏不仅指保存的相关资料，还包括了对相关资料的整理、分析、保存方法等各方面知识体系。特别是一些地方图书馆，馆藏不仅形式多样，相关的保存方式、技术方法等更是具有地方特色。此外省级图书馆集合了各市、县优质特色资源，集中保存了当地民众生产生活、社会风俗的历史资料。各地特色资源建设要以馆藏资源为中心，更要重视从公共服务对象的实际需求出发，形成选题独特、自成体系的格局。从这些特色的文化资源中寻找亮点，一定能开发设计出吸引消费者的文创作品。优秀的馆藏资源为文创产品提供了基础。哪个图书馆拥有优秀的馆藏资源，哪个图书馆便会在文创产品发展中抢占先机和优势。

根据馆藏进行文创产品的开发，使相对封闭的馆藏资源的精华以文创产品的形式进入了消费者的视线，为文化的传播和学习提供了崭新途径，也是图书馆延伸业务的一种新形式。在文创产品的开发和设计过程中，图书馆也调动了人力、物力、财力，不仅调动了员工的积极性，也开拓出更多的图书馆业务类型。文创道路上也开拓了许多图书馆新业务类型，增强了图书馆人员的业务技能。挖掘图书馆的馆藏资源不是简单的表层的学习，不是将图书馆的标志、代表性的馆藏或者建筑标志等以符号的形式添加到文创产品表面，而是要进行深层次的挖掘和利用。将馆藏的核心精华部分提取加工，形成创意思维，让文创产品包含深层文化元素。

基于消费者的文化认知的文创产品才能引起消费者的共鸣，文创产品的设计本质就是要包含引起消费者消费兴趣的文化因素。国外图书馆通常是依据公众熟知的名著、名人、时下流行的热门文化活动等开发和设计文创产品，这类文化已经在消费者心中有所了解，有一定的辨识力。这类文创产品能更容易引起消费者的文化认同感。国内的图书馆多基于馆藏书籍或者古代传统文化进行文创开发，一方面是由于中华文明历史悠久，能开发和利用的优秀资源众多，值得现代人学习和借鉴的文化资源继续宣传和利用，起到借古明今的作用。另一方面，虽然中国有诸多优秀的现代文化资源，但出于版权因素等原因，文创设计和开发的成本较高，无法进行生产。借鉴优秀古籍开发的文创产品，虽然具备了知识性，但也要注重趣味性。因为部分消费者可能由于知识结构不同或者语言文字的难以理解，对古籍的知识难以形成正确的认知，转而不理解此类文创产品的文化内涵，不能引起消费者的文化共鸣。因此，基于古籍开发的文创产品要对文字和知识进行现代化处理，拉近古籍和现代消费者的文化距离，使消费者产生文化认同。此外，图书馆还可以开展多种形式的活动，对大家并不熟知的文化资源进行宣传和普及，可以通过图书馆战略、宣传活动、文化竞赛等各种方式吸引消费者参与。在消费者对文化基础有一定了解的基础上，再推出相关的文创产品就能带来良好的社会效益。

图书馆的文创与其他单位的文创产品最大的不同在于其基于馆藏资源的特征。因此，要提高文创产品的经济和社会效益，要从文创产品的设计原材料做起。图书馆要利用各类活动对自己的馆藏资源进行介绍和推广，并对优秀资源进行重点宣传，使消费者对馆藏特点形成深刻印象，引起消费者对某一类文化资源的兴趣。最后还可以通过社会调查或访谈等形式收集关于消费者对文化资料的了解情况的相关信息，形成消费者数据，为文创产品的设计形成消费参考。

（三）从地域特色文化角度开发产品

中国国土面积广阔，各地区在发展过程中都形成了自身的特色，这些特色表现在风土人情、自然地理风貌、饮食文化等多个方面。从各不相同的地域文化入手进行文创产品开发是个很好的创新视角。不仅使不同地方的文化相互了解，也有利于文化的融合和发展。带有地方特色的文创产品是非常重要的文化交流素材。这类文创产品才能有效地避开模仿和复制，增加原创性。图书馆根据馆藏进行的创意，不是仅仅限制于书籍，图书馆还可以将地方特色的馆藏资源内容进行开发，设计出外表和内涵兼具地域性文化的文创产品。地域性文化资源加上创意就开发出了既能引起本地人文化共鸣的产品，也能激发外地人文化兴趣的文创产品。熊猫是中国的代表性动物，深受大众的喜爱，再加上杜甫的文化因素，四川省图书馆设计出了杜甫加熊猫的文化产品，成为以地方特色为基础的文创产品成功案例。

文创产品就是应该结合地域文化进行创新，将地方的发展历史，传奇故事及人物传记等通过文创产品的形式加以传承。地方图书馆在地域性文化资源方面具有绝对优势，这是其他地区所不具备的。在掌握了优势资源的基础上，再进行开发才能事半功倍。通过发展地域性文化开拓文创市场，这是最适合中小图书馆的发展路径。中小图书馆的馆藏资源不如各大图书馆丰富，也缺乏著名的文献和较大历史价值的文物。在馆藏文化资源方面，中小图书馆并不占优势，将地方特色文化融入文创产品中是最合适的办法。在特色文化的基础上，开发各种形式的文创产品。不仅使当地消费者重温历史传统文化，也吸引了许多外地的消费者。因此地域类文创产品和旅游业联合发展对拓宽文创市场非常有帮助。比如南方可以将广州的粤语、庙会、海上丝绸之路等文化因素，融入文创产品，以粤语生动的词汇作为文创产品的卖点。北方如内蒙古则可以草原为特色，加入当地少数民族的性格特点，以凸显当地图书馆的文创产品风格。再如四川成都，可将其国家历史文化名城、三国蜀汉国都等特色融入文创设计中，梳理其历史脉络，成为宣传城市历史文化的代表性产品。

可以看出，以地方特色文化为素材挖掘文创产品的做法，要求图书馆必须走出对自己馆藏的认知和局限，图书馆人应当从传播文化角度，作为省级馆应该放眼全省地域范围，深入市、县、区甚至乡村，发现特色素材进行打造推广，否则囿于图书馆所在地开展文创工作，视野和创作内容必定受限，市场反应也必然平平。

（四）结合现代科技开发产品

在科技迅速发展的时代，新技术成为人们的消费热点。文创产品也应该符合市场潮流的变化，与科技手段结合发展，开发科技含量高的文创产品。对现代人来说，生活节奏加快，人们没有时间到图书馆进行借阅和学习，图书馆的数字化技术推出的许多电子资源就很好地满足了消费者的需求。此外，图书馆文创产品的发展还可以与其他行业联合发展。文创产品和旅游业有千丝万缕的联系，设计开发针对游客的地方特色文创产品和体验类文创活动都是很好的产品形式。此外，文创产品的发展也可促进传统制造业的发展。传统制造业的产品注重的是产品的质量和技术特征，与实用性。但随着消费者需求的不断提高，单纯的实用性产品已经不能吸引消费者的兴趣，如果加入文化元素进行改进，那么普通的产品就呈现出文化的光彩，符合了现代人对文化的追求，促进了生产制造业的发展。

文创开发与现代科技相结合，开辟出一条新的路径。文创产品的发展要紧跟时代步伐，既要传承传统文化，又要以现代的方式呈现出来。文创产品和现代科技联合起来是发展新路径。近年来，人工智能技术已经广泛应用于文创产品中，也成了最受消费者欢迎的一种文创产品形式。将传统的历史文化用人工智能的形式表现出来，如设计给儿童的智能陪伴机器人，在内部芯片中将中国传统文化故事、国学知识等融入其中，深受孩子们的喜爱。还可以数字化模式将图书馆的实物资源展示出来，使更多的读者了解到罕见的文化资源。现代的科学技术已经应用到了文创产品的各个环节，从创意初期的消费者调查到文创产品的消费者回馈信息，数据的整理、分析等都用到了现代技术。

现代的新媒体技术在文创产品中也广泛应用，利用 VR 形式，可以让消费者体验身临其境的感觉。通过现代模拟技术可以模拟出历史文化场景，让消费者亲身体验文化环境带来的感受。伴随现代科技的发展，技术因素成为文创产品不可或缺的组成部分。

馆藏的文化资源通过科技手段得到更广范围的传播，成为大众可以日常接触的产品。如将著名的书法作品以电子化形式进行展现，或者将一些文化资源录制成小视频的形式，并以二维码的形式出现在文创作品中，扫描二维码消费者可以得到更多的知识，加深了消费者对文创产品的理解。国内的许多文化专家都达成了这样的共识：文创产品的开发与发展，离不开现代科技的应用，文创产品的设计要紧跟时代发展。与科技联合发展，将技术应用于文创产品中是图书馆发展文创产品的重要方向。

（五）开发多种类型多种系列产品

图书馆的文创产品通常依照消费者的日常生活物品进行设计，大多数产品为实体类的产品，这些产品对消费者来说，既是实用的生活物品，又是符合精神需求的物品，因此购买欲望高于其他普通实体型产品。但是文创产品的类型应该是多元化发展的。产品的表现形式也应该根据消费者的需求和时代特点产生变化。将一个选定的文化资源应用于文创产品后，使文创产品按照主题系列发展，将同样的文化元素运用于不同的产品形式，设计出一整套的文创产品，注重这一文化的传承性，系统发展了文化内涵。这样做不仅增加了文创产品类型，还推动了文化从过去到现代的延续。

图书馆的文创产品依据功能类型表现出下列特征：关联性、独特性、组合型、互换性。第一，文创产品根据设计的文化资源产生了一定的关联性。通常形成了有关联的一个组合的设计和一系列的产品设计。这类产品表现出文化的系统性特征。第二，根据独特的文化资源设计的文创产品通常表现出独特性，这类文创产品不易被复制和模仿，是地域性特色文化的代表形式。第三，不同功能的产品体现出了组合型特征，某类文化和某类文化的组合形成的文创产品表现出这一特征。最后在一个系列的产品中，有些产品是可以相互交换使用的，此类产品的功能相同。国图旺店中，我们可以找到许多同种文化资源开发的产品类型，这些产品形成了一个系列，体现了文化的完整性和系统性。系统开发的好处在于可以将同类元素进行整体应用，运用在不同的产品类型中，满足消费者需求的多样性，也增加了销售量。

（六）产品开发目的不忘公益性

文创产品对图书馆的业务提出了更高的要求。文化传承是图书馆的基本功能之一，文创产品是一种全新的文化传播形式，图书馆有责任充分做好这项工作。但是在发展文创产品过程中要注意避免陷入产品开发的误区。文创产品要体现文化特色，而不是为了符合市场的需求去发展低俗的文化，要注重文化传播的质量。在相关的生产、推广的环节，文创类产品和其他商品不同，他不仅肩负经济功能，更具有文化传播功能。要避免在发展中，受市场利益的驱使，使文化产品失去了文化特征，成为一种单纯追逐利益的产品。

图书馆的文创产品最主要的功能不是创造和增加收入，而是图书馆业务的延伸和发展，是以教育性为主要目的。在市场经济中，由于文创产品属于需求弹性较大的非必需品，消费者对价格敏感性较高，根据消费者的调查数据得出，消费者普遍认为目前市场上文创产品的价格偏高，不符合实际价值。因此，制定文创产品的价格标准和价格规范实为必要。公共图书馆对文创产品的定价要符合市场规律，并在相关部门的监督下执行。多次强调文创产品是图书馆的业务延伸，创造经济价值不是其主要目的，在产品定价时要充分考虑这一点，避免造成以追逐经济利益为首要目标而忽视了文化的传播价值。

（七）常用图书馆文创产品设计方法

图书馆进行文创产品设计时常用的创作方法主要包括以下几种。

1. 直接提取法

文创产品设计中最简单的方法就是将文化资源的代表性符号直接印制在产品上，这类产品创作成本低，文化含量浅显。现在市场上有很多这样的产品，直接采用印刷的形式将图案或文字加注于产品上。直接提取法中的图片提取可以变化成多种形式，图片比文字更能吸引消费者的兴趣，图片的应用丰富了文创产品的外观，带给消费者直观感受。此外一些有形文化标志也可以被制作成缩小版，这些标志可以引起消费者的文化认同感，刺激其消费欲望。

2. 抽象变形法

图书馆可以将馆藏资源中的图形、内容等抽象化，从中提取有用的部分，进行再加工、再升华，采用多种设计方式，应用于产品的造型、产品的内涵等。这种类型的文创产品文化内涵丰富又有设计感，深得消费者喜爱。

3. 寓意法

通过将传统文化中有一定寓意的文化元素提取出来运用到产品外形设计中。不同类型和不同需求的消费者都可以从中找到符合自己需求的精神寓意产品。例如将名人名言运用到学习用品中，在学习过程中实时起到激励作用。把吉祥寓意的文化元素运用到装饰品中，满足人们对美好生活追求的愿望。

4. 概括归纳法

概括归纳法是将大量有关联的图片、影像、文学作品、事件、故事等进行收集、整理、分析、归纳和重构，进而创造出一个新的形态的方法。图书馆在创造文创产品时还可以将相关的文献资料、传说、地方风俗等进行分析和创造，得出一个新的形态。从特色文化资源中发展的创意更具有吸引力，但这类产品的设计要求创意人员具备深厚的文化基础和独特的设计灵感，对人员的要求较高。

5. 充分运用多种设计方法

文创产品的设计方式是多种多样的，在同一产品中可以综合运用多种方法，使创意的展现形式更具灵活性。因此需要在设计时评估哪几种展现形式的联合是最优的，在各种设计方式的联合下，从不同角度吸引消费者的兴趣，满足不同消费者的购买需求。

二、图书馆文创开发合作模式

（一）加强馆际合作交流

图书馆文创产品的开发离不开单位的相互合作。图书馆的馆际合作体现为两个层面的合作。第一个层面是图书馆之间的合作，目前图书馆界已成立文创联盟，即"全国图书馆文化创意产品开发联盟"。图书馆相互约定共享馆藏资源和创意，共同开发文创产品，共同发展图书馆事业，这是出于文化传播角度的合作。第二个层面的合作是指图书馆与其他文化单位及生产性企业的合作，图书馆与相关业务单位共同合作进行设计开发，这样既对接了市场需求，也能最大限度地将文化资源应用到产品中。

"全国图书馆文化创意产品开发联盟"为图书馆进行文创工作提供了全面工作指导，促进图书馆从人力、物力、财力等方面进行共同合作，开展文化交流和共享。使文创产业走向快车道，同时也为图书馆进行文创工作提供了标准和行业规范。这一联盟形式可以促使各图书馆协调的运转，充分发挥馆藏资源优势，调动了文创工作的积极性。同时有效避免了各图书馆之间的模仿和复制，有利于促进发展原创性产品。在明晰知识产权的前提下，各图书馆可以相互合作将各自的优势资源进行共享，共同创作出优秀的文创产品。各图书馆共同合作的文创产品更具有公信力，在市场上能快速赢得消费者的信任。对于在多个图书馆都有的馆藏资源，在合作开发的时候可以有效地避免重复开发，保留有价值的文化资源。在文创产品的销售环节中，馆际合作关系能有效地突破地域市场之间的屏障，避免了地域垄断，促进了文创市场的合作式发展。在合作关系中，还可以借助其他图书馆的优势来避免自己的劣势，能够有效做到取长补短。通过联盟形式还可以让图书馆处于有序发展状态，避免无秩序的创意，为发展良性文创市场提供了制度保障。

（二）加强市场化运作

图书馆要转变以往传统业务中的工作思想和工作方式，进行创新发展，以开拓新的业务模式，融入更广阔的文创市场开创道路。图书馆工作人员虽然有多种专业构成，但是基本以图书馆相关专业为主，缺乏经济类和管理类相关人才或是相关人才实战经验不足。所以在文创产品的设计和开发中，缺乏市场开拓意识和竞争精神。图书馆借助强大的文化资源优势与企业展开合作，可以综合利用自身文化优势和企业的市场优势，共同参与到文创产品的市场发展，创造一个有序、高效的文创市场。在文创产品的市场运作上，要依据经济规律，分析文创产品的市场需求弹性和消费者的偏好，有针对性地在不同类型消费者市场中做到针对性地投入产品，做好产品的销售渠道，使正确的文化资源传递到合适的消费者手中。文创产品的开发中要注重图书馆的文化形象和文化特色，将设计开发的各个环节纳入评价机制，促进文创市场的健康发展。

目前，图书馆和相关单位合作的文创产品主要基于授权形式开展的，图书馆授权给生产企业进行生产，授权相关销售平台进行市场推广。这种松散的合作关系不利于长期合作和发展，需要找寻一种长期稳定发展的合作模式。图书馆拥有深厚的文化积淀和文化理解，授权的企业能将文化资源理解和运用到什么程度是不可把握的，因此开发出的文创产品可能在质量和等次上存在较大差异，不能最大限度地将文化资源的底蕴和魅力展示出来。图书馆要承担其文创产品的开发工作，采用股份的形式将图书馆和企业联合起来。在开发的过程中，为保障文化资源的充分展现，可以将文化创意以知识产权的形式入股，图书馆在创意中起主要作用，形成合理的资源分配关系和利益分配机制，促进文创市场有序、健康发展。图书馆可以利用公共文化服务的社会地位寻找合适的开发企业，还可以借助政府各部门和企业的力量形成稳定的合作关系，合作中要始终遵循保证文创产品的经济价值和社会价值为目的。

（三）相关产业跨界融合

各级图书馆可以开发针对青少年的文创产品和文创类体验活动，将文创与研学活动有机结合起来，促进文化资源在青少年群体中的传播。在青少年的研学活动中，图书馆可以开发相关的馆藏资源介绍、文学阅读、传统文化产品制作等活动吸引青少年群体的兴趣，使他们从小感受到知识海洋的浩瀚，激发求知欲。

图书馆在针对研学的文创产品开发中，要注重产品开发的年龄和知识要求，开发适合这一年龄段的产品，针对不同年级的学生开发不同文化水平的文创产品。文创产品可以采用的展示形式是丰富多彩的，年龄较小的学生可以采用动画和绘本的形式进行讲解，年龄稍大的学生可以采用知识问答和科普讲座的形式。采用旅游和文化开发的方式将文创产品推广到青少年群体中，促进了图书馆业务的拓展。

文化和相关产业的融合发展为图书馆的文创产品开拓了新的发展方式，在此基础上，图书馆发展出了一些"文化＋"的发展路径。比如文化与科技的结合，将新科技手段应用于文化产品中，开发出了一系列的文创产品新形式，如数字化媒体技术的应用产生了体验型文创产品，促进了数字化文化资源的传播。文化和空间的结合，拓宽了图书馆的业务空间，出现了虚拟服务空间，大大增加了图书馆的业务服务范围。文化还可以与医学进行结合，伴随消费者文化水平的提高，人们渐渐学会从文化资源中学习日常的保健和医疗知识。图书馆可以提供专门的保健医疗数据。文化可以与许许多多的方面进行结合，创造了丰硕的文创产品形式，推动了文创产品在联合中成长。

近年来，伴随人们生活水平的提高，旅游业发展迅速，但传统的观光方式已经不能满足消费者的需求，人们希望在旅游过程汇总感受到的文化和知识性体验。因此，文化和旅游部也出台了相关政策，提倡文化产业和旅游业的联合发展。将文创产品融入旅游业中，既对文创产品起到了宣传作用，也为旅游业开拓了新的旅游方式，是双赢的合作方式。在当前的一些合作实践中，依据当地文化特色设计的文创产品深受游客的喜爱。体验型的文创产品大大增加了旅游的趣味性，人们不仅能观看当地的自然风光，更体会了当地的文化，增加了知识积累。

三、图书馆文创工作的内部管理

（一）规范图书馆内部管理机制

1.积极转变思想观念

文创产品承担着文化资源宣传和传承的重大责任。目前，我国图书馆的文创工作处于初步的探索阶段，虽然已经有一些试点图书馆，但大部分图书馆处于观望和等待状态，缺乏开展文创工作的意识和积极性。即便是已经开展试点的图书馆，其文创产品类型也比较狭窄，不能满足消费者多样化需求。想要提高图书馆文创业务的积极性，要从根本思想观念上入手，使图书馆充分认识到文化业务是图书馆业务延伸的重要方向，是必然发展趋势，不能等，不能靠，要积极发展起来。要从人员的思想观念出发，加强思维开拓和创新，拓展文创产品种类。最后，文创工作可以纳入重要的评价指标中，充分调动各图书馆的积极性，加入文创产业发展队伍中。

2. 根据本馆实际情况，建立适合的开发管理机制

由于各个图书馆在组织结构和人员构成方面都不尽相同，因此在开发管理机制方面要因地制宜，开拓适合自己的发展道路。各图书馆的部门设置和工作内容各有差异，将文创工作设立专门部门，还是分摊到各个部门中，哪种管理机制是最好的，这需要评估自身特点后再决定。此外各图书馆也应尽快依据国家相关规定，制定出适合自己图书馆的人员和业务管理机制，形成管理体系，从运行机制上保障文创工作顺利开展。

文创产品的开发需要的基础条件首先是馆藏资源，不是所有的图书馆都有条件开展这一业务。另外，文创产品的开发形式也需结合自身条件进行选择，有丰富馆藏资源和设计开发人员的单位可以选择自主开发。虽然有丰富的馆藏资源，但人员结构不能满足创意要求的图书馆可以采用与企业合作开发的形式。

3. 设立合理的奖惩机制

文创工作也需要运用激励管理机制。文创业务作为图书馆全新的业务形式，其工作要求不同于传统的服务项目，要求员工具有创意性思维和深厚的文化积累，还需要进行广泛的市场调查，摸清消费者的喜好，结合文化特点开发出针对性的产品。这一过程需要工作人员付出巨大精力。因此需要合理的激励机制对创意人员进行奖励。

（二）加强专业人才建设，提高图书馆文创产品水平

图书馆进行文创产品开发，文化资源基础是占有优势地位的，但也存在一定的劣势。图书馆人员结构中缺乏相关专业的设计人员、经济管理运营人员。在文创工作中遇到了一些困难，当务之急是找出解决人才匮乏的措施。

1. 加强人才培养

首先要从图书馆人员队伍出发，加强馆内人才的培养。从图书馆紧缺的设计、经济、管理等方面入手，设立人才培养制度，培养自身的可用之才。图书馆要从现有人员的专业构成、年龄结构等方面着手，选出适合文创产业的人才，对应其工作业务安排，开展相关培训。树立起创意理念，逐步形成设计、营销等方面的团队，强化内部人员的力量。对于文创工作相关或相近专业的人员进行重点培养，这类人才已经具备了文创工作的基础知识，所以培训成本相对较低。图书馆还可以与其他的文化单位建立合作关系，学习其他单位先进的人才培养模式，逐渐摸索出一套适合自己的人才模式，并在交流和学习中形成共同的人才培养模式。图书馆还可以借助高校的力量，联合开设相关专业，为图书馆的文创工作培养和储备人才。图书馆还可以派出相关人员到其他单位学习，或者参加国家相关部门的培训会。所以图书馆要从自身做起，寻找适合自己的人才培养模式，逐步建立文创产品设计开发、营销推广等一系列的工作团队。

2. 引进专业人才

图书馆文创业务的发展不仅要从自身展开人才培养，也需要不断从社会人才中增加新力量。自身的培养模式是漫长的过程，培养一个合格的文创人员需要几年的时间，而文创工作刻不容缓，因此引进急需的专业人才是较快速、有效的办法。引进所需的文创人才，图书馆要制定相关的人才引进政策，依据所需的创意设计、新科技、计算机、经济、管理等方面的人才设立招聘职位。图书馆也可以以合同制聘请企业的优秀创意设计人员加入文创业务中，发挥各自优势，形成文创团队。图书馆还可以聘请文创方面的专家，形成人才智库，为文创工作的开展提供重要的政策建议。人才智库在文创业务中要从战略高度出发，给予文创工作以方向性指导和重要规划指导。

图书馆可以与企业合作，聘请企业人才对图书馆的文创项目市场可行性进行评估和预测，并提出相关改进意见。文创产品开发需要调研市场需求，需要对销售渠道和销售模式展开调研，对销售进行预估，还要对产品的销售情况和消费者的消费反馈进行信息的收集和分析。这些工作图书馆要借助企业人才的力量完成。总之，图书馆的文创工作既需要掌握理解文化资源的人才，又需要把握市场经济规律的人才，人才引进是一种有效的措施。

四、图书馆文创产品营销管理

（一）打造文创产品品牌

文创产品发展到一定程度会形成品牌效应，品牌化经营的文创产品不仅提升了产品形象，赢得消费者的信赖，还能取得更好的经济效益。图书馆应该注重文创产品的质量提升、文化内涵的提升等方面，打造有品牌影响力的产品。通过参加国内的图书馆文创品牌的会议和相关活动，将品牌进行推广，形成有知名度的优秀品牌。具有品牌的文创产品能创造巨大的经济效益，文化传播功能更强大。例如"故宫"和"紫禁城"，这些系列的产品被消费者所熟知，品牌效应显著。消费者基于文化的信赖产生了显著的产品信任，无形中增加了产品的认可度。苏州博物馆的"国宝味道之秘色瓷莲花曲奇"和湖北省博物馆与编钟有关的"天籁"和"曾侯乙编钟乐舞"商标，这些都是具有地方特色的文创商标，消费者见商标知文化，实现良好的文化传播功能。

（二）整合馆内外各种资源，探索多种营销模式

图书馆应该充分发挥自身营销主动性和外部企业联合的优势，多路径进行其宣传推广，增强文创产品在市场的营销能力，并逐步形成品牌效应。如故宫博物院就借助媒体的力量宣传文创产品，产生了良好的反响。故宫博物院推出的纪录片《我在故宫修文物》，虽然仅有短短3集，却在网上迅速走红，引起了消费者的极大兴趣。湖南省博物馆联合湖南卫视制作《博物馆翻箱底》电视节目，借助栏目的知名度将珍贵的馆藏文化进行宣传和推广，激起了消费者对相关藏品的强烈求知欲。现代社会互联网技术使人们的消费方式发生了变化。生活的快节奏促使人们更加倾向于网上进行消费。互联网消费者是一个巨大的消费群体，图书馆要充分重视互联网这一销售空间，将文创产品通过互联网平台进行宣传和销售。文创产品可以通过网店、电商平台、自建网络互动平台等方式，也可以开展个性化销售，如通过QQ（群）、微信、微博等进行展示。除了图书馆内部空间展示外，文创产品的销售渠道得到了极大的拓宽，并且互联网技术能突破空间限制，使千里之外的消费者也能轻松浏览和享受各地的文创产品。在互联网的线上营销模式下，图书馆的文创产品的销量大增，同时注重做好售后产品服务，如增加产品文化的网上讲解等，逐步打造出著名的文创品牌。

（三）充分利用名人、经典以及畅销作品的感召力

在文化领域的一些名人或者经典名著已经在消费者心中形成了文化形象，因此借助名人或名著的效应设计的文创产品能更快地被消费者认知和认同，这类产品能走进消费者的内心，激发文化兴趣，具有良好的社会效益。

除了名人或名著的显著效应外，图书馆还藏有很多珍贵的、不为大众熟知的文化资源。这类文化资源更需要发展和传承下去。图书馆可以开展针对特别文化资源的宣传和展览活动，将自己的馆藏文化进行宣传。这种宣传有利于消费者加强产品背后故事和人物的认知，增加学习和掌握此类文化的兴趣，使消费者通过先了解文化再认同文创产品的方式，最终形成对文创产品的喜爱。这类文创产品对文化资源的价值起到了显著的传承和发扬作用。

（四）发挥图书馆联盟在营销中的作用

面对当前图书馆界的营销体系，各个图书馆正在不断发力。同时联盟通过一系列措施，帮助各个图书馆建立和发展销售渠道、拓展营销新模式、创新营销推广理念，促进各馆之间营销资源的交流和共享。

第一，图书馆联盟负责构建图书的文创产品的展示平台，将各类文创产品放置于平台上。按照文化元素、产品类型、产品价格等门类进行归类，各单位可以通过平台更好地了解文创产品开发情况，总结自己的优势和特色，避免文创产品的重复开发。第二，图书馆联盟互联网平台建立统一的在线销售渠道。当前网上购物的人群占比越来越大，线上购物成为一种主要购物趋势。文创产品也应利用这一电子化的销售平台打开销售渠道。图书馆联盟通过强大的资源组织能力，在平台上开展线上销售。消费者面临更多产品选择，可以在联盟内选择符合自己偏好的产品。同样，图书馆联盟还有着强大的组织能力，可以为消费者解决售后问题，给予了消费者良好的购物保障，促进了消费。同时，线上的平台负责销售技术的维护等，降低了图书馆的销售成本，有助于图书馆集中力量在文创产品身上下功夫。图书股联盟还可以通过组织的力量制定产品推广计划，凭借组织优势组织各种产品展览活动，促进文创产品的宣传，提高知名度。最重要的是，图书馆联盟有助于中国的文创产品走向国际市场，图书馆的单打独斗很难在国际市场站稳脚跟，但图书馆联盟集合了各图书馆的优势资源，在市场上具有强劲的竞争力，在国际市场上可以创造良好的中国品牌效应。

（五）提高用户黏性，培养用户习惯

提高文创产品的销售业绩，最重要的是要全面分析消费者的消费偏好和消费习惯。在进行产品的设计开发时就切合消费者的需求偏好。找到了产品与消费者偏好的结合点就能打开销售渠道。将文创产品的精神深入到消费者的日常生活、学习及工作中，形成一种固定的消费习惯时，消费者对文创产品的消费黏性就已经形成。培养文创产品消费者的消费忠诚度是形成消费黏性的重要环节。

五、文创工作的政策支持与产权风险规避

（一）寻求政策支持

图书馆在文创产品的发展道路中有很多困难和障碍，需要寻求政策的支持和保护，形成良好的制度环境。同时，图书馆的领导也要重视文创产品的开发，对内引导馆员看清文创产品是图书馆业务发展的必然趋势，对外积极向有关部门寻求政策支持，加大开发力度。

政府对文创产品的政策是保障文创产业顺利发展的重要因素。在文创产品发展较早和较发达的图书馆案例中均可发现政府的政策起到了风向标的作用，是文创发展的重要保障。图书馆的文创产品不仅需要进行全局规划，也需要在各个环节进行具体设计，如资金来源、资金分配、利益分配等，这些环节都需要有具体可依据的政策。

文创开发工作属于文化产业的范畴，省级图书馆可以依据相关政策精神，争取上级主管部门的理解与认可，把文创开发工作纳入重点扶持项目，才能为图书馆发展文创产品引进资金。政府的财政可以加大对图书馆的资金支持，在保障图书馆基本业务的同时，能有余力发展文创产品。图书馆走向市场化运营需要不断的尝试，更需要制度保障。图书馆可以在政策允许的情况下通过社会渠道进行融资，实现图书馆转型发展，有利于图书馆增加资金来源并开展新业务。图书馆的转型发展需要进行大胆尝试，可以通过和企业的合作拓宽市场。

（二）规避知识产权风险问题

1.强化知识产权授权

图书馆文创产品的基础是文化资源，文化资源的产权问题就成了产品开发中要注重的问题。图书馆可以将文化资源以图像或者影像的形式提供给授权的合作企业，对知识产权形成保护。用于创作文创产品的文化资源通常是历史性资源，已经超出了知识产权的时间界限，因此节省了知识产权的购买成本。图书馆将这类历史性资源制作成高质量数字化产品的同时，也形成了摄影著作权，因此可以将其应用于文创产品开发。

艺术授权通常是通过合同形式实现的，将艺术品的著作权作为一种无形文化资产，授权给开发企业在特定的时间段和地域范围内使用。授权者可以从中获得经济利益。通过授权的形式可以让艺术品走向更广阔的市场，被广大消费者所熟知。图书馆通过授权可以将多种形式的文化资源开发成文创产品，消费者可以享受到种类丰富的文化产品形式。在授权过程中，要注意产权的保护，在符合法律规定的范围内执行。这要求图书馆在进行授权之前对合作企业有充分的了解，以确保在文创产品的开发过程中不会产生授权滥用和超出授权的开发行为。所以图书馆可以通过知识产权授权的形式推广文创产品，但同时授权有风险问题。因此要考察合作企业，要规制授权过程中的开发行为，这需要图书馆在各类规章制度下严格执行。

2. 构建知识产权保护体系

（1）政府层面

针对文创产品开发中的知识产权问题，政府要起到主要的保护责任。政府应该从法律方面健全法律法规，提升对知识产权的保障水平，创造安全有效的制度环境。针对不同类型文创产品的特点，形成针对知识产权问题的解决机制，形成法律制度下的纠纷解决途径。政府需发挥其行政引导的职能，有效解决知识产权纠纷问题。这需要政府建立一套完整的、有针对性的惩罚赔偿体系，对各种类型的侵权和纠纷事件都能做到有制度可依。同时，政府对文创产品的质量和文化品质应建立相关的检验制度，多方面、多角度地对文创产品的质量开展知识产权保护。

（2）图书馆层面

图书馆方面也要时刻关注市场动态，及时发现相关的知识产权侵权行为。同时，要关注知识产权相关法律制度的发展情况，及时跟进政策方向。虽然国家已经出台相关知识保护法律法规，图书馆在进行文创产品开发时可以做到有法律依据，在签订相关的授权合同时，注意审查合同条款，但仍鼓励有条件的图书馆内部设立自己的法律部门，对文创合同进行严格审查，逐步形成一套文创合同审查工作流程。图书馆设立自己的法律部门可以有效保障文创产品的知识产权和图书馆的经济利益不受到损害。

3. 加大对知识产权保护意识的培育

加强文创市场上的知识产权管理，最重要的方式是提高自身的防范意识，提高知识产权保护意识。文创产品的开发过程中要加强知识产权的保护，这样才能有效地防范盗版和假冒现象，保证文创产品设计开发的积极性。加强知识产权意识应从下列方面入手。

（1）政府宣传与推广知识产权

政府和相关的职能机构应承担起知识产权的宣传工作，将市场上侵犯知识产权的案例和应承担的后果通过活动和媒体形式进行宣传，使保护知识产权的意识深入人心，从意识源头上防范知识产权问题产生。除了宣传和增强知识产权意识职能外，相关的行政部门也应该担负起监督职能，从监管方面发挥作用。政府起主导作用，从法律体系方面健全制度；民众从自身意识角度进行提升，共同创造一个文创产品安全发展的社会环境。

（2）提高图书馆及其合作公司知识产权保护意识

首先，图书馆和合作企业都必须对知识产权有正确的认知，充分了解知识产权侵权的后果和危害，认识到保护知识产权的重要性。其次，要明确应该采用什么方式来保护知识产权不会受到伤害。最后，图书馆要充分了解相关知识产权保护法律制度和条例，察觉市场上有侵权行为时运用法律武器解决。

（3）注重用户的知识产权保护意识教育培训

图书馆可以开展多种形式的宣传活动，提高消费者的产权保护意识。可以通过组织活动和知识竞赛等活动，调动用户的学习积极性。另外，还可以通过网络渠道线上推送知识产权保护信息，提高用户的知识产权以保护知识储备。用户在利用图书馆的文创产品时能做到遵守知识产权的规定，保护图书馆文创业务发展的积极性。

（4）强化馆员、文创设计师、经营管理人员知识产权保护意识

每一项文创产品开发都包含了各部门工作人员的辛勤努力，文创产品不仅是文化资源的传承，也是各位工作人员智慧的结晶。因此要充分提高工作人员的知识产权保护意识，避免造成图书馆资源和劳动成果的浪费。

第六章 非遗文创产品的设计与开发

第一节 非物质文化遗产的内涵

一、非物质文化遗产的概念

非物质文化遗产指各族人民世代相传，并被视为其文化遗产组成部分的各种传统文化表现形式，以及与传统文化表现形式相关的实物和场所。具体包括以下几个方面：①传统口头文学以及作为其载体的语言；②传统美术、书法、音乐、舞蹈、戏剧、曲艺和杂技；③传统技艺、医药和历法；④传统礼仪、节庆等民俗；⑤传统体育和游艺；⑥其他非物质文化遗产。

与其他文化资源相比，非物质文化遗产牵涉民族的世界观、道德观和审美观，形成了一整套独特的文化传统和民族价值体系。同时非物质文化遗产具有强烈的民族特征和社会属性，是劳动人民在生产生活中逐渐形成并流传下来的宝贵精神财富。从传承主体看，非物质文化遗产必须以杰出传承人为依托，没有杰出传承人的不能被认定为非物质文化遗产。从传承形态看，非物质文化遗产必须以活态传承为特征，非活态传承的不能被认定为非物质文化遗产。从传承时限看，非物质文化遗产必须有悠久历史，时间不足百年的不能被认定为非物质文化遗产。从表现形态看，非物质文化遗产必须附会于某一具体的表现形式，而无法附会的单纯理念不能被认定为非物质文化遗产。从品质上看，非物质文化遗产必须是一种重要的民族文化财富，没有重要价值的不能被认定为非物质文化遗产。

二、非物质文化遗产的价值

非物质文化遗产内涵丰富，形式多样，具有多元价值体系。其中核心价值决定了一个民族的文化特质，包括历史价值、文化价值、精神价值；内在价值是蕴含于非物质文化遗产自身中的要素，不受外部环境变化的影响，是非物质文化遗产资源产业化的前提和基础，包括艺术价值、科技价值；而外在价值是通过对非物质文化遗产核心价值和内在价值的开发而形成的，是非物质文化遗产在当前时代体现出的现实价值，包括教育价值、经济价值、政治价值、国际交往价值。非物质文化遗产不仅是人类认识自身传统的基础，同时也是开创未来的重要前提，能否传承、保护好这些遗产，将直接关系到民族文化的前途与命运。

（一）历史价值

非物质文化遗产是在特定历史条件下产生的，是历经岁月沧桑保留下来的文化结晶。非物质文化遗产积蓄了不同历史时期的生产发展水平、社会组织结构、生活风貌、道德习俗。非物质文化遗产可以帮助人们了解一个民族的历史生活状态和思想、感受先人的情感和智慧，因此具有极高的历史价值。

非物质文化遗产的历史价值大体可以分为证史价值、正史价值以及补史价值等三方面。证史价值指各种产生于各个历史时期，并以活态形式传承至今的非物质文化遗产（如钻木取火、版筑技术等）在印证往昔历史的过程中所呈现的某些独特价值。正史价值指非物质文化遗产在纠正历史偏谬过程中所呈现的独特价值。补史价值指非物质文化遗产在补充、丰富历史文献的过程中，所呈现的某种独特价值。

（二）文化价值

非物质文化遗产的文化价值指其在帮助人们认识民族文化的过程中所呈现的独有价值。这里所说的"文化"主要指人类在漫长的历史发展过程中为适应各种自然环境与人文环境，所创造出来的各种生产方式与生活方式，以及衍生出来的精神信仰。不同民族孕育不同的非物质文化遗产，体现了人类文化的多样性。非物质文化遗产是不同民族的文化积淀，反映了人类社会在漫长历史中所形成的文化和传统，是人类文明的重要组成部分。非物质文化遗产蕴含着民族传统文化的最深根源，反映了民族传统生活生产方式，保留着民族身份的原生状态。

（三）精神价值

非物质文化遗产离不开民族特殊的生产生活方式，更离不开具体的民族历史和社会环境，蕴含着民族独有的精神特质，维系着民族的血脉，塑造了民族的特质，是一个民族基本的识别标志。非物质文化遗产对传承和凝聚民族精神具有无法替代的重要作用，是一个民族发展的源泉和精神依托，也是一个民族实现独立、尊严、崛起、振兴的精神支柱。

（四）艺术价值

非物质文化遗产的艺术价值，指非物质文化遗产在帮助人们认识不同历史时期及不同地域间的审美生成规律与演变规律的过程中所呈现的独特价值。绘画艺术、雕刻艺术、传统音乐等非物质文化遗产，能够展现一个民族的艺术创造力和审美情趣。非物质文化遗产历经沧桑流传至今，充分说明其审美水平和艺术造诣都得到了不同时代的人的认可，具有极高的艺术欣赏价值。非物质文化遗产中存储了大量的文化艺术创作原型素材，是进行文化艺术创作取之不尽的源泉。艺术价值这一标准的设定反映了人类社会对审美世界的特别追求。代表不同时代、不同地域的非物质文化遗产项目，对于研究不同时空环境中，人类社会的审美观念的产生和变迁相当重要。

（五）科学价值

非物质文化遗产的科学价值，指非物质文化遗产在帮助人们解读人类在历史上所创造的各种科技成就以及人类利用这些成就创造新科技的过程中所呈现的独特认识价值与借鉴价值。在人类文明的发展历程中，超凡脱俗的艺术精品往往同时代表着该时代或该地域的最高科技水平。与物质文化遗产相比，非物质文化遗产具有更多跨学科、跨领域的知识特征和技术属性。非物质文化遗产反映了不同时期的生产力状况和科学发展程度，是一定时期民族创造能力和认知水平的原生态保留和反映，是后人获取科技信息的源泉。许多非物质文化遗产本身就含有相当程度的科技因素和成分，如传统医药、传统工艺、传统酿酒技艺等，都具有极高的科学研究价值。

（六）创新价值

非物质文化遗产是一个民族的智慧与创新精神的重要体现，是一个民族的创新软实力的重要组成部分，不仅为我们提供了文化传承之脉，更为我们提供了文艺创作之魂、文创设计之源。此外非遗的传承和发展离不开创新精神，要突破历史的局限，积极探索非遗传承发展的新模式，才能促进传统与现代的有效对接，用新手段、新科技、新思维赋予非遗新的生命、新的活力、新的形态。

（七）教育价值

非物质文化遗产中包含了丰富的历史知识、科学知识、传统技艺、艺术精品资源等内容，是开展学校教育、社会教育的重要知识来源。非物质文化遗产中包含的伦理道德和行为规范，是教育年轻一代为人处世之道、社会风气良俗的重要内容。通过非物质文化遗产的教学，可以使年轻人更加鲜活、生动地了解民族文化，从而增强民族自豪感。非遗技能的传承过程和研究过程都体现了非物质文化遗产的教育价值。

（八）经济价值

非物质文化遗产不仅传递文化的特征，也是音乐、戏剧、影视、旅游、饮食、服饰、制药等产业发展取之不尽的内容资源。通过对非物质文化遗产文化价值的深入挖掘和市场化开发，可以显著提升地区经济发展水平和产业发展的质量，以非物质文化遗产带动产业转型升级和提质增效。在世界范围内，对具有美学、历史价值的民间艺术品和文化创意的开发已经成为一项独立的产业，大多取得了令人瞩目的经济效益。

（九）政治价值

非物质文化遗产的传承和保护反映了国家和民族的文化自信程度，是一个国家综合国力的体现。弘扬非物质文化遗产，能够增强一个国家或民族的文化认同，提升民族的凝聚力和向心力。在全球化背景下，文化安全成为国家安全的重要组成部分，非物质文化遗产是捍卫国家文化主权的重要保障。

（十）国际交往价值

非物质文化遗产不仅属于特定国家和民族，更是全人类共同的文化财富。世界各国围绕非物质文化遗产的保护和传承，开展了广泛的国际合作。非物质文化遗产是洞见民族历史和文化的窗口，通过非物质文化遗产的交流，可以促进不同国家和民族的文化交流、互鉴，进而增强国与国之间的政治互信，推动人类命运共同体的构建。

三、非物质文化遗产的特点

非物质文化遗产是人类的一种特殊遗产，与人类的物质文化遗产相比，它有自己的特殊性。这种特殊性不仅表现在外部形态上，还表现在内在的精神性上。具体而言，就是其传承性、社会性、多元性、活态性、无形性等特征。

（一）独特性

非物质文化遗产是人类的一种特殊遗产，是一个民族的创造力、思想、情感和智慧的凝聚，不同地域、不同民族、不同历史都会孕育产生截然不同的非物质文化，难以被模仿和替代。

（二）活态性

非物质文化遗产的活态性在表演艺术、社会风俗、礼仪、节庆以及传统工艺技能等遗产中表现得尤为突出，其传承需要以人为主体，是通过人的活动表现和传播的。这类非遗文化的内涵是通过人的活动表现的，通过人的活动将其传达给受众（或物体），这一点与物质文化遗产明显不同。

（三）传承性

文化遗产的传承性是由遗产的本质所决定的。非遗文化具有被人类以集体、群体或个体的方式一代接一代享用、继承和发展的性质。人类遗产的本质是，人类认为具有一定价值的、因而享用或传承的前代遗留财富，所以传承性是人类所有遗产的共同特点，非物质文化遗产自然也不例外。

（四）流变性

由于非遗文化是无形文化，具有活态特征。非遗文化在传播过程中受当地文化、政治、民族特色的影响，在内容和形式上出现变化，继承和发展并存，不同非遗文化有不同的形态，同一非遗文化在不同时期、不同地域也有不同的体现。许多非遗文化都是在特定历史时期，通过对当时传统文化的创造性发展而形成的。

（五）综合性

非遗文化通常是多种表现形式的融合，每一种非物质文化遗产都是各种因素的综合体。例如神话传说往往与祭仪、典礼、说唱相结合；民族史诗往往与说唱、歌舞相结合；舞蹈往往与音乐、装扮、器乐等相结合；戏剧则是文学、音乐、舞蹈、美术等的综合体。

（六）无形性

非遗文化是以一种变动、抽象的形式存在的，它依赖于人的观念和精神而存在。非遗的无形性并不排斥其在存在和传承时的有形性。比如，剪纸艺术是非物质文化遗产，是无形的，它的表现和传承则是通过工艺品和艺人等具体物、人或人的活动进行的，而这些物、人和人的活动又是具体的、有形的。

（七）社会性

所谓社会性，指非物质文化遗产作为人类的特有遗产。它的生成、存在和传承都离不开人类社会，是人类社会的创造能力、认知能力和群体认同力的集中体现，是人类社会活动的重要内容。非物质文化遗产与其他文化遗产一样，具有社会性特点，但其社会性总是和人类实践相关联，具体表现为人类实践的过程性、价值性和多元性。所以，从人类实践的角度看，非物质文化遗产是理解其社会性的一把钥匙。

（八）多元性

从非遗文化的生成和传承形态来看，非物质文化遗产通过人类实践生成和传承，而人类实践是多元的，有物质生产实践、精神生产实践、处理人与人关系的实践等，其中每一种实践都可以生成和传承丰富多样的非物质文化遗产，而非物质文化遗产的社会性具体表现为人类实践的多元性。

第二节　文创视角下的非物质文化遗产

一、文创视角下的非遗概述

随着经济社会的发展和物质生活水平的提高，我国民众的文化消费的需求和能力持续增强，人们的精神文化需求呈现出多层次、多形式、多样化的特点，成为"人民日益增长的美好生活需要"的一个重要组成部分。在这样的市场需求的推动下，我国的文创产业也呈现蓬勃发展百花齐放的局面。

在文创视角下的非遗，是文创的重要内容和对象，为文创提供源源不断的素材和灵感，是文创发展的"内在动力"，可与文创产业"共振对接"，相互交融，共同发展。

当前，文化消费不仅塑造着众多新的产业形态，也日渐成为人们认证自我存在的生活方式。在新时代背景下，以非物质文化遗产为代表的优秀传统文化形态，不仅仅是人们心灵寄托的精神家园，更是带动文创发展和经济发展的珍贵资源，也是当下社会生活和文化消费不可或缺的组成部分。而优秀传统文化的传承与发扬，不只是文物古迹的保护、历史环境的维持、传统技艺的传承。更重要的是以对非遗的发掘、开发为基础，并与现代设计结合、与现代商业理念结合，将产业、文化、社会经济等要素协同发展，共同致力于当地社会经济的发展。

近年来，已有这样的文化产业实践：对于文化意蕴深厚、存在多种非物质文化遗产的地区，将比较具有优势的非物质文化遗产作为核心文化创意业态进行重点打造，使其成为带动整个地区非物质文化遗产开发的"增长极"。并通过该业态的极化效应，辐射相对弱势的文化创意业态，这会利于当地基于非物质文化遗产开发的各类文化创意业态形成共生共振，从而在当地构建出协同发展的文化创意业态圈。所以在文创的视角下，非遗并非一个一个"隔行如隔山"的独立存在，它们共同存在于一个特定的文化生态中，背后有特定的地区文化作为纽带，彼此依存、共同促进，相互辉映。即基于非物质文化遗产开发的文化创意业态，对于推动当地经济发展、激励文化需求意义深远，有利于提供众多灵活就业岗位、拉动区域文化消费，尤其是对一些欠发达地区的经济增长和社会发展有着引擎式驱动的作用。因此打破封闭思维和路径依赖，秉持业态共振、多触角对接的理念来综合推进非物质文化遗产创意开发，才能实现非物质文化遗产创意开发"见效益、可持续、有前景"。

对于非物质文化遗产的创意开发，终究需要落实到具体的文化项目、文化产品和商业模式上。在非物质文化遗产的创意开发中，应打破"单兵作战""孤立评判"的束缚，综合考量产品开发形态、盈利标准判定、体验模块植入等，才能不断创新具体创意开发策略。

二、非遗文创业态

（一）非遗文创衍生品

1.非遗文创衍生品概述

利用传统文化 IP 进行文创开发。如故宫在该方面取得了显著的成就，并探索出了行之有效的实施路径。故宫博物院充分运用"故宫大 IP"，设计了许多富有创意和特色的周边产品，并在细节之处独具匠心，把故宫传统文化元素植入到时尚的当代工艺品之中。许多创意周边产品一经上线，就引得众多粉丝争相购买，例如三宫六院冰箱贴、Q 版皇帝皇后金属书签、天子童年故宫猫咪手办都十分软萌，拍照晒到朋友圈、微博也立马引发强势围观。再如清风徐来系列首饰、千里江山项链、真丝团扇系列清新典雅，对爱好古风的群体而言吸引力十足。

在故宫文创开发的启迪之下，以非遗IP为基础的文创衍生品开发也呈现出了丰富多彩的形态。结合目前实际情况，其开发路径主要体现在三个方面：一是以现代生产制作工艺、现代设计等手段改变了传统非遗的手工制作特性、可复制性、对重要工序环节进行了替代等。这在保留文化含义的同时，有利于产品的批量生产，降低产品的生产成本，提高生产效率。二是现代设计下以非遗传统技艺开发的文创产品，或是利用非遗元素作为现代文创产品的开发灵感与源泉。比如采用非遗技艺里的纹样图案、以非遗IP为基础进行的衍生品跨界开发。部分非遗项目的产品呈现依旧是传统的，不符合现代生活需求的。以现代设计作为指导，将非遗技艺用于现代文创产品的开发、生产与制作，能够有效地使非遗与现代生活融合。

2. 对前述三种路径的说明

（1）核心环节及工艺工序的替换

由于大多数非遗项目的生产制作以手工生产为主，虽然具有独特性、不可复制性的特征，但由此带来的成本高昂、产出低下的情形，使之面向狭窄的工艺美术品收藏市场，与社会生活存在脱节。另外，高成本带来的高销售价格，与同类型的现代工艺产品相比不具备价格优势而受到市场的淘汰。在非遗衍生品开发中，将机器生产代替手工生产，以现代技术手段替代传统工艺、工序，这部分保留了非遗的特征，也有效地降低了生产成本，扩大了产品供给，更容易走进人们的日常社会生活。

如各种刺绣类非遗项目，在不改变原材料材质、设计纹样图案的前提下，将机器生产代替手工环节，使之成为非遗衍生品。传统食品类非遗项目，如酱油、醋、豆瓣等，在不改变配方和原材料的情况下，用现代工业设备取代原有的手工生产，有效地缩短了生产周期，提高生产效率，降低了生产成本。

（2）现代设计与非遗工艺结合开发

传统非遗产品与现代生活存在相当大的距离。但非遗技艺本身的艺术性、工艺工序的温度、质感，更能传递产品的品质与格调，仍具有温暖人心的作用。以现代设计与非遗工艺结合开发的产品，多应用于现实生活场景。这种开发模式带来的结果是生产成本较为高昂，而其产品大多以服饰衣物配件等为主，如刺绣的衣物、手提包、鞋子等。在产品工艺上，一部分是现代设计的以传统非遗技艺生产的产品，另一部分是非遗产品与现代产品的结合，如以刺绣点缀手提包、皮鞋鞋面等。

（二）非遗动漫

传统非遗与动漫的结合，是传统与现代、中国文化与世界文化对话融合的重要表征。作为一种文化产品形态，动漫的面向对象群体更为年轻，因此从接受对象角度而言，非遗动漫是非遗向年轻新生代群体传播的有效途径。目前非遗动漫的实践，并不是完全地以动漫制作手段、二次元的形象演绎传统非遗，而是在符合传统文化价值观的导向下将传统非遗IP进行了重构，使之更能符合新生代群体的审美需求。

结合目前非遗动漫的情况来看，非遗动漫主要体现为三个方面的结合：一是对非遗IP进行艺术形式上的改编，即以传统非遗的故事、人物等为原型进行创作。如知名度高的《大圣归来》《花木兰》《哪吒之魔童降世》等，都以全新的形式演绎了传统文化里的故事。二是与前述结合的动漫周边产品的开发。如《大圣归来》里孙悟空形象的手办、玩偶等。三是将非遗元素融入动漫产品。非遗里有很多传统戏剧、武术、杂技等的动作体系及表演体系，将这些动作体系及表演体系在动漫里呈现，使之更具独特的文化内涵。如《功夫熊猫》里的杂技表演，《大闹天宫》里对明纸、皮影的运用，《大鱼海棠》里的福建土楼等。

基于非物质文化遗产的动漫衍生品开发是动漫产业促进传统非遗传承的重要环节。在基于非遗文化进行动漫衍生品开发中，需运用非遗再现、改良动漫形象，使动漫衍生品既可以体现实体观赏价值，又能够满足人的精神情感的需求，增加衍生产品的附加价值，推动非遗文化与动漫文化的传播与发展。

（三）非遗影视

非遗影视源远流长。我国最早的电影《定军山》就以非遗项目京剧为题材。与非遗动漫类似的是，影视产品也非常有利于非遗在当下社会的传播。同时非遗里丰富的文化内涵、表演体系和动作体系也赋予影视作品以文化底蕴、美感，以及植根于民族心理的积极向上的思想、价值观和精神，有利于提升影视作品的思想价值，同时使之有更好的观影体验。

从全球格局而言，影视产品作为全球化的文化产品，具有文化输出与交流的特征，是国家文化软实力的体现，也是价值观输出的重要载体。在全球化语境下，以传统非遗为主题的影视产品，呈现了文化的独特性与差异性，展现了我国传统文化的魅力。取材于非遗的影视产品，或在影视产品里大量植入传统非遗文化的内容，成为一种文化自觉。

在非遗影视创作中，若过于瘟调非遗，有碍于故事的讲述，影响观影体验；若过于强调故事剧情，则有碍于非遗在影视里的表现。非遗影视最大的难点在于非遗和故事剧情二者之间的平衡。为了尽量获得平衡，目前非遗影视的创作，主要体现为非遗与故事的融合。

非遗作为传统文化的表现形式，承载着民族的共同情感和审美经验，更能引起观众的共鸣。在影视作品里，将非遗作为影视里的文化元素呈现也很常见。它可能是影视主题，也可能是视觉听觉元素，可能作为影视里的剧情线索、人物表演或者服饰道具，也可能作为主题曲或者背景音乐。非遗与影视的结合，具备多种可能。

（四）非遗旅游

1.非遗旅游概述

非遗旅游具备良好的产业化基础。非遗旅游，即非物质文化遗产旅游，是建立在非遗资源开发的基础上的文旅消费形式。

2.非遗作为旅游资源的特征

非遗是社会群体的记忆和情感，是民族经验与智慧的结晶，具有很强的文化属性，具备游客吸引力及旅游开发的社会经济价值。从人文旅游资源角度而言，非遗本身具备活态性、地域性与独特性、综合性、文化体验性等特征。其中活态性特征重视人的因素、技术的因素，是一个族群的共同记忆、文化积淀和精神内核，这种记忆与积淀是与时俱进的、不断发展的；而地域性与独特性特征，在旅游开发上也有利于建立起差异化的旅游产品区隔，形成独特的旅游号召性资源；综合性特征体现为内容与形式的融合如文化、艺术、生活等多方面的融合，利于旅游"吃住行游购娱"服务的综合呈现；而非遗的文化体验性特征，在当前旅游消费形式向文化体验旅游上转变的大潮下，非常利于参与性、体验性旅游产品的开发与打造。

3.非遗旅游产业化发展的表现形式

（1）非遗旅游产业化发展综述

非遗旅游的产业化发展呈现出多种情形，主要体现在如下六个方面：

①以非遗项目的聚集和产业链条的发展，形成了非遗集聚区，继而形成旅游景区；②非遗文化主题的旅游景区或以非遗为号召性资源的旅游景区；③旅游景区开发的非遗旅游文创产品；④非遗展演、演艺等文化旅游体验服务；⑤以"非遗研学"为代表的旅游新形态；⑥非遗节庆旅游。

（2）表现形式

①从非遗集聚区到旅游景区

从非遗集聚区到旅游景区这一路径，国内已屡见不鲜。非遗的地域性特征和传统的传承渠道，存在空间上的局限性。而在现代生产组织之下，产业的集聚有利于提升生产效率。这种情形最起初的功能仅仅是产业功能，而非旅游功能。随着社会经济的发展，存在产业升级与转型、产业的多元化发展趋势。非遗本身所具备的作为人文旅游资源的特征，利于这一路径的实现。这种实现路径并非旅游景区替代了非遗集聚区，而是二者共同推动与促进，实现长远的发展。

②非遗主题景区

非遗主题景区即以非遗为号召性的旅游资源。若不考虑时间的先后因素，前述"从非遗集聚区到旅游景区"也可归为非遗主题景区这一情形。

③非遗旅游文创产品

一直以来旅游目的地的旅游商品存在千篇一律、大同小异的现象，无文化独特性、无设计感等问题一直令人诟病。非遗资源的发掘和文创开发，有力地解决了旅游商品的问题。

非遗旅游文创依托非遗资源，通过创意性和应用性设计，开发出具备文化性、知识性和实用性的文创商品，体现出景区旅游商品的独特性和文化性。在落地载体上，以非遗工坊、非遗博物馆、非遗文化产业园、非遗主题等景区为主。

④非遗展演与演艺

非遗具有很强的互动与文化体验性，这正好为展演、演艺类旅游产品提供了创作源泉。一方面，非遗项目本身的展演与演艺特征，使之成为旅游的产品/服务；另一方面，以非遗资源为依托，结合现代技术与舞美进行旅游展演类产品开发，目前以实景演艺为主。

⑤非遗研学

"研学旅行"继承和发展了我国传统游学"读万卷书,行万里路"的教育理念和人文精神,结合国际上"研究性学习"的先进理念、方法、模式,成为素质教育的新内容和新方式。在这一背景下,"非遗研学"应运而生。非遗研学有助于非遗的展示与传播,让中小学生接触到这一远离社会生活的文化项目,近距离地感受到中国传统文化的魅力。就非遗本身而言,技艺的美感、体验性与参与性强的特征,让研学者能深度参与体验,进而使得研学更有意义和价值。

非遗研学面向广大学生市场,以非遗文化体验和学习为主,以景区、博物馆、非遗展馆、文化小镇等为载体,能达到非遗文化传承和实践教育的双重目标。

⑥非遗节庆旅游

传统节庆是非遗的一大类别。中国传统节日都是非遗项目,基本上每个传统节日都有小长假的节假日安排,这就带动了旅游市场的发展。而众多少数民族的节日,是当地重要的旅游资源,并形成了当地的旅游文化品牌,成为吸引游客前往的重要因素。如内蒙古那达慕大会、彝族火把节、傣族泼水节等,这些节庆旅游,一方面繁荣了当地的旅游市场,另一方面也成为当地城市文化营销的重要载体。

虽然非遗旅游的产业形态各不相同,但其产品设计的商业模式殊途同归:即通过塑造非遗旅游场景,以"非遗体验"为核心驱动力,满足游客文化体验需求,延长其在目的地的停留时间,由此增加消费机会,同时将文创商品、旅游服务、娱乐活动相互融合构成产品体系。

第三节 数字化背景下非遗文创产品的设计与开发

一、数字媒体艺术在非遗文化传承中的应用

非遗文化作为我国传统文化的重要组成部分,对其的保护传承长期以来受到社会各界的密切关注。我国政府也颁布了相应的法规政策,以期加大对非遗文化的保护力度。而随着现代社会的不断发展,非遗文化因其文化性、民俗性、非物质性等特征,与人们的日常生活缺乏紧密联系,加之非遗所属

地区散乱、传承人老龄化等问题，在市场环境中举步维艰，面临断代、失传的危机。非遗文化传承面临较大难度，传统代际传承、口传心授的传承方式存在一系列不确定因素，不利于对非遗文化的保护与传承。随着信息化时代的不断发展，数字媒体艺术逐渐在众多行业领域得到广泛推广。在非遗文化传承中引入数字媒体艺术，革新了非遗文化的传播渠道及传承方式。通过对非遗文化进行数字化采集、存储、呈现，可为我国丰富多样的非遗文化创造更为广阔的发展空间，进一步推动非遗文化的传承与发展。

（一）数字媒体艺术的相关概述

随着互联网的迅猛发展，传统文化艺术已不足以满足社会大众的多元需求。与此同时，艺术形式紧随时代潮流与新兴技术进行融合，衍生出各种新型表现形式，以突破传统艺术形式的局限性，数字媒体艺术由此应运而生。作为一种新型艺术表现形式，数字媒体艺术相较于传统艺术有着显著差异，并且这一差异主要表现在表现方式和传播类型上。此外，数字媒体艺术还表现出突出的时代特性，是社会发展的产物。

数字媒体艺术的特征主要有以下几点。一是技术性。数字媒体艺术是在数字化技术、信息通信技术基础上发展形成的，融合了这些技术的应用优势，表现出突出的技术性特征。一方面，基于数字化技术，数字媒体艺术可依托计算机网络技术，将想要表达的信息资源转化成数字信号，实现对信息的高效传播。另一方面，基于信息通信技术，数字媒体艺术可依托网络技术打造数字化平台，推动传统文化艺术向数字文化艺术有序转化，便于人们随时随地获取自身需要的多元化信息。二是艺术性。数字媒体艺术除了包含传统艺术中的各类艺术要素，还在数字化技术推动下衍生出了新的艺术特征，进一步表现出技术化艺术的特征。同时，相较于传统艺术，数字媒体艺术更为随性，可进行再复制，并以信息形式在网络上自由传输。数字媒体艺术除了具有传统艺术的静态性特征外，还表现出一定的交互性、动态模拟性。三是互动性。数字媒体艺术不仅是一门艺术，还可将其界定为一项新型技术。其可依托媒体终端以多种方式呈现，让人们可以围绕数字媒体艺术产品展开交流互动，并在互动期间表现出突出的便捷性、高效性特征。

（二）数字媒体艺术在非遗文化传承中的应用价值

1.增强国人的文化自信

新时期，文化自信已然成为社会各界广泛热议的一项重要话题。文化自信是一个国家、一个民族对自身文化价值的明确肯定，对自身文化生命力的坚定信念。随着全球一体化发展的不断推进，不同国家、地区之间的交流合作日益频繁，世界成为一个文化交流的大平台。在此过程中，依托数字媒体艺术推进对非遗文化的传承与弘扬，充分展现我国传统文化的精神内涵，可以有效增强国人的文化自信，并让人们自觉加入传承、弘扬优秀非遗文化的行列中来。

2.有助于非遗文化的可持续发展

非遗文化受自身条件限制，大多集中在经济发展水平相对落后的地区，这在很大程度上阻碍了非遗文化的传承发展。比如地方非遗文化知名度较低，导致人们对非遗文化缺乏有效认识；现有的非遗传承人主要是老年人，年轻一代对非遗文化传承缺乏足够兴趣；还有一些地区的非遗传承依赖于地方政府提供资金支持，但资金有限，不足以满足非遗文化的传承与发展的需求。在此背景下，引入数字媒体艺术可有效削弱地区经济发展劣势对非遗文化带来的影响，有效发挥非遗文化的文化价值、经济价值，切实通过非遗文化的文化优势来增加地方经济收益，进一步为非遗文化传承提供资金保障，推动非遗文化的可持续发展。

（三）非遗传承数字化传播的设计应用

1.大数据分析与共享

大数据具有丰富的数据维度和分析处理能力，利用数字技术采集非遗音频、视频、图片、文字等相关数据，建立完整和清晰的非遗档案，进而构建非遗大数据共享平台，是促进非遗的标准化和规范化建设的基础。

一方面，通过大数据共享平台非遗的传播有据可查，避免因口耳相传的经验方式而导致的信息传播偏差；另一方面，随着互联网和移动终端的普及，大众越来越依赖网络获得信息，大数据技术能以 AI 分析更加精准的投放信息，正所谓"大数据比你更了解你"，大数据对非遗受众画像得出大众非遗需求数据，有利于非遗的可持续发展。

带有大数据 AI 特征的数字化传播或者交互方式，还可以为大众主动参与到非遗传承提供技术支持，从此大众不再是被动接受，而是双向感受非遗、认同非遗，进而自发地参与非遗保护实践。

运用"元宇宙"技术，还可以将非遗文化独一无二的艺术价值转换成商业价值，连接 IP，实现"数字藏品"元宇宙营销传播，用商业模式为非遗传承提供价值。如通过非遗＋游戏拉近与年轻人的距离，敦煌"飞天"、佛山铜凿剪纸被引入手游《王者荣耀》，不仅让现代风格的皮肤设计与传统文化进行了交融，同时也对年轻人进行了一次潜移默化非遗文化的宣扬与传播。手游平台是年轻群体聚集和活跃的重要社区平台，通过元宇宙整合资源，提升非遗文化内涵，赋予非遗商业价值，成为非遗传承与弘扬的重要手段。

2. 新媒体传播技术运用

截至 2022 年，微信的用户数量已经突破亿人，月活跃使用人数达到 12 亿以上。其中网络视频（含短视频）用户，他们既是传播"内容"的生产者，同时，也是数字传播的受众和消费者。新媒体应用对社会生产生活的影响显著加深，新媒体社会服务能力显著增强，短视频成为大众获得资讯的首选渠道。通过微信公众号、微博、抖音、快手等新媒体传播渠道开展非遗宣传是最有效的形式，内容以非遗与旅游、非遗与二次元、非遗与娱乐等跨界组合的模式更受欢迎，对开发新的非遗受众群体帮助巨大。

新媒体的数字流量平台，通过大数据精准投放，为非遗提供有效的展示和传播渠道，原本一些鲜少有人了解的非遗项目，通过新媒体走入公众的视野，甚至引发"非遗热潮"，由此带来的网络销售等市场化路径，也为非遗传承人的生计发展拓展了方式。短视频平台例如腾讯看点、微信视频号、抖音等都在这方面进行探索，其中腾讯看点内非遗内容已覆盖国家级非遗项目的 77% 以上，非遗内容的月曝光总量超过 5.5 亿。

3. 虚拟现实提升受众接受度

虚拟现实技术是实现人机交互的数字化技术，通过创建和体验虚拟世界使用户沉浸到该仿真环境中。在非遗的传播中，通过虚拟现实技术，不但可以将非遗以数字化的手段呈现在观众面前，还可以将非遗项目的生存环境一并展示体验，进行"活态"传播。

虚拟现实＋非遗传播成为非遗保护探索的典型应用，为非遗体验带来了身临其境的沉浸式感知，除此以外虚拟现实传播的特征还具有交互性、多感知性、构想性和自主性。其路径是：数字化采集→数字平台存档→静态非遗动态化模拟→虚拟世界再现非遗场景→非遗文化线上体验→非遗弘扬与发展并存。

4.数字文创IP助力非遗品牌传播

非遗传播的核心是文化传播，通过文化输出带动经济发展，符合文创IP的特征。文创IP是指文化＋创意的结合，文创IP则是源于文化衍生，经由创意形成的具有知识产权的商品。

腾讯研究院发布的《文化科技融合2021，迈入数字文化经济时代》报告提出：文化要素化作为数字文化经济最为显著的特征，主要是指数字技术助力文化资源转化为数据资产形态的生产要素，注入更多行业的生产要素中，从而打破文化产业边界，推动文化要素与实体经济融合发展，不仅能够延展文化产业链条，而且可形成实体经济新的价值空间，形成一条文化资源→文化要素转化→实体产业融合的产业链条。

这条路径是非遗传播变现目前比较成功的做法，"故宫文创品牌"是非遗文创化"活"起来的典范，印制"奉旨旅行"行李牌、"朕就是这样的汉子"折扇等产品将故宫元素进行重构，设计出比着剪刀手萌萌哒的皇帝IP形象，进而以此IP作为文创内容进行文创衍生品营销，取得了巨大的经济效益，同时也扩大了故宫IP的影响力和感染力。

要注意的是，文创IP开发不能脱离非遗本体的文化特征，否则将沦为同质化的一般商品，失去非遗保护的初衷。

（四）非遗文化在当今时代传承的前提

1.让非遗文化与当代生活重建联系

对于非遗文化的传承而言，单凭某一部分传承群体及打造隔离生态保护区，所取得的效果是十分有限的。非遗文化作为中华民族传统文化的重要组成部分，依托创新性发展、创造性转化，可赋予其更鲜活的生命力，推动其可持续健康发展。鉴于此，对于非遗文化在当今时代的传承，可利用数字媒体艺术的传播方式及影响力，使非遗文化与当代生活建立起紧密的联系，让非遗文化"自我发声"，焕发出新的光彩。

2.让非遗文化功能再现

非遗文化功能再现主要表现在功能整合、功能拓展等方面，其中，功能整合主要是指通过对非遗文化形式、内容等的整合，让其能够更好地顺应当今时代的发展趋势。比如书法、戏曲等非遗文化表现形式备受中老年群体的青睐，如何紧随时代前进步伐有效提升年轻一代对这些非遗文化的兴趣，对非遗文化题材、内容等方面开拓创新，设计出能够满足年轻群体审美需求的新产品、新形势显得尤为必要。而功能拓展则主要是指基于非遗文化固有功能，拓展出一系列新型功能。比如聚元号是明清时期皇家制作弓箭的"兵工厂"，其原本是过去战争年代士兵使用的冷兵器，在当今和平年代，聚元号弓箭的固有功能显然不再适用，为此其被拓展出了新的功能，应用于体育竞技领域，并得到了不断推广。为推进非遗文化功能再现，应加强对先进技术的有效应用，使非遗的固有功能得到整合、拓展，实现有序传承。在此过程中，数字媒体艺术可为其提供有力支撑。

3. 文化认同营造非遗文化传承的良好环境

新时期，我国政府不断提高对传承非遗文化的重视程度，并针对非遗文化传承采取了一系列有力举措。非遗文化传承之所以备受关注，很大一方面原因在于人民群众对非遗文化有着文化认同。非遗文化在当今时代的传承，应注重赢得公众的认同，激发人们的内心情感共鸣，切实让非遗文化传统的保护传承转化为人们自觉、自发式地保护传承。

（五）数字媒体艺术在非遗文化传承中的应用路径

1. 依托数字媒体艺术革新非遗文化呈现方式

长期以来，非遗文化传承主要通过专业传承人开展，依托数字媒体艺术可以促进非遗文化传承方式的有效创新。比如可借助数字媒体艺术，将文化性、非物质性的非遗文化以图文、音视频等形式进行呈现，这不仅有助于非遗文化的保护传承，还可扩大非遗文化的传播范围。需要注意的是，为达成这一效果，需要应用好数字化数据采集技术和数字化数据处理技术。另外，在数字媒体艺术支持下，还可将一系列先进技术手段引入非遗文化传承中，对非遗文化相关信息进行全面整合，并通过全新的方式进行呈现。比如在我国蚕桑丝织技艺的传承中，可借助音视频等形式实现对这一非遗文化的生动呈现，提高人们对其的认知水平。在具体传承过程中，相关人员可通过对蚕桑丝织方法技艺、文化特色等信息的全面采集，将该部分—信息转化成图文、音视频等形式，并通过各种网络方式进行传播，提升人们对我国蚕桑丝织技艺的认识。随着科学技术的不断发展,数字媒体艺术对数据信息的处理方式趋于多样化。比如利用平面化的处理技术,可将纸质的非遗文化转化成平面数字图像,使其能够更便捷地在网络环境中进行传播。又如利用动态视频处理技术,可结合非遗文化的相关特征对相关信息进行编辑处理,进而获得相应的音视频产品,这一过程不仅可以提升非遗文化的观赏性,还可借助网络平台向人们传递对应的非遗文化的文化内涵及艺术价值,进而帮助人们形成对非遗文化的有效认识。

2. 依托数字媒体艺术增强公众的非遗文化保护意识

随着数字媒体艺术的不断发展,其不仅可以通过图文、音视频的形式进行呈现,还可以通过动画文化产品、游戏界面进行呈现。数字媒体艺术凭借其艺术性、互动性特征与非遗文化元素进行有效融合,除了可以丰富数字媒体艺术的表现形式,还可以更好地传承弘扬非遗文化,让人们在无形中领略到非遗文化的艺术魅力,并逐步形成对非遗文化的保护传承意识。在非遗文化传承中,应注重应用数字媒体艺术,以增强人们对非遗文化的保护传承意识。比如凤画作为凤阳民间艺术特产,其传统表现形式主要是通过毛笔、颜料在宣纸上进行创作,而将其创作技巧及风格与数字媒体艺术进行有效融合,一方面可以丰富数字媒体艺术的文化因素,另一方面可以呈现出更生动的视觉效果。在此基础上,还可以通过动画、游戏等方式对凤阳凤画进行传播,增加凤阳凤画的受众,加深年轻群体对凤阳凤画的印象,进一步增强年轻群体对凤阳凤画的保护传承意识。

3. 依托数字媒体艺术展开创造性设计

为切实推进非遗文化的传承与弘扬,可依托数字媒体艺术,推进对非遗文化的创造性设计,让非遗文化可以更好地迎合当今时代社会大众的多元需求。比如,可通过设计非遗文化创意衍生品,基于数字化平台,通过智能手机、计算机等终端,实现对非遗文化的全方位展现,让非遗文化相关的文创产品不再局限于海报、抱枕等单一产品。例如在传统木版年画传承中,可利用国内消费者在重要传统节日买年画、发红包等风俗习惯,将"福禄寿喜财"等作为木版年画设计的重要理念,进行年货包装、窗花、装饰品等设计工作,以此推进木版年画的有效传承。又如还可基于对网络流行文化的把握,将木版年画创造性设计成各种动图、表情包,使其呈现出动态化、多维化特征，通过年轻人进行广泛传播分享，推动其传承发展。

二、扬州非遗文化在文创产品设计中的应用

（一）非遗文创产品的设计原则

1. 文化性原则

文化性原则在文创产品设计中是首要原则，是非遗文化与文创产品设计结合的基础。

第一，文化是文创产品的核心，承载着一定文化内涵的文创产品区别一般产品具有特殊的精神属性，是文创产品无形的价值所在。在文创产品的设计中，缺乏文化内涵的产品就与一般产品无二，不能称之为文创产品了。非遗中饱含了特有的文化内容，在进行文创产品设计时，必须将非遗的文化内容精髓和特征表现出来，没有实质文化内涵或不能正确传达文化信息的文创产品设计是失败的。第二，文创产品可以通过有形的形式将承载的文化信息传达给消费者，引起消费者情感上和精神上的共鸣，而这种共鸣和感受基于个人的经历不同、文化层次的不同而有所不同。非遗是不同民族不同地区的人民群众创造的无形文化财富，所以不同非遗项目中传承的文化内涵也是不一样的。在进行非遗文创产品设计时，必须对相应的非遗文化有一定的了解，根据产品市场定位对不同的非遗文化进行有针对性的选择、提炼，这样的设计才能够引起消费者的共鸣。第三，文创产品里的文化必须是优秀的、值得传承下去的文化。这样的设计才会拥有持久的生命力、经久不衰；低俗、糟粕的文化不能成为文创产品设计的创意来源，否则只是流于表面的感官刺激和一时新鲜的猎奇心理，其设计生命是短暂的、设计内涵是空虚的。非遗项目的认定需要经过政府、专家的评审，所以非遗文化是各个地区、民族优秀文化的代表，具有优秀的品质特征。在文创产品中将本民族的优秀文化传承与发扬，这样的设计才是持久的、有意义的。

2. 创新性原则

文创产品设计不是将既有文化简单复制或生搬硬套，而是从符合现代人审美情趣与生活方式的角度对既有文化进行的创造性思维的加工。创造性原则是非遗文化在文创产品设计中的重要原则，是非遗文化转化为创意的基础。第一，文创产品设计需要通过创新思维将文化元素转化为创意元素，对原有的造型、图案、色彩等进行再加工设计，避免设计的平庸、同质化与千

篇一律。非遗不是属于这个时代的产物，其美学特征和艺术风格很大一部分不符合现代审美标准，古老的工艺技术难以采用工业化时代的机械化模式，使用方式与功能不再适应现代化生活，如何在文创产品中使非遗文化重新进入到现代化视野是需要解决的问题。创新是突破非遗文化难以与现代文明融合的关键，通过设计创意使非遗文创产品更加符合现代人的审美需求，使其在现代的生活方式中重新回归功能实用。第二，非遗文创产品设计前提是以非遗文化传承为基础的，只重视创意而没有非遗文化内涵或者在创意中曲解非遗文化的文创设计是没有意义的。所以，非遗文创产品的设计要坚持文化与创意的统一，通过创新将非遗文化以更加巧妙的设计传达出来，同时避免对非遗文化的破坏或曲解。

3. 功能性原则

文创产品虽然核心价值在于其文化属性，但是作为产品本身，它需要具有功能性。功能性成为产品设计的基本原则，满足人们的使用需求。

首先，非遗文创产品应该具有实用功能，它不是单纯成为对非遗文化复制的摆件，只注重观赏性和艺术性，而忽视了其日常使用功能的非遗文创产品偏离了对非遗生产性保护的实质。非遗是人民群众在生产生活中创造的，应当继续在人民群众的生活中保护和继续传承下去，要区别于对非遗"博物馆式"的保护，只有具有实用功能的文创产品才能让非遗继续在人们的日常生活中重新活化，让非遗走进千家万户，实现非遗的活态传承。其次，非遗文创产品应该具有纪念功能，承载着非遗文化的文创产品本身蕴含着文化内涵，依据个人经历或个人感悟而引起体验性的心理感受，唤起某段特定的回忆，具有一定的纪念意义。最后，非遗文创产品的功能性是作用于物质方面的实用功能与作用于精神方面的纪念功能的统一，这种功能性设计要方式合理、内容贴切，要通过合理的方式让人们读懂产品的操作。非遗文化内容贴合产品的使用环境，才能使人们在产品使用中获得既定体验感受。

4. 可行性原则

文创产品的开发设计需要经过市场调研分析，有明确定位和目标人群，使创意具有现实操作的可能性，特别是在一部分非遗项目已经不适应现代的市场经济和科学技术的情况下，非遗文创产品设计的可行性原则十分重要。

第一，非遗文创产品需要具备创意能够实现的可操作性。在设计工作的开始就要考虑其目标人群、受众需求、社会人文环境，确定产品的功能定位、文化定位，及通过何种的方式传达出文化信息，采用何种工艺技术、物质材料去表现产品。由于非遗文化的特殊性，其本身并不适合现代社会市场经济，只有充分考虑到设计的可行性，这样的非遗文创产品才具备开发前景，能够适应市场需求以带来经济效益。第二，可行性原则还要求在文创产品设计时要根据不同的非遗文化"量身定制"，避免一味追求经济效益，而造成对非遗的破坏和对非遗文化的生搬硬套，这样只会使非遗文化"变了味"，失去了在文创产品中传承非遗文化的意义。

（二）扬州非遗文创产品设计与开发策略

1.扬州非遗文创产品设计的意义

文创产品是创意价值的产品化，是通过创意人的智慧、技术对文化资源或产品进行新的创造提升，并借助现代化生产手段，研制生产出的高附加值的产品。文创在国内已成为一大热点话题，进行扬州非遗文创产品的设计策略研究，对传承扬州非遗文化、提升文化扬州的美誉度及打造非遗文创品牌等具有一定的现实意义。

（1）有利于扬州非物质文化遗产的传承

非物质文化遗产是各地各族人民在漫长的历史中经历长期的生活生产实践积累创造形成，并世代流传下来的灿烂成果，是一个民族的文化烙印和智慧结晶。对扬州非物质文化遗产的传承与发扬，不能仅仅只是走进校园办几场讲座、举行几场活动，或者对其在理论层面进行研究。而是通过设计开发一些既能满足现代生活所需又具艺术审美价值的非遗文创产品，以年轻人喜爱的视觉和实物作为载体，巧妙地将扬州非遗特色的造型、图案、结构、涉及的人物和事件等加以深化完美后呈现出来，能够有效吸引更多青年人来关注非遗、爱上非遗文化，从而更好地传承非遗文化。

（2）有助于提升扬州文化知名度和美誉度

一个城市知名度和美誉度的提升，主要靠城市品牌形象的打造，城市品牌形象是城市的无形资产。建设和管理好城市品牌形象不仅可以优化整个城市的人文环境，提升市民的自豪感和认同感，还对招商引资、吸引人才、发展旅游、加快经济发展速度及提高城市地位等都有至关重要的作用。打造一个城市的品牌形象，主要是通过对城市文化理念、历史、资源等一系列城市基因进行高度提炼概括，形成鲜明独特的形象 logo、宣传片、微电影等，通过视听媒介进行宣传扩散，进而树立城市形象，提升城市文化品位与竞争力。如今，一首流行音乐、一部收视率高的影视作品都能有效提升品牌的知名度与美誉度。如赵雷的《成都》引起了成都人共鸣，也勾起了网友对成都的回忆及憧憬。由此可见，具有扬州非遗元素的优秀文创产品也同样能够传承文化并走入普通人的生活，为他们构建一个文化传承载体。加上在营销方面接地气，能吸引更多人关注和喜爱，必定有助于提升扬州非遗文化的知名度和美誉度。

（3）有助于扬州文创品牌的建立

近几年，扬州文创产业在市政府的积极引导与大力支持下，取得了一定发展，营造了良好的创意设计氛围。越来越多企业开始重视文创产品的开发与设计，设计师的主体作用也日益突出。但想形成一定的品牌效应，还需要长时间的持续积累。对扬州非遗文化元素的提炼设计研究，不仅能够满足人民群众日益增长的个性文化需求，对非遗文化的传承和发扬具有重要作用，这也对扬州文创品牌的形成及知名度提升都具有重要意义。

2. 扬州非遗文创产品的设计策略

基于扬州丰富的非遗文化资源，深挖其隐藏的创意价值，再结合国内优秀的文创案例，针对扬州市场上文创产品现状，提出以下文创产品设计策略。

首先，注重市场调查，关注普通百姓的日常生活需求和情感诉求，力求使文化创意产品能满足百姓生活需求，同时集非遗文化元素创意性、文艺性、时代性于一体。这是产品获得消费者认可和青睐，并具有市场竞争力的前提。当前，消费者的教育背景、兴趣爱好、生活方式等不同，对产品的需求期望表现也各不相同。设计师在开展非遗文创设计时，一定要高度重视市场调研，尊重百姓的生活习惯和情感诉求，也要充分考虑到非遗文化与传播载体的有效呈现方式，力争做到非遗文化元素与创意产品的自然融合。

其次，注重创意与主题定位，找准非遗文化与产品的结合点。任何一个设计活动，任何一个设计项目，任何一个设计产品，都需要有一个清晰的定位、明确的设计目标与主题。只有这样才能保证在设计过程中有的放矢，确保设计活动按照既定设计目标进行，避免出现设计产品与定位的偏差而产生无效工作。整个设计活动都应在清晰的主题定位引领下展开，集思广益、大胆创意，从而制作出优秀的设计作品。扬州具有丰富多彩的非遗文化项目，可以从代表性的非遗文化元素中，选择有利于呈现的、有利于表达百姓情感诉求的创意元素进行设计定位。不仅要充分考虑老百姓的情感需求，还要考虑其深刻的文化内涵和时代特征，用年轻人喜闻乐见的方式呈现出来，增加与大众的期望契合度。

最后注重产品细节，做好新媒体营销。优秀的创意产品需要优质的做工工艺与之相配，在当今文创产品流行的时代，产品的做工质量不应成为文创产品热卖的"绊脚石"，更不应成为消费者挑刺或不愿购买的理由。好的产品自己会说话，创业产品生产商在进行产品加工的过程中应精心挑选优质的材料，严格监控生产过程，确保产品生产工期与预期相符，确保前期花费大量精力、物力、财力研发出来的创意产品能够经得起市场检验。同时，在互联网发展日新月异的当下，优秀的创意产品必须要有完善的运营渠道，如可以借助互联网平台进行快速传播，通过信息的裂变式传播刺激和拉动产品销售，进而促进扬州文创产业蓬勃发展。

（三）扬州非遗文化探析

1.扬州非遗文化简介

长达千年的历史岁月的积累沉淀，地处大运河与长江交汇点、南北交通便利的地理位置以及千百年来繁荣发达的经济环境，孕育出扬州开放包容、多姿多彩的城市文化。在扬州独特的历史人文环境孕育而生的城市文化中，不仅有着风景秀丽的好山好水，古老精致的园林古宅，威严大气的名寺古刹等，还拥有着巧夺天工的各种手工技艺，别树一帜的音乐舞蹈和独特的风俗祭祀活动等内容。这些鲜活保存在当地的非物质性的文化内容组成了扬州非物质文化遗产项目，别开生面地展现出了扬州的人文特性和气质风格。

扬州非遗历史悠久、数量繁多，拥有雕版印刷技艺、广陵派古琴艺术、扬州剪纸这三项联合国非遗代表作；扬州盆景技艺、扬州玉雕、扬州漆器髹饰技艺、扬州清曲、扬剧、杖头木偶戏等 19 项国家级非物质文化遗产；扬州刺绣、扬州通草花制作技艺、扬州民歌、臣字门儿科中医术等 46 项省级非物质文化遗产以及数以百计的市县级非物质文化遗产并拥有多名非遗传承人。这些丰富繁多的非遗囊括了音乐、舞蹈、文学、手工艺、民俗、医药等多方面，充分展示了扬州文化的多样性与多元性。

（1）扬州非遗文化的特征

第一，形式的多样性。扬州非遗有着千百年的历史，经过人民群众世代相承，不但种类繁多，其表现形式更是丰富多彩。在国家级非遗项目当中，扬州有 19 项非遗入选，位列江苏省第二位，并且其涉及戏剧、曲艺、技艺、音乐、医药等多种非遗项目类别。在省、市级非遗项目中更是几乎涵盖了所有类别的非遗项目，门类齐全、数不胜数。扬州非遗形式的多样性，不仅体现在广度上，更是体现在其深度上，深度即是非遗项目本身的表现形式、技艺、技巧等的多种多样。如扬州清曲，其是目前全国历史最为悠久的曲种之一，虽然经历了时间的洗刷和战火的冲击，但还是在艰难的环境下被较好地传承下来。扬州清曲有着丰富的曲牌和曲目，据统计有超过 100 种的曲牌，曲调多样，且曲牌之间的组合又非常自由灵活；有超过 500 种的曲目，曲词优美，内容涉及日常生活、爱情故事、历史故事、预言神话等。扬州清曲贴近群众生活，在群众民间扎根繁衍，不仅对古代民间乐曲具有研究价值，也对当时的社会、历史、人民生活生产等有很好的考察价值和研究价值。扬州漆器技艺也充分表现出了当地非遗文化形式的多样性，不但工艺门类多样，图案生动细腻且内涵丰富深刻、艺术风格多变，融合绘画、雕刻和镶嵌等多种表现形式于一体。这些形式多样、变幻无穷的非遗突显了扬州独具的地域文化特征，源远流长、影响深远。

第二，风格的多元性。扬州非遗文化可谓是刚柔共济，兼容并蓄，深刻反映出其气质的多元性特征。扬州位置较为特殊，从经济和文化性质划分属于江南区域，从地理位置来看，其处于长江北岸中下游，又属于江北区域，且位于长江与运河的交汇之处，成为了南来北往重要的交通枢纽。这样的地理环境造就了扬州独特的包容南北的地方文化气质，这一气质同样使扬州非遗呈现出独特的文化特征，如扬州玉雕、剪纸、民歌、漆器等多种项目中，这一气质体现的淋漓尽致。扬州玉雕有着几千年的传承历史，经过汉、唐、清三代高峰发展时期，不同朝代历史的岁月积淀给扬州玉雕赋予了不同时期的艺术风格，造就了如今扬州玉雕的多元化风格。其精致、灵巧、秀气的风格中同样蕴含着浑厚、圆润的风格，由此形成扬州玉雕独树一帜，别具风味的艺术特征。扬州毛笔制作技艺历史悠久、别具特色，并且取材天然、做工复杂，无法以工业机械化代替，全凭手工技巧制作，具有极高的艺术文化价值。在毛笔制作技艺不断发展的期间，各派技艺相互交叉、相互影响，扬州毛笔制作技艺也兼具了南北特点。在原料使用上，南方常用羊毫、兔毫，北方使用狼毫，而扬州毛笔吸收南北制作技艺特点，使用兼毫制作，形成了独特的制作技艺。扬州非遗项目在千百年的岁月中不断发展，相互之间借鉴、南北相汇交融，形成了其风格的多元性特征，使其非遗文化特色更是别树一帜、流光溢彩。

第三，层次的多面性。扬州非遗文化又一特征即是其层次的多面性，雅俗共赏：既有阳春白雪的高层次文化，又有扎根民间的大众文化，更有雅俗兼备的非遗文化。扬州在历史上多次成为全国经济文化中心，吸引了全国各地人民来到这里。这些人之中有诗人文豪、达官显贵、商贾走卒等，不同阶层的人民给扬州当地带来了不同的文化输入，造就了扬州非遗文化层次的多面性。扬州广陵派古琴艺术是扬州非遗文化中"阳春白雪"的代表。扬州广陵派古琴是中国重要的古琴派别之一，具有独特的地方风格和流派特征。古琴艺术是扬州非遗的重要项目，然而欣赏古琴艺术或者传承古琴艺术，需要一定的知识修养、文化品位、审美能力，对听众和传承人的要求较高，因此并不能在民间群众中普及，可谓是"曲高和寡"。扬州非遗文化不仅具有古琴艺术这样的高雅文化，更多的具有在民间普及的大众文化。大众文化相较于"高雅"文化而言，并不是文化品级低，而是在广大人民群众中更为普及、通俗易懂的文化。如扬州"三把刀"技艺不仅可以成为群众的谋生技艺，也与扬州休闲、沐浴和美食文化紧密结合，成为当地地域文化的重要体现。史上经济发达的扬州，形成了追求舒适安逸高品质生活的文化背景，促使扬州饮食业、沐浴业的发展繁荣，扬州"三把刀"技艺也因此在广大群众中普及开来，闻名遐迩。又有如扬州通草花这样同时雅俗兼备的非遗文化，扬州通草花是以通草为材料制作的花，其栩栩如生的形象足以以假乱真，既可以成为民间妇女头戴之饰品，又可以成为高雅工艺品进入厅堂殿阁，不同阶层、不同层次之人皆可雅俗共赏。无论是雅是俗，正是层次多面的非遗文化构成了扬州绚丽多彩、五色缤纷的地域风情和人文景观。

（2）扬州非遗文化的价值

非遗文化传承对一个民族、一个地区来说不仅具有重要意义，更是一笔蕴含着无限价值的宝贵财富。

扬州非遗文化的历史价值在于其见证扬州历史发展过程，帮助扬州认识自身的历史所呈现的重要价值。扬州是历史悠久的文化古城，是一座通史式城市，漫长岁月给扬州深厚的历史文化沉淀，赋予了扬州博大精深的历史内涵。扬州非遗经历了其历史发展的各个时期，其生于民间、存活于民间，以非物质形式传承至今，相对于以文字记载的史书来说，非遗是以其独特的活态形式来印证了扬州当地的往昔历史。

扬州非遗文化的艺术价值是指其体现了当地不同时期的不同审美观念的价值，对于研究扬州在不同时空背景下的审美特征、审美规律的变化具有重要的作用。扬州非遗绝大多数都具有很高的美学特征和艺术观赏价值，不仅可以给人以美的享受、陶冶情操，而且可以提升扬州文化底蕴、展示扬州城市形象。

扬州非遗文化的科学价值在于其不少非遗项目的技艺中包含着当时最高的科学技术水平，具有帮助认识扬州历史发展过程中的各个时期取得的各种技术科学上的成就的价值。扬州非遗如雕版印刷、漆器髹饰技艺、金银细工制作工艺等，往往是其所在时代所在地域的最高技术、科学水平。透过这些高超的制作技艺、技巧，从中可以了解到当时社会的科学发展水平，也为人类未来科技发展的提供借鉴。

扬州非遗文化的创意价值是指其所涵盖的文化内涵、独特技艺、人文精神等，可以转变为现代创意为产品、企业、品牌增值的价值。人类在非遗中获取的精神安慰、情感共鸣、文化归属感正是现代机器轰鸣的机械化生产时代所缺少的。同样，现代创意需要非遗文化的输入，而扬州非遗也可以借助创意与产业的结合进行生产性保护。

2.文创产品作为扬州非遗文化传承载体分析

（1）文创产品作为扬州非遗文化的有形载体分析

非遗是"非物质性"的，是存在于各地人民群众或个人表演、讲述、生活生产经验或制作某种物品等社会活动中的技能、技艺或生活经验，这些技能、技艺或生活经验是无形的、摸不着的，也正是因为其无形性造成了非遗传承的困难。但非遗并不是单独作为一种意识形态而存在，是需要依托相应的物质载体的形式表现出来。比如扬州漆器髹饰技艺，作为非遗项目需要被保护和传承的是在漆器制作过程中的技艺，虽然这种技艺是无形的、看不见摸不着的、难以量化的，但是通过这种技艺制作出来的作品是有形的，可以通过以物质化的漆器形式被观赏、保存。如音乐、戏曲、舞蹈等需要通过表演、说唱形式演绎的非遗，看似也是与物质无关，但是在其表演过程中仍需要乐器、服饰、配饰等物品，还是在与有形的物质发生着联系。扬州古琴艺术传承了千年，其演奏风格独树一帜，演奏家的技艺固然是非常重要的，但作为乐器的古琴优劣也同样重要，甚至会影响到一个技艺精湛的演奏家的发挥。可见不管是哪种形式的非遗项目，都与有形的物质发生着广泛的联系。

既然非遗是可以与物质相联系的，就必须突破对非遗的狭隘理解，以有形的物质作为非遗载体是帮助非遗突破因其非物质性而难以传承困境的新模式。在这种情形下，文创产品可以成为非遗有形的载体，以精神需求为切入点，将非遗中的技艺、风格、人文等转化为创意，通过设计使其成为适合现代人使用需求的产品。这种模式并不是单纯地将任何非遗项目都不假思索地与文创产品结合，这必将造成对非遗的破坏。非遗文化的层次不同、表现形式的不同，必须对不同的非遗项目进行分层定位，找到与文创产品的契合点。如传统技艺类非遗项目，可以将其技艺运用于文创产品的制作之中，成为较为高端的产品；而民间工艺美术类非遗项目，可以通将其图案、色彩、造型等转化为创意运用设计成为文创产品等。

（2）扬州非遗文化作为文创产品的创意来源分析

进入 21 世纪信息化社会之后，新技术革命影响并改造着大众的生活方式和态度。根据人的需求与产品之间的关系，大众对产品的要求已经从物质层面即功能层面、审美层面向文化层面靠拢，文创产品正是对应着对精神需求的文化层面，是产品创意的高级阶段。文创产品中的文化创意是指依据文化运用创新思维或转换成为创意，这种文化创意并不是凭空产生的，而是凭借生活的经验、个人的经历、环境的影响、对社会的认知产生的，或者由有关历史、人文、地域等的情感产生的。这种文化创意是个人的价值世界和精神世界的反映，所以文创产品的设计者需要有足够的文化素养和生活阅历才能够设计出优秀的文创产品。然而在当前市场经济环境下对文创产品的经济效益的一味追求导致了对文创产品品质的忽视，市场上充斥着大量粗制滥造、缺乏创意、同质化严重的文创产品。

根据调查显示，同质化严重、缺乏地域特色成为扬州文创产品较为突出的问题，设计没有创意、产品功能性弱等也是文创产品存在的主要问题。非遗文化中承载着特有的地域文化特征和自古延续的文化基因，为现代人唤醒了文化记忆、找到了文化归属感、增加了地域自豪感。非遗文化是一个地区或社群所独有的，根据非遗评估标准，成为非遗的文化在性格上必须是独特的，所以以非遗文化成为文创产品的创意来源，可以有效地避免文创产品的同质化，凸显出扬州当地的地域文化特色；确定以非遗文化作为创意来源后，需要对该文化有充分的认知和体验，否则其设计只是单纯非遗元素的叠加或者流于表面而无法传达出的非遗文化内涵；在文创产品的设计过程中，需要运用创新的思维方式将非遗文化转化为设计创意，避免文创产品的缺乏新意与功能性。总的来说，非遗丰富的文化内涵可以成为文创产品的创意源泉，但必须在充分理解非遗文化的基础上，以创新思维设计的文创产品才是被大众所需要的。

（3）文创产品作为扬州非遗文化载体的 SWOT 分析

文创产品作为扬州非遗文化传承载体的优势：扬州非遗文化资源丰富，有多项国家级、省级非遗项目以及数以百计的市级非遗项目，这些非遗各具特色、文化内涵丰富，是扬州地域文化的典型代表，是文创产品的创意源泉；近年来，扬州以建设文化扬州、提升城市品质为目标，制定系列政策、设立相关资金支持、全方位引进各类人才、建立高校合作机制，大力发展文化创意产业，是文创产品作为扬州非遗传承载体的有力支撑；扬州的城市形象良好，获得联合国人居奖、全国文明城市等多个奖项，是热门的旅游城市之一。根据对在扬州有过旅游、工作或生活的经历的人群的调查，大部分都对扬州印象良好，为扬州非遗文创产品树立了良好的品牌形象。

文创产品作为扬州非遗文化传承载体的劣势：除了需要好的文化创意来源，设计水平也直接影响文创产品的优劣，这是扬州非遗类文创产品开发的极大障碍。扬州很多企业仍然处于传统的代加工生产模式，对工业设计的认识不深，设计人才不足，缺乏自主知识产权和专业设计机构。而扬州非遗文化与文创产品的结合需要以设计为主导，这是开发非遗类文创产品中的极大障碍。此外，由于宣传、教育工作没有充分到位，大部分群众对扬州非遗文化印象还停留传统保护与传承方式的阶段，对非遗保护与传承参与意识不强，同样也会造成对非遗类文创产品开发的限制因素。

文创产品作为扬州非遗文化传承载体的机会：非遗保护与传承目前是国内研究焦点，其生产性保护工作也进入到一个全面开展阶段，这为扬州非遗文创产品的开发营造了良好的外部环境。随着国内经济增长和国民素质的提高，市场上对文创产品的需求增长迅速，旅游业的火爆也为扬州非遗文创产品的销售提供了广阔的市场，而在市场需求不断扩大的情况下，各类良莠不齐、鱼龙混杂的文创产品的质量问题也日益突出；这些外部环境因素都为文创产品作为扬州非遗文化传承新路径的提供了发展机遇。

文创产品作为扬州非遗文化传承载体的威胁：随着对非遗保护与传承路径探索的深入，国内各地都意识到非遗文化价值，各个地区以开展文化建设、树立城市文化形象为导向，积极开发以传承非遗文化为目标的文创产品；根据调查，目前许多消费者认为文创产品性价比较低，根据市场需求的不同和消费者购买力的不同合理制定价格也是重要环节，价格因素也将影响扬州非遗文创产品的开发，也是其在同类产品竞争中的重要因素。目前扬州文创产品的销售渠道主要依靠本地销售和旅游业的带动，造成了产品销售渠道的单一性，难以形成全国性市场，销售渠道也成为扬州非遗文创产品开发的限制。

（四）扬州漆艺与剪纸的设计与开发

1. 扬州漆艺的设计与开发

（1）漆画

漆画由传统工艺发展衍生而来，是漆艺的华丽变身。它以漆为主要媒材，不仅表现形式多样，而且在实用性的基础上兼具装饰性的审美功能。目前扬州主流的漆画主要分为小型漆画和大型漆壁画两类，以漆壁画为主。扬州漆画包含特有的民族文化，富有深厚的文化底蕴和地域特点。扬州传统漆画多秀丽、高雅，常被应用于室内设计中，如酒店设计。但由于空间内部结构的不确定性，一些零碎的空间导致空间功能规划的隔离，但是漆壁画可根据墙面大小进行定制，亦可与整体墙面相吻合，弥补整体空间的结构缺陷。

（2）漆器

漆器工艺是我国劳动人民杰出的创造，不仅丰富了人们的日常生活，而且对于国际也影响非凡，促进了各国的文化交流。但为了迎合消费市场，一些漆器制作者做出的产品大多是大机器生产的无精神内涵的复制品，粗制滥造，手工艺作品又缺乏个性，市场吸引力逐渐降低。当今的手工技艺可以做得很极致，但不一定考虑到与设计相融合。传统手工艺应与时俱进，从小小的漆器上体现民族性与包容性。设计者可以将个性化的漆器放在室内空间中，选择简单、现代的几何造型或仿生造型，将极简主义融入器皿设计。也可以选择人们日常生活中经常使用的模型代替，如杯子、盒子可以使用传统的文化形式，利用铜币、纹饰等创造具有中国风范的意象。在图案方面，不同时期的传统设计图案和文化元素表现出不同的设计风格与理念，设计者可以在此基础上进行设计和再创造，如从身边的材料中找寻灵感，以透明、对比等形式找寻色彩之中的时尚表现与变化等。

（3）漆家具

漆器真正的目的应该是以"生活美学"的姿态为日常生活服务。漆早在西汉就被大量运用于宫廷装饰，漆家具以立体漆艺造型形式展现，漆表现形式的多样性使它可以在任何能够黏合的媒介上进行绘制。随着当今社会科技的日益发展，漆的运用范围更大，不仅可在木胎上创作，而且可在玻璃、陶瓷上制作，其良好的延展性使装饰家具更加美观、大方，使室内空间意境更为柔和、自然。在扬州漆艺中，利用传统的描金工艺在原木家具上制作的图样多为花鸟、如意、仙鹤等中国传统吉祥纹饰，设计者可根据客户需求定制特殊材质的家具，或以凝聚意象的方式在具有审美层面的基础上进一步加强漆家具的实用性。

2. 扬州剪纸的设计与开发

（1）嫁接其他工艺，提升文化艺术价值

扬州本身拥有多种独特的工艺品种和民间艺术。剪纸自身的装饰性强，能与其他工艺种类结合，能加强旅游产品的地域文化内涵和审美层次。扬州工艺大师、剪纸博物馆馆长王京团队研发的剪纸折扇就是一个很好的尝试。这种剪纸扇以特殊的胶将一层薄薄的剪纸画面粘加在两层薄绢之间，剪纸不会起翘且通透效果好，剪纸呈现半透明的朦胧感，十分惊艳。扬州剪纸还可以尝试与其他诸多地方工艺门类以及其他文化品牌进行嫁接。比如著名的扬州玉器、漆器都可以作为扬州剪纸的媒介，将剪纸的美融入到更深的材质层面去，带给游客多重的艺术感官体验。比如闻名遐迩的扬州"三把刀"，是与剪纸齐名的旅游品门类，如果将刀头雕琢成扬州剪纸意味的造型，可增添整套产品的文化内涵和审美价值；如本地古代雕版印刷闻名于世，而剪纸和雕版本就工艺相通，两者嫁接可设计"剪纸雕版信笺"礼盒，满足游客自制雕版印刷的兴趣；还可组合广陵书社古法印制的剪纸信笺，这种地域特色浓郁且颇具个性的时尚混搭必能引起游客对扬州雕版、剪纸的兴趣，激发人们在自制仿古信笺上一写为快的冲动。

（2）开发功能性强的剪纸特色旅游产品

功能性已经成为开发旅游产品设计的重要指标。当下，人们对旅游品的要求和定位已经不再是束之高阁的珍奇或仅供观赏的装饰品。旅游产品的实用性如果得不到提升，其传播和推广终将受到很大限制。扬州剪纸的艺术特征是线条流畅、写实性、装饰性强。在设计旅游用品时，应充分考虑在新工艺下剪纸会呈现怎样的效果和感受。例如扬州中国剪纸博物馆推出剪纸艺术灯，家用装饰效果好，表面采用红色皮绒布，内有阻燃隔板，耐高温、易清理，年销售产值逾百万元；还有扬州设计的剪纸装饰灯，在夫子庙秦淮灯会签下的一笔订购就高达八千余盏。这些剪纸特色产品集功能性、审美性、文化性于一体，使游客"买得起，带得走，用得着"，故而大获成功。此外还可以将扬州剪纸元素与万花筒进行结合。万花筒里看到的花纹图案最明显的特点就是对称性、重复性、规律性，而这种特点和剪纸的原始原理不谋而合。将扬州剪纸中漂亮的花样放进万花筒里去观察，会变幻出更丰富炫目的视觉效果。万花筒本身的探索性、童趣与扬州剪纸赏心悦目的地方风情相得益彰，老少皆宜而别具特色。

再比如整理桌面书籍的书立，一般都是金属材料制成。隔断需要一定的面积来保证使书籍站立不倒，在这个站立面上设计出文昌阁、个园、瘦西湖等最具有扬州特色的剪纸图案，面的镂空和图案也不会影响书立本身的功能，又可单独摆放在办公桌上，形成别具特色的微缩扬州景致。

（3）在旅游产品包装上的应用创新

其实剪纸元素在平面设计中的应用并不少见，但在本地的旅游产品、旅游食品等的包装设计方面开发并不深入。扬州土特产品种繁多，且大多品牌历史久远，与扬州剪纸的文化性、审美性相符，更与精巧秀丽、人文气质浓郁的地方气质匹配。以剪纸元素来塑造土特产品牌和包装，可提升土特、旅游产品的文化附加值。

①作为图案出现在包装上

旅游产品采用的剪纸纹样都需慎重选择，最好是为产品量身打造、专门设计。特别是针对牛皮糖、酱菜"三把刀"这些本身历史悠久的特殊产品，可以用剪纸装饰风格图案表现其产品的人物形象、制作环境、工艺流程、产品特点等。扬州剪纸本身的艺术性可以加强产品的文化感和品牌的历史厚重感，使游客从视觉、味觉来品味多元的扬州特色。值得注意的是，民间剪纸元素本身的视觉冲击力很强，民俗、地域风味凝练，用在包装上应特别注意以小见大，单一浓烈的色调更需用朴素版式或材质加以调和，使之稳重而不浮夸，切勿滥用，以免造成游客对扬州剪纸无处不在、司空见惯的审美疲劳认知。

②用在旅游产品的包装设计中

剪纸作为一种设计元素，不仅是种民族味道、地方风情浓郁的装饰元素，更具有"阴阳"效果、镂空性、立体浮雕效果，具浓厚的民俗气息以及手工意味，这些特点值得设计师去深入推敲和挖掘。如大麒麟阁的茶食糕点包装，可以将麒麟标志、彩云、茶食细点的形象以剪纸风格进行设计。再如富春、冶春的包子细点、谢馥春的传统粉妆，米酒、姜糖、茶叶、茶干等旅游品都可以尝试采用扬州剪纸元素，设计出更加精美别致的手提袋、礼盒。在包装中引入扬州剪纸元素，再辅以半浮雕、镂空等工艺，能使得旅游品包装不仅扬州味道十足，还可以借助镂空处看到里面的产品或分类，同时纸类包装还可以兼顾环保，一举三得。剪纸元素的创新应用不仅能提升本地旅游产品的文化价值，也是对扬州剪纸的推广和传播，对扬州城市文化旅游形象也是一种良好的宣传。

参考文献

[1] 丁伟 . 文创设计新观 [M]. 北京：北京理工大学出版社，2018.12.

[2] 邹玉清，周鼎，李亦文 . 产品设计材料与工艺 [M]. 江苏凤凰美术出版社，2018.10.

[3] 陈楠 . 格律设计汉字艺术设计观 [M]. 武汉：湖北美术出版社，2018.09.

[4] 赵玉宏 . 文化创意产业融合发展研究以北京文创产业为例 [M]. 北京：经济日报出版社，2018.01.

[5] 张鸶鸶 . 文创产品设计实践 [M]. 成都：四川美术出版社，2019.10.

[6] 周承君，何章强，袁诗群 . 汇设计丛书文创产品设计 [M]. 北京：化学工业出版社，2019.09.

[7] 金真一，金成，罗洋 . 朝鲜族民间工艺与旅游文创产品设计人才培养结项汇报展汇 [M]. 延吉：延边大学出版社，2019.12.

[8] 王俊涛 . 文创开发与设计 [M]. 中国轻工业出版社，2019.09.

[9] 谷燕 . 工匠精神在产品设计中的传承创新研究 [M]. 长春：吉林人民出版社，2019.08.

[10] 杨智 . 古风新韵中国传统纹样与现代设计 [M]. 北京：中国纺织出版社，2019.11.

[11] 郭岚 . 文创产品设计及应用研究 [M]. 吉林出版集团股份有限公司，2020.05.

[12] 王菊 . 文创产品开发与创新设计 [M]. 西安：西北工业大学出版社，2020.04.

[13] 严婷婷，张西玲 . 文创产品与旅游纪念品设计 [M]. 北京：科学出版社，2020.09.

[14] 何家辉.文创设计 [M].武汉：华中科技大学出版社，2020.05.

[15] 李典.博物馆文化创意产品开发设计与发展思路研究 [M].长春：吉林人民出版社，2020.07.

[16] 程传超，周卫.图书馆文化创意产品开发研究 [M].长春：吉林人民出版社，2020.07.

[17] 董锦.山西非物质文化遗产与文创产品的设计应用研究 [M].山西出版传媒集团；太原：北岳文艺出版社，2021.09.

[18] 陈博.文创设计与产品化 [M].天津：南开大学出版社，2021.02.

[19] 张相森.文创产品设计 [M].北京：航空工业出版社，2021.08.

[20] 赵勤.旅游文创产品设计 [M].哈尔滨：哈尔滨工程大学出版社，2021.

[21] 王丽.特色文化 IP 与文创产品设计 [M].杭州：浙江大学出版社，2021.11.

[22] 栗翠，张娜，王东东.高等院校艺术设计专业系列教材文创产品设计开发 [M].北京：中国轻工业出版社，2021.12.

[23] 刘玉娟，文珠蓉.文创品牌形象设计与表现 [M].吉林人民出版社，2021.09.

[24] 徐中锋，金源.艺术文创概论文旅产业板块导读 [M].南京东南大学出版社，2021.11.

[25] 万祖兵.基于体验经济的文化创意产品设计与应用研究 [M].长春：吉林人民出版社，2021.03.

[26] 严婷婷，张西玲.文创产品设计 [M].北京：科学出版社，2022.06.

[27] 兰芳.汉画像文创产品设计 [M].北京：文化艺术出版社，2022.01.

[28] 杨璐莎.文创产品设计与开发实践 [M].北京：中国广播影视出版社，2022.10.

[29] 詹伟锋，谢霖.校企行业合系列教材文创产品设计 [M].厦门：厦门大学出版社，2022.12.

[30] 郭李贤.博物馆文创产品设计开发策略与创新思路研究 [M].北京：中国纺织出版社，2022.07.

[31] 肖勇，侯锐淼，王靓.互联网＋新形态立体化教学资源特色教材高

等院校艺术设计专业精品系列教材文创产品设计 [M]. 北京：中国轻工业出版社，2022.11.